U0924329

数字网络时代著作权保护模式研究

The Research on the Mode of Copyright Protection in the Digital Network Era

姚鹤徽　著

中国人民大学出版社
·北京·

国家社科基金后期资助项目
出版说明

后期资助项目是国家社科基金项目主要类别之一，旨在鼓励广大人文社会科学工作者潜心治学，扎实研究，多出优秀成果，进一步发挥国家社科基金在繁荣发展哲学社会科学中的示范引导作用。后期资助项目主要资助已基本完成且尚未出版的人文社会科学基础研究的优秀学术成果，以资助学术专著为主，也资助少量学术价值较高的资料汇编和学术含量较高的工具书。为扩大后期资助项目的学术影响，促进成果转化，全国哲学社会科学规划办公室按照“统一设计、统一标识、统一版式、形成系列”的总体要求，组织出版国家社科基金后期资助项目成果。

全国哲学社会科学规划办公室

2014 年 7 月

前　言

随着数字网络技术的发展，创作、传播和使用作品的环境与手段都发生了巨大的变化。人们借助于数字网络技术，可以便捷地使用和传播作品，因此造成受著作权法保护的作品被大量非授权性地使用，著作权人的权益无法得到保障，著作权面临着网络时代的保护困境。

著作权保护的困境促使人们从不同的价值观和立场出发，设计不同的著作权保护模式。目前已经提出并实际运用的著作权保护模式有："法律路径"（以间接责任为基础的著作权保护模式）、"技术路径"（以技术保护措施为基础的著作权保护模式）、"共享路径"（以共享协议为基础的著作权保护模式）和"补偿路径"（以补偿为基础的著作权保护模式）。

"法律路径"——以间接责任为基础的著作权保护模式，是指在数字网络时代，著作权人为寻求权利保护和法律救济，利用间接侵权规则和替代责任规则起诉提供技术、设备或平台的第三方主体，形成以间接责任为基础的、以间接侵权和替代责任规则为主要手段的著作权保护模式。但是，著作权间接侵权规则和替代责任规则适用范围的不明确，会导致形成"寒蝉效应"，阻碍新兴技术的成长，不利于产业发展和技术进步。就此而言，在数字网络时代著作权保护模式的构建中，需要对著作权间接侵权规则和替代责任规则进行准确定位，明确这种权利保护路径的局限性并予以完善。

"技术路径"——以技术保护措施为基础的著作权保护模式，是指著作权人在数字网络环境下采取的以技术手段来保护作品的模式。这种模式在技术保护措施反规避立法通过之后，已经得到了法律的认可，在当下发挥着保护著作权人权益的重要作用。但是，以技术保护措施为基础的著作权保护模式具有诸多负面效果，在建构未来网络时代的著作权保护模式时，需要认识到其所具有的优势和缺陷，吸收其有益成分，抑制其负面效果，正确处理好其与合理使用制度之间的关系，对技术保护措施例外条款予以完善。

创作共用、开放获取等“共享路径”，开拓出一条不同于“法律路径”和“技术路径”的制度模式。“共享路径”以著作财产权为依托，以合同法为工具，以道德的感召力号召著作权人接受共享协议，将作品贡献给公共领域，有助于人们以更低的成本接触作品，进行后续创作。但是，“共享路径”是一种私人创制，其制度的稳定性和可持续性有待检验。未来数字网络环境下著作权法的改革应当正视以共享协议为基础的著作权保护模式的局限性，并在制度设计上作出必要回应。

“补偿路径”——以补偿为基础的著作权保护模式，是指对能够进行复制的设备和媒介征收补偿金，对著作权人因私人复制所遭受的损失进行补偿的制度模式。著作权补偿金保护模式是回应复制技术挑战、应对网络著作权保护危机的方案之一，其目的在于通过著作权法的强制性制度变迁弥补著作权自由市场调节功能之不足。但是，著作权补偿金保护模式是脱离市场的强制性制度安排，具有自身的局限性，如果制度设计不当，有可能损害著作权的激励效果，不利于作品的生产和传播。

以上四种现存的著作权保护模式都有其自身优势，也存在着不足。它们实际上代表着不同的立场和价值观，是不同理论的具体实践形式。从经济政策的角度来看，“法律路径”、“技术路径”和“共享路径”以排他性财产权为核心，主张通过市场自发调节配置作品资源，克服网络环境下著作权保护的困境。而“补偿路径”是政府调控和干预理念的体现。这四种著作权保护模式从本质上看体现了市场自由调节和政府宏观调控两大经济政策。从价值观的角度来看，“法律路径”“技术路径”秉持自然权利论，认为著作权是排他性私权，与有体物上的所有权没有区别，著作权人应在其作品上实现完全的意思自治。而“共享路径”秉承社会规划论，强调著作权在本质上是市场制度增进市民社会民主特质的国家措施。“补偿路径”遵循政府调控理念，是功利主义理论指导下的产物。这四种著作权保护模式体现了自然权利论、社会规划论、功利主义论这三种价值观学说。

根据数字网络环境的特点、著作权客体的属性、著作权法的正当性、著作权法的功能定位，未来网络环境下可以构建以排他性著作财产权为核心、以非自愿许可制度为补充的著作权保护模式。新构建的著作权保护模式结合数字和网络技术特点，吸取自然权利论、社会规划论和功利主义论三种学说之长，以市场自发调节为中心，以市场失灵条件下的政府宏观调控为补充，合理借鉴“法律路径”、“技术路径”、“共享路径”和“补偿路径”的优点，形成兼顾多元价值取向和利益主体的著作权保护模式。这种保护模式能够发挥网络环境的优势，符合著作权客体基本属性的要求，能够有效实现著作权法的平衡功能，降低著作权法的运行成本，促进社会言论自由，增进民主政治，提高著作权市场自由竞争度，有利于解决目前网络环境下著作权保护的难题，促进未来网络时代作品的创作、传播和使用。

目　录

第一章　导　论

引　言

自1709年《安娜法》制定以来，现代著作权法已经有三百余年的历史。① 著作权法在保护著作权人权利、促进作品的创作和传播、提高公众智识文化方面取得的成绩有目共睹。在著作权法的保护下，作品的创作、传播和使用也促进了著作权产业的发展、壮大，对经济社会的发展起到举足轻重的作用。② 这表明在现代社会，著作权法在推动社会、经济、文化发展中的重要性已经毋庸置疑。但是，立法机关制定的著作权法在调整社会关系时并不必然产生良好的调整效果，这主要是因为著作权法属于制度范畴，法律制度的选择和设计方案多种多样，无论是规则的选择、权利的界定还是责任的确定，都存在竞争性的方案。而根据法律经济学的基本观点，所有的制度都有利弊，所有的选择都要付出代价。问题就在于，如何在制度改革和规则设计之中，选择受益最大、代价最小的实践方案。③ 在

---

① 关于《安娜法》的制定时间和中文译名，学者间有不同认识，对此的讨论，参见易健雄：《技术发展与版权扩张》，北京，法律出版社，2009。

② 以美国为例，早在1996年，美国核心版权产业的对外销售额和出口额就达到了601.8亿美元，居美国各行业的第一位，历史性地首次超过了汽车及配件（598亿美元）、农产品、航天业、计算机业（376.3亿美元）等行业，成为美国出口份额最大的经济部类。自20世纪90年代以来，美国的软件产业每年以12.5%的速度增长，几乎是美国国民经济增长率的2.5倍。计算机软件的出口额也从1991年的196.5亿美元直增至2005年的791亿美元，年均增长10.46%，使美国在世界计算机软件市场上进一步巩固了其霸主地位。美国电影协会（MPAA）现任主席丹·格里克曼评价道："版权产业是美国最有价值的一块资产，我们要不遗余力地保护我们创造性的成果。"参见刘永红：《版权产业：助推美国经济30年》，载http：//www.pep.com.cn/cbck/201010s/201012/t20101220_990572.htm，访问日期：2016-05-01.

③ 参见凌斌：《法治的代价——法律经济学原理批判》，北京，法律出版社，2012，第2页。

当今世界，一方面，任何现代国家都制定了本国的著作权法，但是各国著作权法的权利构造和制度设计又都有所不同，从而产生不同的社会调整效果。另一方面，由于著作权制度与科技发展紧密相连，随着新兴科技的出现，著作权法很可能会落后于社会现实，无法有效调节社会利益关系。因此在立法上，对照社会生活实践和经济发展现实，从权利界定、责任确定等方面对著作权制度实时进行检视和反思，寻求著作权制度与社会科技发展的良性互动，妥善处理好作品权利保护、激励创作、促进作品传播之间的关系，取得最佳的经济效益，成为著作权法走向成熟和完善的必然选择。

在目前数字网络环境下，人们对作品的使用方式发生了巨大的变化，私人复制和传播作品变得极为容易，“每个人都变成了潜在的发行人”①。这种变化是立法者所始料未及的。在技术的冲击之下，传统著作权保护模式已经与社会实践相脱节，著作权法调整的社会领域乱象丛生、矛盾不断，制度实施的成本大幅提高，作品创作和传播的生态环境日趋恶劣。在此背景下，传统的著作权保护模式亟待调整和完善，以适应新兴技术的发展，在新的技术环境下继续肩负起协调不同主体的利益关系、激励作品创作和传播、丰富人类智识文化的重任。

本书的研究即是在人类历史上规模最大、影响最为深远的数字网络技术背景下展开的，探讨和研究新技术环境下著作保护模式的变革与完善。为使研究的对象、内容和思路更为清晰，本章将简要介绍选题背景与研究意义、国内外研究现状、研究方法与分析思路、研究内容与学术创新之处。

第一节　选题背景与研究意义

一、数字网络时代著作权保护的困境

数字网络技术的发展，使复制和传播作品的方式发生了很大的变化。借助于新的技术，人们可以未经著作权人授权快速地复制和传播作品，使著作权保护面临着困境。

① 李雨峰：《中国著作权法：原理与材料》，武汉，华中科技大学出版社，2014，第251页。

技术一直推动着著作权制度的发展。著作权制度的发展史，就是新技术不断出现，推动著作权法不断完善和调整的过程。新传播技术的出现不仅创造了新的作品形式，而且提供了新的作品使用手段，同时为著作权法带来了诸多新的问题①，最新的问题就是被称为“数字革命”的技术革新引发的。“20 世纪的转换革命（transforming revolutions）之一就是发明了能够以数字形式获取文字、声音和图像的技术。数字革命预示着，它既会给著作权法造成新的紧张，也会带来新的机会。”②

数字技术是人类社会的伟大发明。所谓数字技术，是关于处理信息的技术的概称，它主要融合了信息通信技术、微电子技术和计算机技术，是一种多领域技术类别相互协作、密切配合的庞大的技术系统。数字技术利用计算机设备，将图像、声音、文字等信息转化为可为计算机识别的二进制数字编码，利用计算机的硬件、软件、外部设备、通信网络设备等对信息进行运算、加工、存储、传送、传播和还原。1995 年，美国政府在公布的有关知识产权和国家信息基础设施的研究报告中对数字技术的未来进行了细致的展望：“一个信息基础设施已经存在，但是并没有形成一个统一的整体。电话、电视、广播、电脑和传真机每天都在使用，在这个国家的私人住户和商业场所，它们被用来接收、存储、运算、执行、演示和传输数据、言语、文本、声音和图像。如今，光纤、电线、电缆、交换机、路由器、微波网络、卫星和其他通信技术连接着电话、电脑和传真机。国家信息基础设施的明天，将不仅仅是这些独立运作的通信系统；它将整合这些系统，使之成为一个高速的、交互的、宽带化的数字通信系统。电脑、电话、电视、广播、传真机等将由国家信息基础设施所连接，用户将能够和其他人的电脑、电话、电视、广播和传真机等交流——这一切都是数字化的形式。”③ 随着网络技术的出现和发展，数字和网络技术交相融合，在二十余年后的今天，报告中对未来数字化生活的展望已经变成了现实，数字网络技术已经融入了人类生活的每一个角落，将人类社会连接成紧密的整体。在各种信息的生成、处理和传播中，数字网络技术发挥了越

---

① 参见吴汉东：《现代传播技术中的合理使用制度》，《法学评论》1996 年秋季号。

② 〔美〕保罗·戈斯汀：《著作权之道：从古登堡到数字点播机》，金海军译，北京，北京大学出版社，2008，第 163 页。

③ Information infrastructure task force, “Intellectual property and the national information infrastructure”, the report of the working group on intellectual property rights, Washington, D.C., 7-8 (1995).

来越重要的作用。人类社会已经越来越依赖于这种“数字化的形式”，享受着数字网络技术在生产、生活等方面所带来的便利。

数字网络技术赋予了使用者较强的复制和传播作品的能力，使社会信息的生产和传播方式发生了巨大的变化，冲击了原有的著作权保护体系。“使用电脑技术——例如数字化技术——以及通讯技术——例如光缆技术，都对受版权法保护的作品的创作、复制和传播产生了巨大的影响。”① 数字网络技术给著作权法提出了新的课题：在一个作品能够精确复制和快速传播的环境下，如何有效地保护著作权，同时又不妨碍使用者对作品进行合理使用和后续创作，维持和提升社会的创新能力？“著作权的核心，是一张由公共利益与私人利益错综交织的网。要分清哪儿跟哪儿还真不是件容易的事。”② 数字技术发挥效用的基础在于它能将信息以“0”和“1”的形式转化，再对这种数字化的形式进行后续处理，包括接收、存储、运算、执行、演示和传输等，这就使信息的存在方式发生了巨大的变化。在模拟技术（analog technology）时代，信息需要借助于物质载体，如文字需载于纸张之上，这时对文字的复制是一种机械复制，复制成本高，复制效果差，私人难以采用，而数字技术使信息在一定程度上摆脱了物质实体的限制，只需借助于数字复制设备，即可实现对信息高质量、大规模地复制。不仅如此，数字化信息的存储介质也随数字科技的发展而进步，CD光盘、DVD光盘、FLASH记忆卡、大容量硬盘等不断推陈出新，这些存储介质使海量的小说、诗歌、音乐等作品得以以数字形式保存，私人开始拥有了超强的复制和存储作品的工具。

如果数字技术只是发展到这样的水平，停留在计算机、电话等系统各自“独立运作”的阶段，信息的处理和流动缺乏交互性，著作权人大可不必恐慌。但是，网络的兴起和发展则打破了各种信息处理系统“独立运作”的局面，使信息在数字化之后开始向交互式传播方向发展。作品不仅可以被高速、大规模、高质量地复制，并且可以被高速地在不同的主体之间传播，这几乎给了传统著作权保护模式“致命”的打击。

在数字网络技术成熟之前，著作权人不需要担心私人复制的问题，因

---

① Information infrastructure task force, “Intellectual property and the national information infrastructure”, the report of the working group on intellectual property rights, Washington, D.C., 7 (1995).

② 〔美〕保罗·戈斯汀：《著作权之道：从古登堡到数字点播机》，金海军译，北京，北京大学出版社，2008，第9页。

为私人复制还没有形成足以影响著作权人商业利益的规模。"在20世纪80年代中叶，当个人电脑软件可以把声音数字化并且可以复制数字化的声音文件时，娱乐业最初并不怎么担心。在当时，采取这些数字化作品的方法生成的文件的容量是很大的，一首四分钟歌曲的文件的大小几乎超过了一个电脑硬盘的容量。即便是1992年当互联网被引入的时候，文件巨大的容量也使相互交换变得不可能。"① 但是随着时间的推移，不断革新的技术使作品的使用方式发生了巨大的变化，带宽的不断扩大和数字压缩技术的发展使数字化作品的容量不断缩小，存储和传播能力不断增强，互联网逐渐成为数字文件传播和交流的主要平台。至此，著作权人传统的作品传播、销售模式受到了私人复制和私人传播行为的极大冲击，著作权人的利益受到了严重的损害。数据显示，在多年保持增长态势之后的2000年，录音制品（CD、磁带、密纹唱片）在美国的销售量下降了3.7个百分点，2001年下降了9个百分点，2002年下降了9.9个百分点，2003年又下降了8.7个百分点。② 在这种情况下，著作权人已经无法有效地控制其作品，他们对私人复制的态度逐渐发生转变。"最近几年，我们已经目睹了诸如电影制片商和唱片公司等内容拥有者与新的数字技术提供者之间的一系列讼争。网络技术催生的信息革命无疑也带来了一些负面效应，大量受版权保护的信息在没有获得许可的情况下可以自由和轻易地获取和传播。"③

在网络技术的冲击下，著作权人无法有效地控制其作品的传播和使用。从损害程度上看，单一用户对著作权人作品非授权性质地使用可能对著作权人造成的损害微乎其微，然而大量用户非授权性地使用则会产生累积效应，严重损害著作权人的利益，其对著作权人作品授权市场的替代效果十分明显。这种大规模、非授权性使用作品的行为规避了著作权人传统的授权许可销售体系，使著作权人正常的市场销售行为难以进行，投资的积极性严重受挫。在此严峻的局面下，著作权人采取了各种救济措施，这

① Jeff Sharp, "Coming soon to Pay-Per-View: How the Digital Millennium Copyright Act Enables Digital Content Owners to Circumvent Educational Fair Use", 40 *Am. Bus. L. J.* 1, 23 (2002).

② 参见〔美〕威廉·W. 费舍尔：《说话算数：技术、法律以及娱乐的未来》，李旭译，上海，上海三联书店，2008，第21页。

③ Craig A. Grossman, "From Sony to Grokster, The Failure of the Copyright Doctrines of Contributory Infringement and Vicarious Liability to Resolve the War between Content and Destructive Technologies", 53 *Buffalo L. Rev.* 141, 145, 169 (2005).

些救济措施的目的均在于将作品在数字网络环境下的复制和传播轨迹重新纳入著作权人的控制范围，恢复模拟技术时代以著作权人授权许可为作品主要传播方式的传统著作权保护模式。为达此目的，他们采取了多种手段，包括在作品上加装技术保护措施、游说立法通过技术保护措施反规避条款、进行针对网络服务提供者和网络终端用户的著作权侵权诉讼等。一些新兴的网络服务提供商不断成为被告，甚至网络终端用户也不能幸免。而网络技术的发展使人们习惯于从网络上免费下载和使用作品，各种网络服务提供商也借此机遇大力发展作品传播、使用的网络平台，以更好地服务网络用户的需求。由此，著作权人与网络服务提供者、网络终端用户之间的矛盾不断升级，著作权法调整的社会关系陷入利益失衡之中。

从各国情况来看，著作权人的救济手段主要包括立法游说、诉讼、自力救济等。在立法游说方面，一系列扩张著作权人权利范围的条约和立法相继通过，如《世界知识产权组织版权条约》（WIPO Copyright Treaty，WCT）、《世界知识产权组织表演和录音制品条约》（WIPO Performances and Phonograms Treaty，WPPT）、美国《数字千年版权法》（Digital Millennium Copyright Act，DMCA）。在诉讼方面，以美国 Napster 案和 Grokster 案为代表，著作权人在全球范围内对网络服务提供商甚至个人使用者提起了一系列诉讼。自力救济则体现在著作权人对作品技术保护措施的采用，通过技术保护措施严格控制作品的复制和传播。但是由于著作权人的权利不断扩张，社会公众合理使用作品、进行后续学习和创作难以在数字网络环境下实现，作品公共领域不断受到挤压。人们对著作权的扩张日渐不满，发起各种反对著作权强化保护的运动，甚至在许多国家成立了反对著作权保护的“盗版党”。在数字网络技术冲击之下，著作权“生态环境”陷入矛盾之中，不同利益主体之间的纠纷不断。这种矛盾导致社会资源和财富的极大浪费，使著作权难以发挥其调整功效。①

更为严重的是，著作权调节机制的失灵使著作权的正当性受到了质疑，著作权的扩张论、虚伪论、废除论等各种论调开始兴起。在著作权领域，著作权人关心的是著作权市场的完善与成熟，这种以许可效率为意旨

① 例如，在美国，著作权人针对 P2P 软件服务商发起的诉讼获得了全面的胜利，使 P2P 运营被迫关闭，对 P2P 这种运营模式超过 1 亿美元的风险投资和其他财务支持随之付之东流，可谓社会财富的浪费巨大。See Craig A. Grossman, “From Sony to Grokster, The Failure of the Copyright Doctrines of Contributory Infringement and Vicarious Liability to Resolve the War between Content and Destructive Technologies”, 53 *Buffalo L. Rev.* 141. 225, 226, 227 (2005).

的经济学理念迎合了著作权人的利益，在立法上的直接体现就是著作权的扩张。① 著作权人试图将著作权法扩张至作品使用的每一个角落，建立起完善的作品授权许可体系。而另一些人则试图说明著作权是莫须有的东西，是一种被授予的特权（granted privilege），而不是某种财产权②："版权并不是财产权，版权只是因为特殊政策的原因而由政府颁发的垄断权。数字领域从它的结构、精神到政策的暗含来说在每一个方面都是自由的，在网络上强化所谓的传统财产权，从最好的方面来看是'放错了位置'，从最差的方面看是对于这个新领域的自由和潜在的创作能力的威胁。"③ 不仅如此，有学者还把著作权法比作小偷，主张对著作权制度进行重大改革，严格限制著作财产权："我们越来越不是一个自由的社会，版权法偷走了我们公有的文化。"④ 甚至在瑞典、德国、法国等国家，还成立了争取盗版权利的组织——盗版党。他们认为需要从根本上改革版权法，确保公民的隐私权，现有的1709年以来的版权制度已经不适应数字时代文化的健康发展。在盗版党看来，知识被装在了笼子里，每个笼子的上面还都有一个价钱，他们想不花一分钱就捣毁这个笼子。⑤

由此可见，数字网络技术对著作权制度的冲击是全方位的，它不仅导致著作权人和网络服务提供者、社会公众之间矛盾不断，而且使人们开始怀疑著作权本身的正当性。这不得不让人们担忧著作权法的未来。著作权法似乎已经走到了十字路口，迫切需要调整和改变，以迎接新技术的挑战。

二、数字网络时代著作权保护模式的失灵

数字网络技术提高了信息的传播速度，但是其给著作权的保护带来了困难。在新技术冲击之下利益平衡被打破，推动著作权法自身的调整。数

① 参见李雨峰：《枪口下的法律：中国版权史研究》，北京，知识产权出版社，2006，第187页。

② 参见〔美〕约翰·冈茨、杰克·罗切斯特：《数字时代盗版无罪?》，周晓琪译，北京，法律出版社，2008，第177页。

③ Siva Vaidhyanathan，"Copyright as Cudgel，Chron. Higher Educ."，at http：//chronicle. com/free/v48/i47/47b00701. htm，访问日期：2016-05-20.

④ Lawrence Lessig，"Free Culture，O'Reilly Network"，at http：//www. oreillynet. com/lpt/a/2641，访问日期：2016-05-20.

⑤ http：//baike. baidu. com/link? url=mQLVkrMcnZhgTzIvTFZ4ZLkfQERukt9TlGCtX-VnxDIGiDc4RCGVWC-1VnWYcHa4LbpC-R-2TddP3juSpzfwkGq，访问日期：2016-05-11.

字网络环境下著作权保护的困境正反映出著作权人和其他主体在模拟技术时代、传统著作权保护模式下形成的利益配置格局被打破。从本质上看，这是技术环境改变之后传统著作权保护模式在调整社会关系上的失灵所导致的。

技术发展使著作权保护模式落后于社会实践，引起不同主体之间原有利益关系的失衡，导致著作权制度的危机。从宏观上看，模拟技术时代的著作权保护模式是以排他性著作财产权为基础的“间接控制模式”。数字网络时代到来之后，这种“间接控制模式”与作品使用的社会实践相脱节，无法切实保障著作权人的权益。

“从印刷机到数字点播机，每当著作权遭遇某种新技术时，都向立法者提出了一个全新的选择：扩张著作权，从而作者与出版商能够获得作品在市场上的全部价值；或者，抑制著作权，人们在此情况下就能免费使用作品的复制件。”① 技术发展对作品的影响即体现在作品在市场中的价值实现过程。技术改变了作品的创作、传播和使用方式，拓展出新的市场，从而带来了在新的市场上对作品新产生的价值进行分配的问题。复制是传播的前提，控制了对作品的复制，也就控制了对作品的传播。控制了作品的传播，就达到了对人们使用作品的控制。在模拟技术时代，复制和传播作品需要昂贵的印刷机器、纸张、油墨等设备材料，非法复制不仅成本较高，而且较容易被发现，因而模拟技术时代的著作权保护模式是以控制作品的公开传播为目的。② 随后，随着技术的发展，表演、展览、广播等对作品的公开传播行为也开始出现。但是，表演、展览、广播等使用作品的行为，同样需要相应的设备、组织、工作人员，其成本上非个人所能承担，故著作权人也能较容易地对这些行为进行控制，将之纳入传统著作权保护范围之中。因此，模拟技术时期的著作权法以控制作品的复制和复制之后的公开传播为核心，是一种“间接控制模式”，即控制印刷厂、书店、表演机构、广播电台电视台等作品的中间传播主体的保护模式。在这种传统著作权保护模式下，著作权人的权利只限于对他人以公开传播作品为目的的印刷、重印、复印和公开传播性质的出版、销售、广播等行为加以控

① 〔美〕保罗·戈斯汀：《著作权之道：从古登堡到数字点播机》，金海军译，北京，北京大学出版社，2008，第30页。

② 这里的“复制”是指以传播作品为目的的复制，因而这种“复制”可以看成是随后进行传播的准备行为。著作权人控制这种“复制”，意义也就在于避免作品的非授权性传播。

制，这些控制针对的是权利人的竞争者的竞争性行为。① 当社会公众从合法渠道购买作品以后，可以在私人场所自由地阅读、使用、借阅给其他人。著作权法出于公众隐私权和保护成本的考虑，并不会干涉消费者在其私人生活领域对作品的使用行为。因此，这种不干涉消费者后续使用的著作权保护模式是一种松散的“间接控制模式”，它不直接针对公众对作品的每一次使用行为，而主要规制市场上以公开传播作品为目的、对作品进行盗版翻印或者非法发行传播的竞争者。在这样的著作权保护模式下，尽管著作权人和社会公众时有摩擦，但双方利益依然保持相对的平衡，著作权人将其作品传播给消费者使用而获得利润，消费者获得作品后也有在其私人生活领域内自由使用作品的空间。

然而在数字网络时代，实际情况完全不同。数字网络技术使作品的复制和传播形态不同于模拟技术时期。借助于数字网络技术，公众拥有了超强的对作品进行复制和传播的能力，对作品的使用可以摆脱著作权人的控制。大量私人复制和传播在私人生活领域发生，使模拟技术时期著作权的“间接控制模式”严重失灵。著作权人将其作品授权给个人使用后，使用者就可以在数字网络环境下任意复制该作品并传播给任何能够接入互联网的其他人。这种私人之间的作品复制和传播行为完全避开了著作权人的授权许可渠道，使著作权人的授权市场被替代。由于对作品的私人复制和传播行为无处不在，著作权人不可能有效控制这些私人复制和传播行为。在著作权法滞后的情况下，著作权人开始了私力救济，采取各种技术保护措施对其作品进行保护。其目的即在于控制作品的传播，避免私人之间的复制和传播行为。为了达到预期的效果，这种控制必须采取阻止私人复制和切断私人之间的作品传播路径的方式，甚至控制社会公众接触作品，以迫使公众通过著作权人授权的渠道获得作品。至此，模拟技术时期著作权的“间接控制模式”已经演变成数字网络时代著作权人通过技术保护措施形塑的“直接控制模式”。然而，技术保护措施是一种“一刀切”式的保护模式，并不能够自动识别公众对作品的非法使用行为和合理使用行为，在防止公众未经授权私人复制和传播作品的同时，也很可能打击到属于著作权例外范围的作品合理使用行为。这种控制会增加公众使用作品的成本，给人们的学习和后续创作带来不利影响。

由此可见，由于传统著作权保护模式与作品使用的实践相脱节，著作

① 参见李雨峰：《权利是如何实现的》，北京，法律出版社，2009，第196页。

权法的利益调节机制已经失灵，利益的失衡主要体现在两个阶段：首先是作品的授权许可阶段。由于数字网络环境下社会公众可以对作品进行私人复制和传播，所以著作权人无法通过正常的作品授权许可渠道获得收益。其次是作品的传播和后续使用阶段。由于著作权人将“间接控制模式”改为“直接控制模式”，采取了技术保护措施对其作品进行控制，这种保护的强化导致社会公众合理使用作品、表达言论和进行后续创作受到了影响。

三、数字网络时代著作权保护模式研究的意义

由于数字网络技术的冲击，作品的使用方式发生了巨大的变化，导致著作权法无法调整相应的社会关系，著作权人和其他主体之间的利益平衡被打破，传统著作权保护模式已经无法适应社会实践的发展。在这种情况下，著作权法需要予以完善，以回应技术变迁带来的挑战。在这一背景下，本书选取数字网络时代的著作权保护模式为主题，对新技术环境下著作权保护模式的改革和完善进行研究，希冀助益于新技术环境下著作权法的完善。

数字网络技术给著作权法带来了严峻的挑战，故对新技术环境下著作权保护模式进行研究具有重要的理论和实践意义。

在理论意义方面，数字网络技术虽然给著作权保护带来了困难，导致未经许可的私人复制和传播行为广泛存在，但是处理问题的基本思路依然是要联系法学基本理论和著作权法的基本原理，综合运用案例分析、比较、法经济学等研究方法，对现有的著作权保护模式的优势和缺陷进行深入分析，探寻适合数字网络环境的最优著作权保护路径。亦即，对著作权保护模式的研究，不仅要提出具体可行的实践方案，而且要结合法学和著作权法的基本理论，将法学和著作权法基本原理与著作权保护模式的改革和构建相结合，实现法学基本原理与著作权法具体制度之间的联系和贯通，以研究数字网络时代的著作权保护困境，探索适应数字网络环境的著作权保护模式。

在实践意义方面，从目前著作权保护的困境出发，反思目前人们提出的解决著作权保护困境的各种著作权保护模式，尝试构建新型的适合网络环境的著作权保护模式，有助于著作权法应对数字网络技术的挑战，使著作权法更好地服务于著作权人和社会公众，实现著作权法的价值追求和立法宗旨。实际上，在著作权法调整的社会关系中，作者、表演者、著作权

产业界、技术服务提供者、社会公众等，都是与作品存在联系的主体，有着不同的利益诉求。数字网络环境下著作权保护模式的建构过程，是协调著作权法调整的领域内不同主体之间的利益关系的过程。这一探索形成的著作权法改革方案，如果在立法和司法上得以实现，将会有助于一个良性的、不同主体之间利益相对平衡的社会关系的形成，最终助益于作品的创作和传播，推动社会科技、文化的发展。

第二节 国内外研究述评

数字网络技术使传统的著作权保护模式陷入困境，主要表现为：（1）对作品的未经许可的私人复制和传播行为大量发生，著作权人无法维护其权益；（2）在利益出现失衡后，著作权人努力扩张其权利范围，使作品的公共领域日益缩小，著作权人与其他主体之间的矛盾日益加深。

传统著作权保护模式的失灵，给作品的创作和传播带来了不利的影响，许多学者和实务界人士开始提出各种改革著作权法的建议，这使数字网络环境下的著作权保护模式成为研究的热门问题。

一、国内研究述评

数字网络技术的发展，使著作权法调整的社会关系出现了利益失衡，国内许多学者就这一问题进行了研究。李琛认为：应加强法律和市场的互动，网络环境下著作权保护问题的重点不在于权利的认可，而在于权利的实现，而后者涉及社会观念、市场环境等诸多因素①，法律首先要引导在线合法内容的提供，要从法律与市场的互动关系中寻求平衡点。② 易健雄认为：在网络时代，“技术措施＋合同＋法律”的保护模式，已经严重限制了知识的获取和使用，应当限制著作权的扩张，遏制技术措施对公共领域的圈禁。具体措施方面，应要求权利人提交不含有技术保护措施的作品版本，以确保公众在法定条件下可以合理使用作品；应适用合理使用例外，对控制接触和控制复制的技术保护措施进行限制；提倡开源共享，并

① 参见李琛：《网络环境下著作权法与市场的互动》，《中国版权》2012 年第 4 期；李琛：《著作权基本理论批判》，北京，知识产权出版社，2013，第 48～56 页。

② 参见李琛：《著作权基本理论批判》，北京，知识产权出版社，2013，第 48～56 页。

坚持著作权法定主义原则，从严把握著作权的边界。① 朱理认为：网络时代，应将著作权法上的限制和例外由一种抗辩转变为权利，建立一种自愿措施和第三方介入相结合的机制。允许著作权人通过技术保护措施为自由使用保留空间，同时，著作权人必须向第三方交存破解技术措施的工具或不受技术措施保护的作品版本，以保障用户能够对作品进行合理使用。② 李雨峰对著作权制度的未来进行了展望，他认为目前存在的著作权制度改革路径包括公共基金、与作品国有化相应的作者津贴制度、构建丰富的公共领域。③ 他建议：为保护公民的知情权，必须对著作权法的基本理念和部分制度进行重构。④ 应将著作权法的目的置于鼓励作品的传播而非创作。应当区别文化领域的竞争者和消费者，无论在立法上还是司法上，都不应当禁止消费者对作品的个人获取、使用行为，在网络环境下也是如此。⑤

为应对网络时代著作权保护的困境，国内亦有学者讨论了著作权补偿金制度实施的可行性。张今认为，立法对补偿金制度应谨慎论证，就我国而言，全面建立补偿金制度的条件尚不成熟，但是可以采取两方面的措施：设立和完善各类集体管理组织、行业协会和中介组织；作品的网络传播可先行采用类似补偿金的收费机制。⑥ 曹世华认为，数字时代引入著作权补偿金制度具有必要性和可行性，我国也应当根据本国国情，采取审慎、稳妥和实验性的方式逐步导入著作权补偿金制度。⑦ 冯晓青、李薇对德国《著作权法》中的报酬请求权制度进行了研究，认为其对我国著作权法的改革具有借鉴意义，我国可以考虑增加关于提供复制机会的法定报酬请求权的规定，并健全著作权集体管理组织制度，通过著作权集体管理组织收取作品报酬。⑧

---

① 参见易健雄：《技术发展与版权扩张》，北京，法律出版社，2009，第216～222页。

② 参见朱理：《著作权的边界——信息社会著作权的限制与例外研究》，北京，北京大学出版社，2011。

③ 参见李雨峰：《中国著作权法：原理与材料》，武汉，华中科技大学出版社，2014，第256～258页。

④ 参见李雨峰：《论著作权的宪法基础》，《法商研究》2006年第4期。

⑤ 参见李雨峰：《论著作权的宪法基础》，《法商研究》2006年第4期；李雨峰：《中国著作权法：原理与材料》，武汉，华中科技大学出版社，2014，第135～136页。

⑥ 参见张今：《数字环境下的版权补偿金制度》，《政法论坛》2010年第1期。

⑦ 参见曹世华：《论数字时代的版权补偿金制度及其导入》，《法律科学》2006年第6期。

⑧ 参见冯晓青、李薇：《德国〈著作权法〉中报酬请求权制度及其启示》，《河北法学》2010年第12期。

面对网络技术对著作权法的冲击，还有学者主张彻底废除著作财产权制度。周林就认为：作品的创作和传播其实不一定需要著作权的激励。即便没有著作财产权，创作者和相关企业的特质与先占优势也是无法复制的。同时，市场还存在网络效应，创作者通过网络效应所获得的间接受益依然可以弥补固定成本和被他人“搭便车”所造成的损失。周林认为：单部作品的产量随知识产权保护的加强而递减、单部作品所带来的福利水平和所有作品的总福利水平也随知识产权保护程度的提高而递减，由此，应废除著作财产权制度，采取保护创作者精神权利＋作品自由传播的保护模式。而一旦采取这种模式，除必要的情况如隐私权保护外，技术措施也就没有存在的必要了。①

与主张限制著作权的扩张、适用著作权补偿金制度或取消著作财产权来改革著作权法的观点不同，一些学者认为，以排他性财产权为核心的著作权保护模式依然需要在网络环境下坚持。在新技术时代，应通过技术和市场的手段解决著作权保护的困境。吴伟光认为，在现有版权制度的基础上，留给市场一定的自由和空间，使版权权利人、新技术的提供者和创造者、消费者之间能够提供各自的利益需求，通过市场的手段来找到更为合适的平衡和版权模式，是目前最好的选择。吴伟光提出，在新数字技术环境下需要一个新的制度来解决现有的版权制度失效问题，这一制度应当具备这样的特点：一是简单，使公民容易理解和遵守；二是权利明晰；三时易于保护和恢复权利，有效地追究侵权人的责任并提供救济；四是容易形成国际共识；五是不会造成侵权行为的大规模频繁发生。② 熊琦认为，目前的技术保护措施反规避立法在实质上已经形成了保护作品的“接触权”，接触权的设置，有利于著作权人保护其作品，形成多元化的授权许可机制。③ 他指出，要构建起著作权的激励机制，保证著作权的排他性，同时允许私人通过合同创制新的权利关系，肯定私立规则，以激励私人合作。④

随着网络技术的发展，还出现了诸如创作共用、以促进作品传播和共

① 参见周翼：《挑战知识产权——自由软件运动的经济学研究》，上海，格致出版社、上海人民出版社，2010，第127页。

② 参见吴伟光：《数字技术环境下的版权法危机与对策》，北京，知识产权出版社，2008，第248～249页。

③ 参见熊琦：《论“接触权”——著作财产权类型化的不足与克服》，《法律科学》2008年第5期。

④ 参见熊琦：《著作权激励机制的法律构造》，北京，中国人民大学出版社，2011，第237页。

享为目的的著作权保护模式，国内学者也对这类机制进行了分析。程文婷认为：创作共用有利于扩大对智力成果的共享、再创作、再使用，但面临着国际化和中国本土化的问题。中国著作权法要进行调整，以利用创作共用发挥其作用。① 宋学超则认为，创作共用在外国运用较多，由于中国目前著作权制度不完善，创作共用应当在中国缓行。② 宗诚认为，创作共用这种模式将提高图书馆获取信息资源的时效性，会对我国数字图书馆的建设起到积极作用，要将创作共用引入我国，需对我国《著作权法》《合同法》进行修订，承认创作共用协议的地位和效力。③

从相关研究看，国内学者已经对数字网络技术所引发的著作权法问题进行了研究。但是整体来看，相关研究还存在以下不足：(1) 缺乏本土思维。国内相关研究很多是对外国研究成果的引入和介绍，这些研究成果主要源自于美国。亦即，这些研究更多的是美国立场和美国观点，缺乏结合中国本土特点的分析研究。(2) 缺乏体系化研究、系统化的思维和研究视角。国内研究一般将视野局限在著作权法具体制度的完善，未能从著作权法的全局和整体出发，对著作权保护模式进行研究。(3) 基础理论研究不深入。国内研究成果主要关注新技术引发的著作权法新问题，未能有效联系法学理论和著作权法基本原理，涉及网络时代著作权保护模式的理论基础的成果不多。

二、国外研究述评

国外很多学者对有关网络时代著作权保护模式的问题提出了自己的见解，归纳而言有如下几种观点。

由于技术保护措施的兴起和运用，网络盗版问题得到一定程度的遏制，于是不少学者较为推崇技术保护措施，认为技术保护措施将可以克服新技术引发的著作权保护难题，著作权人将重新恢复对其作品的控制。这是一种“技术问题由技术来解决”的思路。柯尼什（Cornish）认为：“数字技术世界中的作者需要能够控制接触他们作品的新方法；通过合同和技

① 参见程文婷：《Creative Commons 在中国的本土化：彼岸花还是乌托邦?》，《网络法律评论》2009 年第 1 期。

② 参见宋学超：《CC 应当缓行——参见“简体中文版知识共享协议发布会”后的思考》，《法律适用》2006 年第 10 期。

③ 参见宗诚：《创作共用模式在我国数字图书馆建设中的适用性探析》，《图书馆建设》2011 年第 7 期。

术保护措施，作者可以自己采取控制接触他们作品的措施来作为保护他们作品的第一步，然后才是版权侵权责任。”① 凯利·莱昂（Kelly Leong）认为，以技术保护措施为基础的著作权保护模式开创了著作权保护的新模式，必将有助于著作权法的实施。② 费舍尔也指出：技术保护措施的出现给著作权人带来了希望。为了利益的最大化，著作权人可以使用技术手段构建在线作品销售平台，通过价格区分的方法对不同的消费者群体就同一商品的销售收取不同的费用。著作权人可以对商业性使用确定较高的价格，对个人消费者的使用确定较低的价格，对学生等低收入群体确定更低的价格，还可以将价格与每个消费者使用作品的频率相联系，甚至通过建立微支付（microcharges）模式，对消费者每一次对每字节的信息的使用收取少量费用。③ 价格区分的实施，将克服版权人定取过高价格形成无谓损失的市场弊病，消费者也能够以更低的成本接触到作品，这将更好地促进分配正义，增进消费者福利。④ 贝尔（Bell）对技术保护措施和 DRM 权利管理系统大加赞赏，认为在数字网络时代，技术保护措施和 DRM 系统的采用，将大大降低交易成本，为著作权人形塑各种在线授权模式提供方便，以前著作权人无法控制的私人复制和传播行为将得到有效控制。贝尔指出，自动权利管理将会增强合同的执行力，界定不同的或额外的权利。这些功能的执行会更清晰、更有效率，而不必借助于技术手段，权利人便可以更好地利用契约规则，区分不同的使用人，控制使用人对其作品的接触和使用，根据情况收取不同的费用。随着控制接触措施的帮助，版权人将逐渐依靠契约权利和技术手段，减少对版权法的依赖。⑤ 保罗·戈斯汀（Paul Goldstein）也认为：当享有著作权的作品出现新的技术性用途时，立法者应当迅速扩大著作权，将这些新用途包含其中，即使它们仅仅是私人使用。借助于技术手段构建的在线授权机制，如数字点播机，可

① See William Cornish, *Intellectual Property: Patents, Copyright, Trade Marks and Allied Rights*, Sweet and Maxwell, 1999, p. 87.

② See Kelly Leong, “I-tunes: Have They Created a System for International Copyright Enforcement?”, 13 *New Eng. J. Int'l & Comp. L.* 365.

③ See William W. Fisher III, “Symposium on the Internet and Legal Theory: Property and Contract on the Internet”, 73 *Chi.-Kent L. Rev.* 1203, 1237.

④ Ibid., 1239 - 1240.

⑤ See Tom W. Bell, “Fair Use v. Fared Use: The Impact of Automated Rights Management on Copyright's Fair Use Doctrine”, 76 *N. C. L. Rev.* 557, 564.

以显著降低交易成本，并将作者置于一个更加核心的地位。①

而另外一些学者则对技术保护措施在数字网络环境下的广泛应用提出了批评，认为以技术保护措施为基础的著作权保护模式扼杀了数字网络环境互联互通的功能，不利于作品的传播和后续创作。② 尼古拉·鲁奇（Nicola Lucchi）就认为，技术保护措施形成了一种封闭式的著作权保护模式，实质上形成了一种对作品的“接触权”③。劳伦斯·莱斯格（Lawrence Lessig）也认为技术保护措施是一种私人力量的防护，它不利于社会公众合理地获取作品。④ 莱斯格指出，在互联网背景下，法律保护范围的不确定性、保护既有收入结构的强烈动机再加上严苛的著作权法，这三者已经共同削弱了创新的进程与动力。为了消除著作权扩张对创新造成的影响，莱斯格提出了一整套建设方案，包括：采取更多的程序性规定，实施著作权登记和续展，著作权人欲寻求著作权法的保护，必须进行著作权登记，并在其作品上附加著作权标识，否则，他人就可以未经许可使用著作权作品。应缩短著作权的保护期，建立一种较短的、可以续展的保护期。如若著作权人不再续展，作品就进入公共领域。应改革合理使用制度，明确著作权法保护的范围和不保护的范围。在音乐作品上应实施著作权补偿金制度，揭示著作权人与表演者受到侵害的程度，然后作出相应的补偿，这种补偿规定也是暂时的，纳税人的范围仅限于那些下载了音乐的人。⑤ 杰夫·夏普（Jeff Sharp）同样认为，版权人利用技术保护措施，在 DMCA 技术措施反规避条款的帮助下，建构了一种“按次付费”的模式，以前属于公共领域的信息现在正被付费使用所取代，它破坏了传统版权法中的合理使用原则。⑥

在以技术保护措施为基础的著作权保护模式饱受争议时，一些学者对

---

① 参见〔美〕保罗·戈斯汀：《著作权之道：从古登堡到数字点播机》，金海军译，北京，北京大学出版社，2008，第 187～215 页。

② See Nicola Lucchi，Deana Sobel，“A Bite out of Apple? iTunes，Interoperability，and France's Dadvsi Law”，22 *Berkeley Tech. L. J.* 267.

③ Nicola Lucchi，“Intellectual Property Rights in Digital Media：A Comparative Analysis of Legal Protection，Technological Measures，and New Business Models under EU and U. S. Law”，53 *Buffalo L. Rev.* 1111.

④ 参见〔美〕劳伦斯·莱斯格：《代码》，李旭译，北京，中信出版社，2004，第 156 页。

⑤ 参见〔美〕劳伦斯·莱斯格：《免费文化》，王师译，北京，中信出版社，2009，第 236～250 页。

⑥ See Jeff Sharp，“Coming soon to Pay-Per-View：How the Digital Millennium Copyright Act Enables Digital Content Owners to Circumvent Educational Fair Use”，40 *Am. Bus. L. J.* 1，40.

著作权的扩张表示了担忧，提出了创作共用（creative commons）模式和著作权补偿金模式，以作为现有著作权保护模式之改良。创作共用由美国著名网络法专家劳伦斯·莱斯格倡议发起，它以作品共享协议为运行机制，提倡和鼓励著作权人通过创作共用的作品共享协议机制将一部分著作权让渡给社会公众，缓和著作权扩张带来的负面影响。创作共用自实施以来，取得了良好的实践效果，获得了许多人的支持。但是，也有学者对莱斯格的这一制度模式表示了质疑。尼瓦埃尔金-科伦（Niva Elkin-Koren）就对创作共用模式提出了异议，他认为，合同的相对性使创作共用的可持续性存在问题，仅仅依靠合同法无法增强公共领域。① 杜索丽尔（Dusollier）则认为，通过使用私人手段推翻版权的目的无法实现，创作共用通过合同条款反而强化了信息是一种财产的观念，未经授权的共享都是应当禁止的；而且，创作共用将注意力集中在个体创作者身上，它很难去说服迪斯尼、微软或美国唱片业协会在创作共用协议下许可它们的作品，因而作用有限。② 阿德里安·戈斯（Adrienne K. Goss）也认为，创作共用仅仅依靠其道德感召力呼吁著作权人放弃其著作权，过于依赖合同法的调节功能。③

在创作共用之外，有学者还提出了著作权补偿金制度模式，主张在数字技术环境下改革传统的著作权保护模式，实施全面的著作权补偿金制度。持这种观点的学者有尼尔·温斯托克·奈特尼尔（Neil Weinstock Netanel）和威廉·W. 费舍尔（William W. Fisher）。他们认为，未来的网络环境将会极大地提升作品的传播效率，应当允许社会公众借助于网络共享和交流作品，发挥作品的正外部性，而著作权排他性财产权的设置可能阻碍信息的使用和流通，因此采取著作权补偿金模式是较为理想的选择。他们认为，技术保护措施可以对数字作品进行追踪、计费和信息管理，这为未来在网络环境下实施著作权补偿金制度创造了条件。④ 与著作

① See Niva Elkin-Koren, "What Contracts Cannot Do: The Limits of Private Ordering in Facilitating a Creative Commons", 74 *Fordham L. Rev*. 375, 376.

② See Séverine Dusollier, "The Master's Tools v. The Master's House: Creative Commons v. Copyright", 29 *Colum. J. L. & Arts*. 271, 282 - 288.

③ See Adrienne K. Goss, "Codifying a Commons: Copyright, Copyleft, and the Creative Commons Project", 82 *Chi. -Kent L. Rev*. 963, 964.

④ 参见〔美〕威廉·W. 费舍尔：《说话算数：技术、法律以及娱乐的未来》，李旭译，上海，上海三联出版社，2008；Neil Weinstock Netanel, "Impose a Noncommercial Use Levy to Allow Free Peer-to-Peer File Sharing", 17 *Harv. J. Law & Tec* 1。

权补偿金相类似的，是所谓公共基金（public funds）制度。有学者提议，应当用公共基金制度替代目前的著作权制度：作者通过创作作品获得奖励，而公众可以免费使用作品。作者可以与政府通过合同的形式出卖其知识产权，以获得足够的奖励和补偿，作为未来生产的激励。政府可以使用税收来购买无形商品，使社会可以自由使用。①

与上述观点不同，日本学者中山信弘并没有明确表示对著作权补偿金模式的支持。中山信弘认为，多媒体时代，大量作品为无数人所利用，因此，集中行使著作权成为必须，著作权法需要重新构筑。中山信弘提出了著作权保护双轨制的对策思路：对于传统类型的作品以传统形式利用的，仍采用传统的方式处理，传统作者或作品的概念依然存在。对于新型作品或新型利用方式，应有新的权利处理方式，包括采用数字技术针对具体利用征收使用费、著作权补偿金、委托计提管理团体集中行使权利等，都是可以考虑的。② 实际上，中山信弘提出了一种解决网络环境下著作权保护困境的思路，即新的环境下著作权法需要考虑新的制度设计。加拿大学者丹尼尔·热尔韦（Daniel Gervais）教授也指出，网络环境下的版权法不应当控制终端使用者的私人使用，而应构建便于作品许可的机制，促进作品的传播。他提议应建立版权库，版权人的权利由集体管理组织通过版权库来管理。如果版权人不希望集体管理组织管理其作品，应当提出申请并登记退出，否则，即认为集体管理组织获得了版权人的授权，可以代表权利人进行许可。显然，这是将集体管理组织获得权利授权的模式由登记加入（opt-in）模式改为登记退出（opt-out）模式。热尔韦认为，这种合理地许可网络使用的模式确保创作者、出版商和生产商获益，同时又尊重了使用者的隐私和版权例外所涵盖的使用行为。③

与国内研究相比，国外研究的成果在理论深度上有所拓展，研究成果既包括著作权保护模式的基本原理、价值目标、基本原则等理论问题，又涉及微观方面的著作权制度问题。但是国外研究总体上仍注重于具体著作权保护模式的研究，没有从整体的视角对各种著作权保护模式进行比较研

---

① See Lior Zemer, "Rethinking Copyright Alternatives", 14 *Int'l J. L. & Info. Tech.* 137, 138 (2006).

② 参见〔日〕中山信弘：《多媒体与著作权》，张玉瑞译，北京，专利文献出版社，1997，第100～106页。

③ 参见〔加〕迈克尔·盖斯特主编：《为了公共利益——加拿大版权法的未来》，李静译，北京，知识产权出版社，2008，第393～395页。

究、分析各种著作权保护模式的优势和缺陷所在，也没有很好地结合法学理论、著作权法基本原理进行综合性、体系化分析。从具体著作权保护模式或著作权具体制度入手进行研究，固然是完善著作权法的途径，但缺乏从著作权法基本原理到著作权保护模式制度构建的体系化研究，无疑是一种遗憾。

综上，目前国内外关于数字网络时代著作权保护模式的研究较为丰富，但是相对而言，国外关于著作权保护模式的研究成果水平更高，研究更为深入。这固然是由于国外数字网络技术发展较早，著作权工业发达，使著作权保护困境较早凸显，促使西方学者进行了相关研究，但从本质上看，是由于西方著作权法的理论研究积淀深厚，能够很好地利用著作权法基本原理指导著作权法的完善。

第三节　研究方法与分析思路

一、主要的研究方法

本书综合运用多种研究方法对数字网络时代的著作权保护模式进行研究，包括传统法学研究方法和交叉学科研究方法。

历史研究方法、比较研究方法、案例分析研究方法，是传统法学研究方法。“历史研究之一页当抵逻辑分析之一卷。”① 历史研究方法是指从历史角度研究、分析法律制度的变迁与发展，从制度变迁的历史中获得启发，帮助理解或完善现有的法律制度。从研究视角来说，目前更多的学者关注于著作权法的法律文本和新技术催生之下的著作权新问题，较少以历史视角分析著作权制度的变革和发展脉络。这不利于从整体上把握著作权法的正当性基础和制度功能，为其在数字环境下的改革提供理论支撑。本书将从历史角度分析技术变迁与著作权制度的发展演变，站在历史发展的背景下探析著作权法的功能定位，为著作权保护模式的未来改革提供启示。

除了历史研究方法，比较研究方法在法学研究中也较为重要。比较研

① New York Trust Co. v. Eisner，256 U. S. 345，349（1921）.

究方法是指对不同国家（或特定地区）的法律制度进行比较研究。① 对国内外调整同一社会关系的不同法律制度进行比较，尤其是分析针对新问题的不同国家的法律应对措施，可以加深对相关法律制度的理解，学习域外先进法律的经验和优势，有助于对本国法律制度进行完善。本书将对国外著作权法进行研究，分析网络时代不同著作权保护模式改革方案的优势和弊端，参考国外解决网络环境著作权保护难题的方案和策略，以从比较法的角度为我国著作权法的完善提供参考。

案例分析研究方法是指对司法实践中发生的案件进行法理分析和梳理，对法官的推理论证过程和判决结果进行研究。这种实证研究方法在著作权保护模式改革研究中具有重要价值，本书也将对网络环境下著作权的典型案例进行研究，通过案例分析司法回应新技术难题的对策，以期把握著作权法律制度的实践动向。

除了传统法学研究方法之外，本书还将运用交叉学科的法经济学研究方法。“经济学对法学的长驱直入几乎给法学研究带来了一场革命。”② 所谓法经济学研究方法，是指运用经济学的基本概念和理论分析法律制度，研究法律制度的运作实效，为法律制度的完善提供经济学方面的启示。“法经济学，是应用经济学的理论和方法来检验法和法律制度的形成、结构、演化和影响。”③ 从法经济学视角观之，制度的改革应坚持成本—收益分析，研究每一种制度改革路径所能够取得的效果，分析利弊，找到收益最大、成本最小的制度实施方案。传统法学研究注重逻辑和概念推理，往往脱离问题本身和实际情况，论证过程和研究结论难以结合制度的实际运行效果；而法经济学则将重心放置于制度实施的成本与效益，关注法律规范之改变对经济体系机制所产生的影响。④ 这种以经济学上的“效率”为核心、以“成本—收益”为分析工具的研究范式，对于揭示法律制度的基本原理，明确法律制度的经济绩效，推进法律制度的改进大有裨益。从著作权法来看，著作权法与经济学之间存在天然的联系，“法经济学也确实成为了著作权法以及整个知识产权法的主流解释方法”⑤。著作权的保

---

① 参见沈宗灵：《比较法研究》，北京，北京大学出版社，2008，第1页。

② 钱弘道：《经济分析法学》，北京，法律出版社，2005，第1页。

③ Charles K. Rowley, “Public Choice and the Economic Analysis of Law”, in Nicholas Mercuro (ed.), *Law and Economics*, Kluwer Academic Publishers, 1989, p. 125.

④ See Ronald H. Coase, *The Firm, the Market and the Law*, the University of Chicago Press (1988), p. 28.

⑤ 熊琦：《著作权激励机制的法律构造》，北京，中国人民大学出版社，2011，第4页。

护客体——作品——在经济学上就是一种公共产品，公共产品的属性成为著作权制度设计的基础。而如何有效地激励公共产品的生产和供给，满足社会发展需求，是经济学研究的重要内容。从经济学角度来看，著作权的设立，就是在作品之上设立私有产权，促进作品正外部性的内部化，以增强作品这种公共产品的排他性，激励人们投资于作品的生产和传播。不仅如此，著作权权能的内部构造、著作权限制制度的设计，也关系到激励作品生产和促进作品传播这两者能否达成平衡，与经济学上的效率问题紧密联系。就此而言，运用法经济学基本原理对著作权法进行研究，有助于明确著作权制度的经济学基础，为著作权法的适用与完善提供理论支持。

目前，国内外学者都提出了各种著作权保护模式的改革方案，令人眼花缭乱，无所适从。许多改革和制度完善的建议仅仅从法的一般性原理或法律的逻辑性出发，缺乏对著作权法实践意义和实施效果的考察，过于理想化而脱离实际。法经济学上的基本分析工具如交易成本、最大化、均衡和效率等理论，可以用以分析著作权制度的实施效益和成本，能够为著作权保护模式的研究提供更科学的指引，使我们能够通过收益—成本的分析，对不同著作权保护模式进行比较，选择更有效率的行为准则或制度模式。本书将运用法经济学基本原理，探讨著作权制度的经济学基础，针对著作权保护客体——作品——的公共产品和私人产品属性，对目前所提出并付诸实践的各种著作权保护模式进行研究，探究不同著作权保护模式所可能取得的制度实效和存在的弊端，设计出适应网络环境、效益更高、成本更低的著作权保护模式。

二、分析问题的思路

本书的研究对象是数字网络技术冲击之下著作权保护模式的改革和完善，故本书是以基础理论为指导的问题对策研究。因此，本书基本的研究思路是提出数字网络技术给著作权保护带来的问题，分析这种现象出现的原因，研究目前学界为应对这一问题所提出的各种著作权实施方案，在此基础上结合法学理论和著作权法基本原理，提出著作权保护模式的改革建议。

首先，本书将论述技术发展与著作权保护模式演变之间的关系，以及数字网络环境下著作权保护危机的表现，提出需要解决的著作权保护难题。其次，就已经提出并实践的不同著作权保护模式——间接责任为基础的著作权保护模式、技术保护措施为基础的著作权保护模式、共享协议为基础的著作权保护模式、补偿为基础的著作权保护模式——分别进行研究，分析这些著作权保护模式的理论基础、优点和缺陷，结合数字网络环境给予其客观定位与前景展望，分析这些著作权保护模式未来的发展趋势。再次，探寻构建新的适合数字网络环境的著作权保护模式的理论依据，主要包括数字网络技术特点、著作权法的正当性、著作权保护客体的基本经济属性、著作权法的经济学原理、著作权法的功能定位。最后，以著作权保护模式的理论依据和法经济学原理为指引，在对现有四种著作权保护模式研究的基础上，构建数字网络环境下的新型著作权保护模式，提出在著作权自愿许可制度和非自愿许可制度方面的完善措施，归纳出数字网络时代的多元化财产权观念。

第四节　研究内容与创新之处

一、研究的基本内容

根据研究的基本思路，本书的主要内容可分为六章。

第一章为绪论，主要介绍整体研究背景和研究思路，论述数字网络环境下著作权保护的困境与传统著作权保护模式的失灵、国内外研究现状、研究的方法与分析问题的思路、研究的内容与创新点。

第二章为“法律路径”：间接责任为基础的著作权保护模式。数字网络时代，由于不受控制的私人复制大量出现，著作权人开始向终端用户或网络服务提供者主张权利，其中为私人复制提供技术支持的网络服务提供者成为著作权人主要的诉讼对象。在著作权人的诉讼之下，著作权间接侵权规则和替代责任规则有了很大的发展，形成以权利救济为核心、以间接责任为基础的著作权保护模式。这是传统著作权保护模式在新兴技术冲击下的自我调整与完善。这一章将主要分析这一著作权保护模式的理论基础、制度构成、基本特征、运作实效，揭示以间接责任为基础的著作权保护模式的局限性，提出相关的修法建议。

第三章为“技术路径”：技术保护措施为基础的著作权保护模式。在数字网络技术冲击下，著作权人开始采取技术保护措施保护其作品，防止使用者未经许可接触、复制或传播其作品，技术保护措施成为解决网络著作权保护困境的有效手段。本章研究在数字网络技术冲击之下著作权人采取的技术保护措施以及立法通过的技术保护措施反规避条款，分析技术保护措施为基础的著作权保护模式在实施中所取得的积极效果和产生的负面效应，对技术保护措施为基础的著作权保护模式进行客观评价并对其未来发展予以展望，提出相应的改革建议。

第四章为“共享路径”：共享协议为基础的著作权保护模式。在数字网络环境下，由于著作权人权利的强势扩张，社会公众合理使用作品和进行后续创作的空间被挤压，引发了著作权人与社会公众之间关系的紧张。一些学者发起了共享协议运动，颁布了弱化著作财产权保护的共享协议，形成以共享协议为基础的著作权保护模式。本章将介绍共享协议运动的兴起与发展，评析以创作共用、开放存取为代表的共享协议为基础著作权保护模式的理论基础、法律本质、优势与局限，展望其未来发展趋势并提出完善的建议。

第五章为“补偿路径”：补偿为基础的著作权保护模式。由于数字网络环境具有交互性的特点，私人复制和传播行为难以有效控制，有学者提出应建立网络环境下的著作权补偿金制度，使人们对著作权人作品的私人复制和传播行为合法化，形成以补偿为基础的著作权保护模式。本章将分析这一制度模式的理论依据、优势与缺陷、适用范围与发展趋势，明确这一模式的局限性和适用范围。

第六章为数字网络时代著作权保护模式的建构。在对几种著作权保护模式进行分析和定位的基础上，本章将探寻数字网络时代著作权保护模式建构的理论依据，借鉴已有的四种著作权保护模式的合理之处，构建适应网络环境、有效促进作品的创作和传播的新型著作权保护模式，完善著作权自愿许可制度和非自愿许可制度，提出数字网络时代的著作财产权观。

二、主要的创新之处

相比已有的研究成果，本书的创新之处主要体现在研究方法、研究视角、研究观点这三个方面。

在研究方法上，本书不局限于传统法学研究方法，而是尝试运用法经济学研究方法。文章不仅运用了历史研究、比较研究、案例分析研究等传统法学研究方法，而且采用法经济学研究方法，综合运用包括市场失灵理论、交易成本理论、外部性理论、价格区分理论、公共产品理论、公地悲剧理论等，对不同著作权保护模式的经济学依据、实施成本和效益进行分析，对著作权保护模式的建构依据和制度设计进行法经济学方面的探讨，力求使研究结论具有坚实的经济学理论依据。

在研究视角上，已有研究一般是对数字网络技术冲击之下著作权法的新问题进行研究，注重对著作权法具体规则的完善，缺乏宏观视角与整体观念，没有运用著作权法基础理论进行系统化、体系化的著作权保护模式研究。本书以宏观视角，从法学、著作权法的基本理论出发，运用法经济学基本工具，从整体上对主要的几种著作权保护模式进行利弊分析和价值定位，并在此基础上归纳和建构适应网络环境的著作权法理论模型，在研究视角上具有体系化色彩，注重著作权法基础理论在著作权保护模式构建中的意义。

在研究观点上，本书在对四种著作权保护模式的利弊分析、价值定位、建构依据和具体制度设计上，都提出了创新性的观点，对未来著作权保护模式的改革与完善提供了参考。本书根据数字网络环境下著作权保护的困境和应对之策，归纳出四类著作权保护模式，即“法律路径”（以间接责任为基础的著作权保护模式）、“技术路径”（以技术保护措施为基础的著作权保护模式）、“共享路径”（以共享协议为基础的著作权保护模式）和“补偿路径”（以补偿为基础的著作权保护模式）。本书认为，这四种著作权保护模式都有其优势，也存在着不足。它们实际上代表着不同的立场和价值观。从经济政策的角度来看，“法律路径”、“技术路径”和“共享路径”主张通过市场自发调节配置作品资源，而“补偿路径”是政府调控和干预理念的体现。从价值观的角度来看，“法律路径”“技术路径”秉持自然权利论，“共享路径”秉承社会规划论，“补偿路径”则遵循功利主义论。本书认为，未来网络环境下的著作权保护模式，应以市场自发调节为核心，在市场严重失灵时以政府宏观调控为补充，借鉴“法律路径”、“技术路径”、“共享路径”和“补偿路径”的合理内核，完善著作权自愿许可制度和非自愿许可制度，建构兼顾多元价值取向和利益主体的著作权保护模式。这种著作权保护模式适合数字网络环境的技术特点，有助于降低网络时代著作权法的运行成本，促进社会言论自由，提高著作权市场的自由竞争度，激励网络时代作品的创作和传播。

第二章　“法律路径”：间接责任为基础的著作权保护模式

引　言

在数字网络的冲击之下，著作权保护陷入了困境。借助于数字网络技术，人们可以方便地对作品进行复制或传播，传统著作权保护模式日渐失灵。在这种情况下，著作权人开始采取法律手段，起诉复制或传播作品的直接使用人和教唆、帮助他人进行直接侵权的第三方主体，主要是提供技术平台的网络服务提供者。由于直接起诉个人的诉讼成本过高，实际效果不理想，著作权人诉讼的主要对象是教唆、帮助他人进行直接侵权或对他人的直接侵权行为有能力实施监督和控制的第三方主体。在此影响下，著作权间接侵权规则和替代责任规则有了较大的发展，形成了以间接责任为基础的著作权保护模式。所谓“法律路径”——以间接责任为基础的著作权保护模式，是为便于研究而加以归纳的称谓，主要是指著作权人以追究第三方主体的间接侵权责任或替代责任为主的著作权保护方式。它是传统著作权保护模式为解决网络著作权保护难题而在新技术环境下的完善与发展，亦即：由于网络环境下直接侵权频繁发生，直接侵权人较为分散且缺乏赔偿能力，著作权人逐步将诉讼指向为个人提供技术手段或服务平台的网络服务提供者。网络服务提供者不仅集中而且经济实力较强，追究它们的责任比追究直接侵权人的侵权责任更为高效。由此在数字网络时代，著作权间接侵权规则和替代责任规则日渐成熟，成为著作权人权利保护和法律救济的重要手段。

无论是大陆法系还是英美法系，都规定了间接侵权责任制度，只是具体称谓和规则设计有所不同。在大陆法系中，间接侵权一般被认定为教唆或帮助侵权，被纳入共同侵权责任制度①，在著作权法中往往没有完整的著作权间接侵权责任制度。而英美法系的版权法实践之中，不仅有间接侵权责任制度，还逐步建立起了完整的版权间接责任制度。美国的间接责任制度就包括间接侵权责任和替代责任制度。前者针对间接侵权，在一些文献中也称帮助侵权，主要指教唆、引诱或帮助他人进行侵权，应当承担侵权责任。后者指基于当事人之间具有的某种关系，由处于管理、监督地位的主体对另外一方主体的侵权行为承担责任。因此，“间接责任涵盖了所有本人没有实施直接侵权行为，但却基于某种法定原因而对直接侵权行为承担责任的情形。间接侵权只是导致间接责任的一种原因而已”②。

在著作权法中，间接侵权规则和替代责任规则也得到了立法的承认，在数字网络时代，它们更是著作权人寻求法律救济的重要手段。但是技术发展和更新的速度很快，新技术层出不穷，间接侵权规则和替代责任规则总是处于滞后状态，疲于应对。因此，仅仅依靠著作权间接侵权规则和替代责任规则并不能有效解决数字网络环境下的著作权保护困境。不仅如此，由于著作权间接侵权规则和替代责任规则无法跟上技术发展的脚步，司法实践中法官不得不对这两类规则的适用范围作出各种解释，然而不同法官的解释方法和具体解释不尽相同，这使这两类规则在适用上存在模糊地带，容易导致著作权法形成“寒蝉效应”，阻碍新兴技术的成长，不利于社会经济和互联网产业的发展。就此而言，在数字网络时代著作权保护模式的构建中，需要给予著作权间接侵权规则和替代责任规则以恰当评价和准确定位，明确这种权利保护路径的局限性，进一步明确间接责任构成的判断标准，提升规则适用的确定性，使以间接责任为基础的著作权保护模式在网络时代发挥更重要的作用。

第一节　著作权间接侵权规则的发展与局限

数字网络技术改变了作品使用和传播的方式，使复制变得快捷和便利，为人类获得和利用知识提供了方便。但数字网络技术在给人们带来便

① 参见杨立新：《侵权责任法》，北京，法律出版社，2010，第98页。

② 王迁：《网络环境中的著作权保护研究》，北京，法律出版社，2011，第146页。

利的同时也带来了不利影响，大量受著作权保护的作品未经许可被轻易地获取与传播。在著作权人看来，这种未经许可的复制与传播行为构成了著作权侵权。但问题是，数字网络技术使这些侵权行为变得极为普遍而广泛，著作权人起诉直接侵权者变得没有效率。于是便引出一个不可回避的问题：数字技术和互联网服务的提供者是否应该为其终端用户的著作权侵权行为承担间接责任？①

为了恢复著作权制度原有的平衡，在著作权人的推动下，法院创立了间接侵权理论和间接侵权规则。以间接侵权规则为依托，要求提供技术、设备或平台的网络服务提供者承担间接侵权责任，成为著作权人主要的权利保护和法律救济路径。20 世纪 80 年代以来，随着美国几起影响广泛的判例的发生，我国学界对著作权间接侵权责任制度也进行了较多的研究，但大多数著述限于对英美版权法间接侵权责任制度的介绍和归纳。有些学者表现出对英美间接侵权责任制度的推崇，主张我国著作权法应全面学习美国间接侵权责任制度，在著作权法中确立这一制度。事实上，尽管间接侵权责任制度在回应新技术对著作权制度的挑战方面发挥了重要作用，但该制度并非没有缺陷，其实际运作效果也是毁誉参半。本节将从间接侵权责任制度在技术领域的实际运作效果出发，以著作权人和技术开发者之间的矛盾为视角，分析该制度在具体适用上的局限性，以期能给其合适的定位。

一、著作权间接侵权责任制度的建立

复制和传播技术的进步是著作权法发展的永恒动力，它在给著作权人带来商业机会的同时也便利了侵权者的"海盗行为"。不论是握在僧侣复制者手中的一支笔、古腾堡的活字印刷机、录音机还是可以录像的 DVD，都是一把能导致两败俱伤的双刃剑。② 在数字网络时代，著作权法不断调整其侵权构成要件和判定标准，以应对技术发展对著作权保护带来的冲击。从 Sony 公司的录像机、用于检索信息的搜索引擎到网络 P2P 共享软件，数字网络技术的发展使终端用户可以便捷地对著作权作品进行复制和

① See Craig A. Grossman, "From Sony to Grokster, The Failure of the Copyright Doctrines of Contributory Infringement and Vicarious Liability to Resolve the War between Content and Destructive Technologies", 53 *Buffalo L. Rev.* 141, 145, 169.

② 参见〔美〕约翰·冈茨、杰克·罗切斯特：《数字时代盗版无罪?》，周晓琪译，北京，法律出版社，2008，第 190 页。

传播，著作权人不得不转而尝试追究技术服务提供者的间接侵权责任。实际上，这种权利救济路径的转向是传统著作权保护模式努力适应数字网络环境的表现。在数字网络时代，著作权人仅仅对出版商、书店等复制或传播作品的中间主体实施“控制”已经无法有效保护自身权利，而直接起诉个体使用者侵权又成本太高、没有效率。① 于是，著作权人只能要求为个体使用者提供技术、设备或平台的第三方主体承担间接侵权责任。“它们通常相对集中，更有能力承担责任，也更有能力转嫁侵权责任成本。”② 著作权间接侵权责任制度的产生与发展体现了著作权制度对技术发展的回应，也表明在数字网络时代，传统著作权保护模式开始倚重间接侵权归责这一权利保护和救济路径。

英美法中，间接侵权责任通常是以第三人帮助直接侵权人实施侵权行为的方式产生，因此，间接侵权往往也被称为帮助侵权。但是在制度构成上，帮助侵权仅是间接侵权的一种类型，除帮助侵权之外，间接侵权还包括引诱侵权。英美法系间接侵权责任制度由美国 Gershwin 案确立。该案中，因被告 Columbia Artists Management，INC.（CAMI）在其组织的音乐会上演出了原告享有版权的作品，引发诉讼。地区法院认为 CAMI 侵权成立，即 CAMI 通过组织、监督和控制地方音乐组织及明知为侵权行为依然参与其中的方式侵权了原告的版权。该案法官安德森（Anderson）认为，某人知悉侵权活动而引诱，促使或提供了实质性帮助，可以作为帮助侵权者承担责任。③ 随后，Fonovisa 案进一步深化了版权间接侵权规则。该案中，被告 Cherry Auction 经营一个商品交换市场，小贩租用市场摊位并缴纳租金。由于 Cherry Auction 通过提供摊位、停车位、广告等方式对构成版权直接侵权的小贩提供了帮助，法院判定 Cherry Auction 帮助侵权成立。法官施罗德（Schroeder）认为，如果没有交换市场提供的服务，大量侵权行为的发生是很困难的，这些服务包括提供摊位、设施、停车位、广告、水管维护和顾客资料，Cherry Auction 通过营造环境和市场而积极地促成了盗版唱片的销售。④ 综合这两个案

---

① See Craig A. Grossman，“From Sony to Grokster，The Failure of the Copyright Doctrines of Contributory Infringement and Vicarious Liability to Resolve the War between Content and Destructive Technologies”，53 *Buffalo L. Rev.* 141，145，169.

② 崔国斌：《著作权法：原理与案例》，北京，北京大学出版社，2014，第 721 页。

③ See Gershwin Publishing Corporation. v. Columbia Artists Management，Inc.，443F. 2d1159，1160，1162（2d Cir. 1971）.

④ See Fonovisa，Inc. v. Cherry Auction，Inc.，76 F. 3d 259（9th Cir. 1996）.

件，美国司法界将间接侵权规则界定为：一方在明知或应知另一方的行为构成版权直接侵权的情况下，依然诱导、教唆或实质性地帮助他人实施侵权行为，构成间接侵权，应当承担侵权责任。其构成要件包括：行为人主观上具有过错，知道或应当知道直接侵权行为的存在；行为人客观上具有帮助、教唆、诱使直接侵权人实施侵权的行为。

以上案件仅仅明确了间接侵权责任的构成要件和判断标准，指导意义也仅限于有体物交易场所，而且侵权人的主观过错和客观上的帮助行为较容易认定。然而，随着技术的进步，出现了新的设备或服务提供者——新型复制设备的供应商和服务提供者，它们所提供的设备或服务引发了大量版权直接侵权行为。这些新的设备或技术的提供者是否构成间接侵权，应当赔偿因其设备和技术的运用引发的直接侵权所造成的损失呢？如果构成间接侵权、应该承担赔偿责任，其侵权判定标准又是什么呢？这些问题成为业内激烈争论的焦点。

版权人对新复制设备供应商和服务提供者的反击是从 Sony 案开始的[①]，他们试图以通常适用于有体物交易场所的间接侵权责任制度为武器，迫使新复制设备和技术的开发者承担因其技术应用所引发的大量版权直接侵权行为造成的损失。在 Sony 案中，被告 Sony 公司生产了一种录像机，大量家庭用户使用其来录制受版权保护的节目，从而严重损害了版权人的经济利益。由于直接起诉家庭用户并不现实，版权人转而起诉了 Sony 公司，要求其为用户的行为承担间接侵权责任和替代责任。该案涉及的问题实际上是：如果用户的行为构成版权直接侵权，那么提供录像机给用户的 Sony 公司是否要为用户的行为承担间接侵权责任？美国最高法院的法官对此有不同意见，但是多数法官还是认为，如果一种产品能够被运用于合法、不受争议的用途，则即便该产品的制造商或供应商明知或应知其设备有可能会被用于侵权，也不能够仅以此推定产品的制造商或供应商帮助他人实施了直接侵权，从而构成间接侵权。最终，美国最高法院否定 Sony 公司要为其用户的直接侵权行为承担责任，认为，因为录像机具有实质性非侵权用途（substantial non-infriging uses），生产商没有办法区别用户的合法使用行为和非法使用行为[②]，故而其无须为用户的行为承担责任。

---

① See Sony Corp. of Am. v. Universal City Studios, Inc., 464 U.S. 417 (1984).

② Ibid., 438, 442 (1984).

此案确立的实质性非侵权用途标准对版权产业和技术发展产生了深远的影响。按照该案的结论，如果提供的设备或技术具有实质性非侵权用途，则设备或技术的提供者就不需要承担间接侵权责任。这相当于为设备或技术的开发者提供了一个“安全港”，使设备或技术的开发者不必担心新设备或技术的问世会引发侵权争议。设备或技术开发者如果能够证明自己的设备或技术具备实质性非侵权用途，就可以据此进行抗辩，主张不承担侵权责任。据不完全统计，此后在版权人与设备、技术提供者之间的诉讼中，引述“Sony 案”判决的美国各级法院的判例多达七十余起。不仅如此，该案还直接成为美国日后相关立法的依据。① 美国最高法院似乎在暗示：只要产品具有一种潜在的“实质性非侵权用途”，产品的制造商和经销商就不需要承担侵权责任。

“Sony 案”是在复制设备走向家庭的高科技时代，版权人试图限制消费者的复制行为而展开的与设备制造商和销售商分享利益的第一场法律诉讼。美国最高法院的判决第一次在这个“利益交织”的问题上作出了初步回答，为今后法院对相似案件的审理确立了可用的规则。② 但是，这一判决并非毫无争议，其判决结果实际上仅是美国最高法院在版权人和设备、技术提供者之间矛盾升级的背景下所作的权宜之计。美国最高法院显然意识到了新技术的发展对版权保护带来的巨大冲击，但是却担忧如果判决复制设备生产商承担责任，那么将引发一连串连锁反应，对新技术的发展造成消极影响。虽然版权法需要保护版权人利益，但在某种程度上，版权法必须考虑包括促进新技术发展、新的商业机会和市场结构等在内的其他社会利益。③ 正是基于此，美国最高法院提出了实质性非侵权用途的标准，即产品具备实质性非侵权用途，其提供者就不应当仅因为提供的产品引发直接侵权而承担间接侵权责任，以使诸如生产录像机等复制设备和提供技术的企业能免于承担责任。然而，这一判决形成的结论并没有起到指导技术发展的作用，不具备普遍的适用性。因为任何设备只要其唯一的用途不是侵权，则必定具有一定的非侵权性合法使用用途，所有提供设备的厂商实际上在侵权之诉中都能够援引这一条款免责，这实质上将使间接侵权的概念形同虚设。只有那些最缺乏想象力的制造商才不能证明一种复制设备

---

①② 参见王迁：《“索尼案”二十年祭——回顾、反思与启示》，《科技与法律》2004 年第 4 期。

③ See Douglas Lichtman and William Landes, “Indirect Liability for Copyright Infringement: An Economic Perspective”, 16 *Harv. J. Law & Tec.* 395, 401.

不具有“实质性非侵权用途”①。实际上，许多提供设备或技术的厂商主观上也知道自己的设备或技术将被用于版权侵权，但是由于实质性非侵权用途规则的存在，厂商并没有积极性在产品上设计相应的技术或者采取措施以降低和遏制侵权行为的发生，即便这种遏制侵权行为发生的技术或措施很容易做到。

由此可见，这一规则仅是暂时调和了版权人和技术提供者的矛盾，但并没有明晰技术提供者的版权责任，对于未来技术提供者开发何种技术才能避免承担间接侵权责任，并不具有普遍的指导意义。亦即，在该判决作出时，美国最高法院对间接侵权责任制度在技术领域的运用持模棱两可的态度，并没有明确著作权间接侵权责任制度在技术发展和著作权保护中所应起的作用，没有澄清技术提供者在何种条件下应当承担间接侵权责任。因此，这项判决对技术提供者的后续行为不具有普遍性的指导意义，这也为其后美国的法院多次采用补救措施，补充解释间接侵权责任制度以限制技术的开发和运用，造成著作权人与技术提供者之间矛盾升级埋下了隐患。

二、著作权间接侵权制度的扩充

如果说 Sony 案暂时缓和了著作权人和技术提供者之间的矛盾，随后而起的 Napster 案、Grokster 案则彻底使著作权间接侵权责任制度陷入争议之中，暴露出这一规则的不确定性。

在 Napster 案中，Napster 公司向用户提供 P2P 软件服务，任何用户只要登录 Napster 的网站，下载并安装 Napster 公司提供的共享软件，就可以使用该软件上传或下载作品，与其他用户免费共享文件。由于用户利用 Napster 大量共享的是享有版权的音乐作品，因而引发了美国唱片公司的不满，于是美国唱片公司将 Napster 公司起诉至法院，要求 Napster 公司为其用户下载和传播版权作品的行为承担间接侵权责任。在这一案件中，Napster 公司援引 Sony 案确立的“实质性非侵权用途”为自己辩护，认为自己提供的软件和服务既可以用来上传和下载版权作品，也可以用来交流经过版权授权的作品和超过版权保护期的作品，因此，自己提供的软件和服务具有实质性非侵权用途，不能仅因在 Napster 公司服务器上发生直接侵权行为，就认定自己构成间接侵权。但是法官经审理查明，

① Sony Corp. of Am. v. Universal City Studios，Inc.，464 U.S. 417，498 (1984).

Napster 公司实际上在主观上知道其用户在使用 Napster 公司的软件和服务从事直接侵权行为。其一，由 Napster 公司创始人起草的文件中提到，Napster 公司的系统有必要掩盖用户的真实姓名和 IP 地址，因为他们是在交换盗版音乐；其二，美国音像协会曾经通知 Napster 公司，该公司系统上有侵犯版权的音乐作品。不仅如此，法院认为，Napster 公司也是可以推测到用户直接侵权行为的存在的。一是 Napster 公司的管理人员很注意保护知识产权，都有音像行业从业经验；二是他们在宣传 Napster 公司网站时，使用的网站屏幕截图中含有侵权音乐文件。[①] 同时，由于 Napster 公司能够终止用户的账号，具有“监督用户行为的权利和能力”，而且其依靠侵权用户人数的增加获得广告收入，因而，法院认定 Napster 公司具有过错，判决 Napster 公司间接侵权责任成立。[②] 法院认为，本案的关键是 Napster 公司的主服务器与在线用户的计算机相连，向用户提供注册、文件检索等服务，构成了对侵权用户的“实质性帮助”。

Napster 案判决生效后，Napster 公司关闭了该公司的服务器。不久，有了新的技术方式。Grokster 公司与 StreamCast Networks 公司合作开发出了分散式 P2P 软件。与 Napster 公司提供的 P2P 软件不同的是，在分散式 P2P 软件系统下，文件不再存储在 Grokster 公司的主服务器中，而是直接存储在用户的个人电脑之中。用户凭借 Grokster 公司提供的 P2P 软件，可以直接与他人分享文件，不再需要通过 Grokster 公司的主服务器。由于没有主服务器与个人用户相连，因而在向用户提供软件后，Grokster 公司就失去了对用户的行为进行控制的能力，无从知晓用户是否从事了侵犯版权的行为。表面看来，Grokster 公司仅仅提供了共享软件，没有对用户的直接侵权行为提供任何帮助。但是，以迪斯尼、时代华纳为代表的美国娱乐产业公司还是向法院提起诉讼，认为 Grokster 公司主观上知道其用户利用其软件从事侵权行为，客观上还向用户提供该软件，帮助其实施侵权行为，构成间接侵权。审理该案的地方法院和联邦上诉法院都认为，Grokster 公司提供的 P2P 软件具有实质性非侵权用途。“参考美国最高法院 Sony 案的意见，本案中的商业产品具有实质性非侵权用途，因为此一软件的分散式结构使得传播者并不知晓侵权的发生，因

① 参见牛静：《视频分享网站著作权风险防范机制研究》，武汉，华中科技大学出版社，2012，第 50 页。

② See A&M Records，Inc. v. Napster，239F. 3d 1004，1022（9th Cir. 2001).

而对此不承担责任。”① 亦即，一、二审法院均认为，两被告分散式的P2P技术使被告主观上无法知晓其软件系统中的侵权行为，客观上也没有向侵权用户提供帮助，不符合间接侵权构成要件中主观“知晓”要件和客观“实质性帮助”要件的要求。被告无法知道其用户在Grokster公司的软件系统中从事了哪些活动，并且缺乏对直接侵权行为进行控制的能力。因此，不能仅因为被告的系统之中存在用户的直接侵权行为就认定被告需要承担间接侵权责任。

随后，此案上诉到了美国最高法院，最高法院推翻了一、二审法院的判决，认定两被告间接侵权成立，提出了认定间接侵权成立的“引诱侵权规则”。最高法院认为，联邦巡回上诉法院将实质性非侵权用途解释为只要一种产品具有实质性的非侵权用途，产品的制造商或销售商就不需要为第三人的直接侵权行为承担帮助侵权责任，这种理解是错误的。最高法院的Souter.J法官指出：两个公司都表明其目标用户是具有版权侵权需求的用户，并且两个公司都没有计划去开发一种过滤侵权行为的工具，或采取其他手段来降低或避免用户的直接侵权行为。其软件被使用得越多，则其广告收益就会越多。如果行为人促销其具有侵权性使用功能的工具，并通过其行为明确表示或积极促成侵权行为的发生，则其需要为其第三方用户实施的直接侵权行为承担责任，而不必考虑此种工具的合法用途。② 最高法院认为，被告主观上具有引诱的恶意，表现为：其一，广告宣传定位。被告将自己软件定位为Napster的替代版本，宣传的目标是Napster用户。其二，缺乏筛选机制。被告没有开发出过滤工具或者减少、遏制侵权发生的技术。这一证据强化了被告主观上引诱的意图。其三，收益模式。被告通过出售广告位来获取收益。③ 据此，最高法院认定Grokster公司引诱侵权成立。根据最高法院的判决，“引诱侵权规则”的构成要件是：(1) 行为客观上传播一种可用于版权侵权，也具有合法使用用途的工具或者装置；(2) 主观上具有引诱第三人侵权性使用的意图并采取了明确的表示或积极的步骤来促使第三人侵权性使用；(3) 第三人的侵权性使用造成了版权人的损失。

① Metro-Goldwyn-Mayer Studios, Inc. v. Grokster, 545 U.S. 913; 1255. Ct. 2764; 1622. Ed. 2d 718.

② Ibid..

③ 参见牛静：《视频分享网站著作权风险防范机制研究》，武汉，华中科技大学出版社，2012，第52～53页。

通过该案可以看出，美国最高法院提出引诱侵权规则实际是在对以前案件中所确立的实质性非侵权用途规则和间接侵权规则进行补充和解释。首先，Grokster 公司的系统既可以进行侵权性使用，也可以进行非侵权性使用，显然具有实质性非侵权用途，如果按照 Sony 案确立的规则，Grokster 公司不需要承担间接侵权责任，尽管其行为确实助长了直接侵权行为的发生。其次，传统的间接侵权规则主要涉及帮助侵权，其构成要求行为人主观上知晓直接侵权行为，客观上为直接侵权行为提供了"实质性帮助"。由于 Grokster 公司提供的文件共享系统是分散式结构，Grokster 公司只提供了共享软件，没有参与到网民的文件共享之中，很难认定其为直接侵权行为提供了帮助，传统间接侵权规则在 Grokster 案中无法适用。为此，若要保护著作权人的利益，只能对间接侵权规则作进一步发展，对主观过错这一构成要件进行补充解释。亦即，只要产品的制造商或供应商怂恿或劝说第三人利用其提供的工具和装置从事侵权行为，不论其有无"实质性帮助"，都构成了对直接侵权行为的一种"诱导"，在主观上存在过错，要为其引诱行为承担间接侵权责任。

据此，从 Sony 案、Napster 案到 Grokster 案，提供技术或服务的主体的间接侵权责任认定标准发生了变化：非实质性侵权用途规则的重要性有所降低，甚至，它在间接侵权责任的判定中已不再起到主要作用。美国最高法院认为，实质性非侵权用途规则仅仅是构成间接侵权需要考虑的因素之一，提供技术或服务的主体是否要承担间接侵权责任，关键在于是否存在证明其主观意图的证据。如果有证据证明产品的提供者故意引诱他人使用其产品进行直接侵权，那么即便其产品具有实质性非侵权用途，也并不能免除其间接侵权责任。这样，美国法院通过对实质性非侵权用途的补充解释，限定了实质性非侵权用途这项规则的适用条件，完成了对间接侵权责任构成要件的重新界定。其实，在此案发生之前，美国就有议员基于著作权人的利益提出《故意引诱侵权法案》①，意图对那些通过积极的步骤和言辞表现诱导侵权行为产生的技术开发者施以间接侵权责任，只是迫于各方的压力，该法案没有在国会通过。但是随着技术的发展，传统间接侵权规则已经无法发挥作用，美国最高法院在 Grokster 案中不得不确定引诱侵权规则，以弥补原有规则的缺陷。这表明美国最高法院在技术发展面前修正了间接侵权责任中的主观过错认定标准，将行为人的引诱意图也

① See Inducing Infringement of Copyrights Act of 2004, S. 2560, 108th Cong. (2004).

纳入了主观过错的范围之内。

三、著作权间接侵权责任制度的局限

应当说，间接侵权责任制度在保护著作权方面发挥了重要作用，对于没有从事著作权直接侵权行为的主体如何发展技术、避免承担侵权责任起到了指导作用。通过此项规则，著作权人也能够通过起诉更具经济实力和在法院管辖范围内的第三方而及时获得有效的救济。[①] 但是，间接侵权责任制度并不是不存在弊端，不论是著作权人还是提供技术或服务的第三方主体，都对间接侵权责任制度的不确定性提出过质疑。这表明立法者并没有对间接侵权责任制度的功能和在著作权法中的地位有清晰的认识。从规则的适用效果来看，过于依赖和高估间接侵权责任制度在网络时代保护著作权的重要作用，以技术提供者最终承担间接侵权责任来补偿著作权人因新技术发展而遭受的损失，或者以著作权人的败诉来支持某项技术的发展，都可能引发新的矛盾和问题。间接侵权责任规则自 Sony 案开始，就暴露出规则的确定性程度低、可预测性差、适用效率偏低等缺陷。

正如有学者一针见血地指出：法律规则本身应当给相关各方带来更多的可预测性，而目前间接侵权责任规则那种宽泛的措辞将导致新的技术，尤其是网络技术甚至最一般的可预测性的缺失。[②] 当 Sony 案确定了实质性非侵权用途标准之后，技术设备的生产商，例如印刷机、复印机、照相机的制造商便可以依据这项规则开发它们的技术。根据其产品具有的“实质性非侵权用途”，它们将免于承担间接侵权责任。从这点上看 Sony 案确立的规则具有一定的指导意义，法院的出发点显然是害怕 Sony 公司承担间接侵权责任会导致著作权人控制新的和正在发展中的技术。[③] 但是，技术的发展速度却超出了法院和著作权人的预期。数字网络技术的飞速发展使私人之间复制和传播作品成为可能，P2P 共享软件更是助长了网民的共享行为。P2P 共享软件也具有实质性非侵权用途，同复制设备一样，它也是可以引发大量著作权直接侵权行为的工具。依据 Sony 案确立的标

① 参见王迁：《论版权法中的间接责任》，《科技与法律》2005 年第 2 期。

② See Craig A. Grossman, “From Sony to Grokster, The Failure of the Copyright Doctrines of Contributory Infringement and Vicarious Liability to Resolve the War Between Content and Destructive Technologies”, 53 *Buffalo L. Rev.* 141, 223.

③ See Douglas Lichtman and William Landes, “Indirect Liability for Copyright Infringement: An Economic Perspective”, 16 *Harv. J. Law & Tec.* 395, 401.

准，由于P2P软件本身具有合法的实质性非侵权用途，故P2P软件的开发者并不需要为用户的直接侵权行为承担间接侵权责任。但是结果恰恰相反，P2P软件的厂商参照Sony案确定的标准开发了新的技术，却还是要为新的技术承担间接侵权责任。固然可以认为某些P2P软件提供者主观上有帮助他人实施直接侵权的过错，客观上对用户的直接侵权提供了技术服务，让这些P2P公司承担责任合理合法，但不可否认的是，这些产品和Sony公司的录像机并没有本质区别，对它可以进行合法使用，亦可以进行侵权性使用。Sony公司和P2P企业实际上在主观上都知道其产品会被用于直接侵权。但是，这种"知道"是一种大致的猜测和推断，Sony公司和P2P企业都不清楚，其产品在使用中发生了哪些具体的直接侵权行为，自己的哪些行为将会越过法律允许的范围而导致承担间接侵权责任。实质性非侵权用途规则和间接侵权责任规则的不确定性导致部分企业对其行为性质缺乏深入认识，法律规则的指引功能没有发挥作用。

在Sony案之后，Napster案实际上有机会对实质性非侵权用途规则和间接侵权责任规则的关系和适用作出明确的界定，然而遗憾的是，Napster案制造了更大的模糊。Napster案本来确定了P2P软件的提供者的责任限于帮助侵权，即主观上具有明知或应知的情节、客观上对直接侵权有实质性的帮助行为，构成帮助侵权。这项规则应当为其后的技术开发者提供指导性的帮助，指明其何种情况下需要承担间接侵权责任。但是事实是遵照这一规则发展技术的Grokster公司并没有避免承担间接侵权责任的命运。Grokster公司采用的分散式技术，使其无法监控终端用户的使用，即便其知道用户有直接侵权行为也无法予以排除，并且没有办法对用户提供任何实质性的帮助行为，用户安装完软件即可自行使用。Grokster公司与用户的关系仅仅在于其向用户提供了这种共享软件。如果说美国最高法院的非实质性侵权用途规则和间接侵权责任规则是有效的、可以指导后续技术开发者的规则，那么后续的技术开发者就可以明确技术发展的方向，避免可能的侵权风险。问题是非实质性侵权用途规则要件界定模糊，其与间接侵权责任规则的关系并不明确，间接侵权责任规则中的主观过错要件如何判定存在不确定性，导致在后续Grokster案中Grokster公司的行为依然被法院认定为间接侵权。这种法律规则的不稳定或者说缺乏明确的指引很有可能给从事技术创新的公司造成"寒蝉效应"。因此，间接侵权责任规则需要一种稳定的具备可预测性的理论基础和侵权归责原则，使提供技术的主体能够更清晰地判定其行为是否可能构成间接侵权，从而指导其技术提供行为，防范法律风险。

进言之，在法律上，不能仅仅因为某一技术或产品造成了大量的侵权性使用，就试图寻找出一些新的理由去扩充间接侵权责任规则的要件，降低对主观过错或客观行为具备违法性的认定标准，要求技术的提供者承担间接侵权责任。实际上，与 Napster 案一样，Grokster 案也没有明确技术提供者的哪些行为可以表明其主观上存在过错。假如在 Grokster 案确立引诱侵权规则之后，后续技术的提供者依据 Grokster 案的精神，在提供技术产品的过程中没有实施明确的引诱行为，而只是通过广告宣传其产品可用于共享文件，这种情况下是否应当判定其主观上具有"引诱"的过错，应当承担间接侵权责任？如果技术的提供者不宣传自己的产品，而只是在发布的产品使用说明书中告诉用户该产品可以用于共享文件，也可以用于复制和传播已经过了版权保护期的作品，这又是否可以适用间接侵权规则，认定其具有"引诱"的过错，构成间接侵权？甚至，技术的提供者除了提供共享软件，进行维护升级以使用户有更好的下载和共享体验之外，没有其他任何行为，是否还可以认定其行为构成"引诱"的间接侵权？这也就是说，即便 Grokster 案确立了引诱侵权规则，但是对"引诱"的判定，却依然模糊不清。同样，对于"知道"的判定也存在这一问题。学界认为，Napster 之所以构成间接侵权之帮助侵权，是因为其满足了主观上"知道"的过错状态和客观行为上的"实质性帮助"这两个构成要件。但是，帮助侵权标准的不确定性也主要源于这个术语："知道"(Knowledge)。关于"知道"，有多种解释，美国的法院在什么程度的"Knowledge"构成"知道"这一问题上没有形成统一的意见。"知道"可以解释为对具体的受著作权保护的作品的某一特定具体侵权行为的知道，也可以解释为原告主观上所认为的对一些著作权人作品所可能发生的侵权行为的知道。有学者认为，考虑到帮助侵权的目的，"知道"应当指有能力采取补救行动的人对具体的某一侵犯著作权行为的知道。① 也有学者认为，"知道"是法律上的推定，可以从被诉行为人的行为进行判断，而无须证明行为人确实对某一具体的侵权行为"知道"。由于侵权构成要件的模糊性，在立法上应当对构成帮助侵权的"知道"要件进行细化解释，以

---

① See Craig A. Grossman, "From Sony to Grokster, The Failure of the Copyright Doctrines of Contributory Infringement and Vicarious Liability to Resolve the War Between Content and Destructive Technologies", 53 *Buffalo L. Rev.* 141, 231, 232.

加强其可预测性。亦即，法律规则应当具有稳定性，对后续人们的行为有指导价值，为人们的行为提供一个模式、标准或指示方向。[①] 间接侵权责任规则后来的发展却表明，Sony 案确定的实质性非侵权用途规则，Napster 案、Grokster 案确定的间接侵权责任规则尽管为技术或服务的提供者免于承担责任提供了指引，却并不具有较高程度的可预测性。

间接侵权责任规则确定性程度低、可预测性不高，导致其适用中的经济效率也较低，浪费了大量社会资源。间接侵权责任构成要件的模糊性使其无法有效协调著作权人还是技术开发者及使用者之间的矛盾，无论是著作权人还是技术的开发者，都为各自产业的发展投入了大量资金和人力，间接侵权责任制度运用的结果往往是一方败诉、一方胜诉的司法终局裁决，没有协调、斡旋的空间，没有互利共赢的途径，其必然带来社会资源的耗费、著作权人抑或技术开发者资本的浪费、商业机会的丧失和产业发展的阻滞。在网络时代，尽管著作权人倚重于间接侵权责任规则，向法院提起了大量的著作权间接侵权的诉讼，但是无论是技术的提供者还是内容的拥有者，都不能确定自己的哪些行为是合法的、哪些行为是得不到法律保护的。通过这种形式的诉讼所支付的交易成本过于昂贵，而这都是由间接侵权责任规则的模糊性所导致的。美国有学者即指出，唱片业声称每年因为盗版损失销售额数十亿美元，如果法律规则是清晰的，明确诸如 Napster 的网络系统只能由唱片公司或者其处于唱片业合法地位的授权者经营，则唱片业因为盗版所遭受的损失无疑将会减少，参与此类盗版行为也会代价高昂。Napster 获得了超过 1 亿美元的风险投资和其他财务支持，这些最终都损失掉了。如果规则明确确定 Napster 的核心技术是而且总是违法的话，毫无疑问 Napster 不会从这些重要的市场投资者那里吸引如此巨额的投资。如果著作权法是清晰的，Napster 不用为用户的侵权行为承担责任，那么高昂的代价就可以避免。同样，为了开发 P2P 技术的数亿美元风险资金和几百位工程师的努力将不会付之东流，而会投入更可能获利的产业。[②] 由此可见，正是立法者和法院在著作权人和技术提供者之讼争中的模糊态度，对间接侵权责任规则缺乏准确的定位，没有对间接

① 参见胡旭晟、蒋先福主编：《法理学》，长沙，湖南人民出版社、湖南大学出版社，2001，第 83 页。

② See Craig A. Grossman, "From Sony to Grokster, The Failure of the Copyright Doctrines of Contributory Infringement and Vicarious Liability to Resolve the War between Content and Destructive Technologies", 53 *Buffalo L. Rev.* 141, 225, 226, 227.

侵权责任构成要件和侵权判断标准进行明确界定，导致了社会成本的大量浪费。这不仅仅是诉讼的耗费，对于技术发展的不确定性更是致命的。在著作权人和技术提供者两大主体之间，法院实际是在进行一种个案的利益衡量，这种衡量虽然综合考虑了具体案件中双方的具体实际情况，但是却无法从根本上给予技术提供者以明确的不需承担责任的范围的指引。正如有学者所言：这个规则过于宽泛，以至于可以让停车场和商业店铺出租者为侵权行为承担责任。由于无论何时都会有涉及侵犯著作权的事情发生，问题就不在于这个规则是否足够广泛，可以对任何特定的行为确定责任，而在于法院是否会选择扩展这些在手边的规则去适用于这些行为或寻求其他解决办法。①

中国的间接侵权责任规则同样存在这样的问题。中国关于著作权间接侵权的规定，散见于《侵权责任法》《信息网络传播权保护条例》和最高人民法院相关司法解释中。有学者指出②，中国著作权法有关间接侵权的规定，主要引自美国 DMCA。但是，在借鉴美国规定的同时，忽略了与之配套的制度安排，突出表现在中国法律规定在网络服务提供者间接侵权的主观过错认定标准上“前后表述不一，存有多处混乱”③。用于描述网络服务提供者主观过错状态的术语不断变换：“明知”“不知道也没有合理的理由应当知道”“知道”“明知或应知”，等等。④ 学者认为，上述用语频繁变换的事实表明，不同的立法者对网络服务提供者过错认定标准的意见不一。有人认为我国在间接侵权责任判定上实行的是“知道”或“应当知道”的一般标准，与传统民法中过错的判定相一致。有人则认为我国采取的是美国 DMCA 中的红旗标准，即只有侵权行为像红旗一样明显而网络服务提供者依然视而不见、不履行注意义务时才视为其主观上具有过错，构成间接侵权。显然，前者施加于网络服务提供者的注意义务相比于后者更高。如果这种模棱两可的法律条文被接受，实践中网络服务提供者

---

① See Craig A. Grossman, “From Sony to Grokster, The Failure of the Copyright Doctrines of Contributory Infringement and Vicarious Liability to Resolve the War between Content and Destructive Technologies”, 53 *Buffalo L. Rev.* 141, 223.

② 相关论述参见崔国斌：《网络服务提供商共同侵权制度之重塑》，《法学研究》2013 年第 4 期。

③ 吴汉东：《论网络服务提供者的著作权侵权责任》，《中国法学》2011 年第 2 期。

④ 参见《最高人民法院关于审理涉及计算机网络著作权纠纷案件适用法律若干问题的解释》第 4 条、《信息网络传播权保护条例》第 22 条、《侵权责任法》第 36 条、《最高人民法院关于审理侵害信息网络传播权民事纠纷案件适用法律若干问题的规定》第 8 条。

之主观过错或注意义务认定标准方面的混乱会持续下去。① 这表明，中国著作权间接侵权责任制度同样存在构成要件模糊、可预测性较差、不能够有效指导网络服务提供者的行为的弊端。

未来中国间接侵权责任制度的改革方向应是，进一步明确间接侵权责任的构成要件和判定标准，为技术或服务的提供者提供更具有稳定性的指引。中国的立法机关在著作权法的修订中，实际上已经对该问题有所考虑，但是还没有在修订草案中解决这一问题。中国最新公布的《著作权法(修订草案送审稿)》第73条规定：网络服务提供者知道或者应当知道他人利用其网络服务侵害著作权或者相关权，未及时采取必要措施的，与该侵权人承担连带责任。网络服务提供者教唆或者帮助他人侵犯著作权或者相关权的，与该侵权人承担连带责任。新草案将网络服务提供者需要承担责任的主观状态规定为“知道或者应当知道”，引入了民法中的善良管理人标准。应当说，相比于《侵权责任法》对行为人的主观状态仅规定“知道”这一主观要件，这一标准更为明晰。但是，具体的用以判断网络服务提供者的主观状态的标准还需要司法解释予以进一步明确。如网络服务提供者需要承担何种注意程度的义务？网络服务提供商是否有必要采取，以及在何种情况下必须采取及采取何种程度的防范直接侵权发生的技术手段？网络服务提供者的教唆和帮助行为如何判定？这些都需要具体化、明确化，以增强间接侵权责任规则的可预测性，使间接侵权责任规则能够切实指引著作权人和技术提供者、网络服务提供者的行为。

第二节　著作权替代责任制度的适用与反思

在间接责任制度中，除了间接侵权责任规则外，还有替代责任规则。间接侵权责任规则与替代责任规则的规范意旨、侵权判定标准与责任构成要件都有所区别，但两者本质上都是一种间接责任，从承担责任的方式和结果来看，都是由与直接侵权行为具有关联关系的第三方承担间接责任。所谓替代责任（Vicarious Liability），是基于当事人之间具有的雇佣、监护、代理等关系，由处于管理、监督、控制地位的主体对另外一方主体的直接侵权行为承担的责任。替代责任规则是传统民法侵权责任法的重要制

① 参见崔国斌：《网络服务提供商共同侵权制度之重塑》，《法学研究》2013年第4期。

度，主要适用于雇主与雇员关系、监护关系等，体现了民法保护弱势群体、寻求合理分配不幸损害的价值理念。在英美等国，随着技术的发展，替代责任制度被引入版权法中，成为版权人追究第三方主体责任的重要法律依据。在数字网络环境下，设备制造商或提供商、网络服务提供者等第三方主体由于为个人复制和传播作品提供了技术或平台，因而成为版权人追究间接责任的主要对象。在美国版权诉讼中，版权人往往在诉讼请求中同时要求提供技术或平台的第三方主体承担间接侵权责任和替代责任。在我国，《著作权法》之中没有明确规定替代责任制度，但是国务院颁布的《信息网络传播权保护条例》第22条规定有替代责任制度。然而，这一规定并没有准确理解替代责任制度的构成要件和适用范围，其适用会给网络服务提供者施加过重的义务，同时，也与我国间接侵权责任判定的基本原理和规则相冲突，需要未来修法时予以完善。

数字网络技术的发展给作品的保护带来了难题。为了维护自身权益，著作权人不断利用间接侵权责任制度和替代责任制度，追究提供技术或服务的第三方主体的间接责任。以间接责任为基础的著作权保护模式成为著作权人在数字网络环境下维权的主要手段。替代责任与间接侵权责任相比，其侵权判定标准与责任构成要件都有所不同，最大的区别在于替代责任的归责并不要求承担责任的第三方主观上具有过错，一旦第三方与直接侵权人之间具有法律上所确定的联系并从直接侵权人之处获得了直接的经济利益，第三方就要为他人的直接侵权行为承担替代责任。由此可见，替代责任是一种无过错责任，是较为严厉的对第三方主体进行侵权责任追究的制度。相比间接侵权责任制度，它大幅提高了第三方主体的注意义务，要求第三方对受其监督、控制的主体实施更为严格的监督和避免侵权行为发生的措施，否则便可能构成替代侵权。基于替代责任类似于严格责任，并不考虑责任承担者的主观过错，有必要明确著作权替代责任的理论基础与适用范围，检讨我国替代责任制度立法的得失，给予其准确的定位，明确划定著作权替代责任的适用边界，以防止替代责任制度设计的不合理干涉了技术的发展。

一、替代责任制度的历史渊源

虽然美国版权法关于替代责任制度的立法和司法实践较为成熟，但替代责任制度却并非美国首创，无论是大陆法系还是英美法系，传统民法中早已建立起这一制度。从大陆法系来看，替代责任在远古法律制度中已有所体现，如习惯法时期的同态复仇、血亲复仇等制度。到古代成文法时期，各国成文法典已经普遍规定了替代责任制度，如罗马私法规定，家长对家子及奴隶的行为需要承担责任；船东、旅馆业主和马厩商对其雇佣人针对旅客的损害需要承担责任。①

及至近代，随着工业迅速发展，工业事故频繁发生且难以预料。工商业主在生产中雇用大量工人进行劳动并获取高额利润，但却不必为其工人在生产中的侵权行为承担赔偿责任。由于工人的偿债能力较为薄弱，受害人往往无法得到足额赔偿，这违背了法律的公平正义理念。为维护社会秩序的稳定和对事故受害人进行足额赔偿，各国逐渐建立起替代责任制度，明确了雇主在雇员侵权时的替代责任。“雇主的责任不是因为他指令雇员实施了某种行为，而是基于一种更为可靠而简单的理由，即雇员的行为是属于雇佣过程中的行为。”② 从具体立法例看，《法国民法典》第 1384 条对替代责任作出了基本的规定，即任何人不仅对其自身行为所致的损害，而且对应由其负责的他人的行为或在其管理之下的物件所致的损害，均应承担赔偿责任。《法国民法典》还分别规定了五种准侵权行为，这五种行为均属于替代责任范畴。德国、西班牙、意大利、荷兰等大陆法系国家均规定了比较完整的对他人致害之侵权责任规则。③ 如《德国民法典》第 831 条规定：受雇人因执行职务加损害于他人时，雇佣人即应负责，受雇人是否具有故意，在所不问。④ 我国民法也规定有替代责任规则，如《民法通则》第 121 条关于国家机关及其工作人员违法执行职务侵权责任的规定，以及最高人民法院《关于审理人身损害赔偿案件适用法律若干问题的解释》中关于法人自己责任（第 8 条）与雇主责任（第 9 条）的规定。⑤

在英美法上，替代责任源于侵权法和代理法，其核心原则是一个人应当为代表他的利益行事时所犯的错误承担责任。⑥ 雇佣人（Master）对于其受雇人（Servant）于履行职务时因侵权行为致他人损害应负赔偿责任，被判例、学说称为替代责任。雇佣人本人虽无任何过失，仍应就受雇人的

---

①③ 参见张新宝：《侵权责任构成要件研究》，北京，法律出版社，2007，第 71～72 页。

② 毛瑞兆：《论雇主的替代责任》，《民商法学》2004 年第 10 期。

④ See Winfield, *Law of Torts*, 1954, pp. 136 - 77. 转引自王泽鉴：《民法学说与判例研究》（第一册），北京，中国政法大学出版社，2005，第 6 页。

⑤ 参见张新宝：《侵权责任构成要件研究》，北京，法律出版社，2007，第 86 页。

⑥ See John T. Cross, “Contributory and Vicarious Liability for Trademark Dilution”, 80 *Or. L. Rev.* 625, 638.

行为负责。① 在替代责任成立的具体构成要件上，英美法一般认为，如果处于监管、雇佣地位的一方，有能力对他人的直接侵权行为进行监督和控制，并且从他人的直接侵权行为中获得了直接的经济利益，则监管、雇佣一方就构成替代侵权。在美国，判例法逐步将适用替代责任的案件予以类型化，以主体关系为标准将适用替代责任的案件类型予以划分，包括如下几种类型：雇主—雇员关系、雇主—独立合同缔约方关系、除雇主—雇员或雇主—独立合同缔约方关系以外的其他关系。② 在这几类案件中，一方为另一方承担责任的基础都在于责任的承担方有能力对侵权人进行监督，并且从侵权人的侵权行为中获得了直接的经济利益。

由上述大陆法系和英美法系替代责任的立法例可知，替代责任制度的主要特点在于责任人需要为他人的直接侵权行为承担替代责任，而不论责任人主观上是否具有过错。这里的责任人通常与直接侵权人之间存在雇佣、隶属、控制等关系，有较强的防范直接侵权行为发生的能力。法律上要求责任人对直接侵权行为承担责任，将促使其采取有效的措施，防范和制止直接侵权行为的发生。

二、替代责任制度在著作权法中的引入

随着技术的发展，替代责任规则逐步被纳入版权法之中，适用于版权侵权案件。在美国，随着技术的发展，新的使用作品的方式层出不穷，侵权行为大量发生。版权人面对分散的侵权人，难以有效地通过诉讼来追究直接侵权人的责任，于是将诉讼集中于与版权直接侵权有联系的第三方主体。这些第三方主体一般为法人或非法人组织，具有一定的赔偿能力，也有着较强的对直接侵权行为进行控制和监督的能力。版权人以这些主体为诉讼对象，能够取得较好的维权效果。

1963 年，美国 Shapiro 案正式确立了版权法上的替代责任规则。③ 该案中，原告 Shapiro 是涉案音乐唱片作品的版权人，被告是连锁店出租人和承租人，出租人将连锁店出租给承租人，承租人制作了包含原告音乐作品的侵权录音制品进行销售。原告认为被告承租人未经许可，制作受版权

---

① See Winfield, *Law of Torts*, 1954, pp. 136 - 77. 转引自王泽鉴：《民法学说与判例研究》（第一册），北京，中国政法大学出版社，2005，第 2 页。

② See Kelly Tickle, “The Vicarious Liability of Electronic Bulletin Board Operators for the Copyright Infringement Occurring on Their Bulletin Boards”, 80 *Iowa L. Rev.* 391, 411.

③ See Shapiro, Bernstein Co. v. H. L. Green Co. 316 F. 2d 304 (2d Cir. 1963).

法保护的包含原告作品的侵权录音制品，构成版权侵权。同时，另一被告出租人将连锁店摊位出租给侵权人，参与了侵权录音制品的销售活动并从中获利，应当承担相应的责任。一审法院认为，连锁店承租人利用原告作品制作了侵权录音制品，构成侵权，但是连锁店出租者并未参与到侵权制品的制作中去，也并未参与销售，不构成侵权。原告不服，提起上诉。在上诉审中，法院认为：根据出租人和承租人签订的租赁协议，被告连锁店出租人有权利随时解雇不合格的承租人，承租人需将销售录音制品收益的10％～20％缴纳给出租人。这就表明，出租人可以实际控制承租人的行为，有能力防范和阻止他人的直接侵权行为，并且从承租人的侵权行为中直接获取了经济利益。据此，出租人应当承担替代责任。在1971年Gershwin案中，被告系Columbia Artists Management，INC.（CAMI），在其组织的音乐会上，有人表演了原告享有版权的作品。原告认为这种行为构成版权侵权，同时认为被告CAMI具有监督和控制侵权行为发生的能力，需要承担替代责任，于是引发诉讼。法院再次认定，被告对音乐会上的具体表演行为具有监督和控制能力，并且从表演行为中直接获取了经济利益，故应当为音乐会上的侵权性表演行为承担替代责任。在该案中，法院重申，即便不存在雇主和雇员的关系，只要一方主体有权力和能力监控侵权行为，并且从他人的行为中获取了直接的经济利益，该方主体就需要承担替代责任。①

随着网络技术的进步，替代责任规则也被适用于网络环境。1995年美国Netcom案首次讨论了替代责任规则在网络环境下的适用问题。② 该案中，原告L. Ronhubbard起诉网络服务提供者Netcom公司和BBS运营商Klemsurd以及BBS的一个注册用户，原因是该BBS注册用户将原告拥有版权的作品上传到了BBS上。原告认为注册用户构成版权直接侵权，同时，Netcom公司为BBS提供接入服务，对BBS上发生的直接侵权行为应当承担替代责任。法院经审理认为，Netcom公司为BBS提供接入服务，对于BBS上发生的侵权行为，Netcom公司有权利进行删除，因此其具有对侵权行为进行监督和控制的能力。但是，Netcom公司为其他主体提供网络接入服务，收取的是固定的费用，这一费用与在BBS上发生的

① See Gershwin Publishing Corp. v. Columbia Artists Management, Inc., 443 F. 2d 1159, 1162 (2nd Cir. 1971).

② See Religious Technology Center v. Netcom Online Communication Serv. Inc., 907 F. Supp. 1361 (N. D. Cal. 1995).

侵权行为之间并不存在直接联系，不能据此认为 Netcom 公司从侵权行为中直接获取了经济利益，因此 Netcom 公司不成立替代责任侵权。

继 Netcom 案之后，法院再次在 Napster 案中讨论了替代责任规则的适用。在 Napster 案中①，法院认为，网络服务提供者 Napster 公司可以通过技术手段的运用，发现其服务器中存在的侵权作品，并可以阻止侵权用户对其共享软件的使用，因此 Napster 公司具有对侵权行为进行监督和控制的能力。不仅如此，Napster 公司的共享软件吸引了大量的用户，这些用户利用 Napster 公司提供的软件进行了大量的涉及受版权法保护的作品的共享行为，为 Napster 公司带来了直接的经济利益。据此，法院认为 Napster 公司替代责任侵权成立。

根据上述美国法院的判决，承担版权替代责任的主体是没有进行直接侵权行为但却和直接侵权行为有特定关系的第三方。该特定关系主要表现为第三方对直接侵权行为人具有监督和控制的能力，并且从直接侵权行为人的侵权行为中获得了直接的经济利益。正是基于这种联系，美国版权法要求第三方为他人的著作权直接侵权行为承担替代责任。

三、著作权替代责任制度的理论基础

就传统民法替代责任制度的理论基础，学者归纳出以下理论：一为报酬理论，即“基于报偿原理，令雇主对雇员因执行职务所致侵权行为承担赔偿责任”②。二为危险监督理论，即认为雇主应当负起监管雇员之责，对雇员的职业行为进行监督，避免危险的发生。三为经济实力理论，即认为雇主一般经济实力雄厚，而雇员多是个体，经济力量单薄，无力承担侵权责任，由雇主代为偿之，更有利于保护受害者的利益。四为风险吸收理论。美国经济分析法学派认为，谁能以最低的社会成本订立保险合同，将因侵权产生的损害转嫁给一个更大的共同体或整个社会，谁就应当承担损害的赔偿责任。在受害人、雇员和雇主这三者之间，通常雇主最有可能和能力通过保险合同将风险转嫁给他人，雇主也可以将赔偿费用纳入成本，

---

① Napster 案的基本案情是：1999 年，由 Shawn Fanning 和 Sean Parker 共同创办了网络文件共享服务公司 Napster。通过 Napster 公司提供的共享软件，网民可以相互共享其各自电脑中的文件，上传、下载各种音乐作品。音乐作品的著作权人将 Napster 公司诉至法院，认为 Napster 公司应当为网民上传、下载音乐作品的行为承担间接责任。

② 邱聪智：《民法研究》（一），北京，中国人民大学出版社，2002，第 103 页。

从而将损害转嫁给全社会承担，因此，雇主是最适当的“风险吸收者”①。对作为替代责任之一种的著作权替代责任，可以运用相关理论作出恰当解释。

首先，替代责任体现出法的公平、正义的价值取向。“公正就是比例，不公正就是违反了比例，出现了多或少。”② 从传统民法角度观之，民事主体对于因自己的行为造成他人的损害承担责任是“自己责任”原则的必然要求。但随着社会经济的发展，侵权行为方式日益多样化，直接侵权人往往是在为第三人利益而行动的过程中构成侵权，而且很多情况下直接侵权人无力赔偿受害人的损失。立法为了更好地保护被侵害人的利益，引入直接侵权人背后的第三人来代替直接侵权人承担侵权责任。从法的公平、正义原则来看，第三人与直接侵权人存在密切的关系，从直接侵权人的行为中获得了利益，对其施以替代责任不仅合理而且必要。同时，施以替代责任也符合收益与风险相一致的原理：从收益上看，直接侵权人背后的第三人通过直接侵权人的行为获得了直接经济利益，那么他理因在享受这种经济利益的同时承担更大范围内的侵权防控义务。从风险角度考虑，受第三人控制的直接侵权人往往力量薄弱、财力不足，由其承担侵权的风险勉为其难，而其背后的第三人经济实力较强，能够抵御或承担更大的风险。此外，从举证责任分配角度考虑，替代责任的运用免去了受损方的举证义务，受损方无须举证证明被告主观上存有过错，只需要证明被告和直接侵权人之间的关系符合替代责任的构成要件。可见，在侵权法中，判断对什么样的主体关系应当适用替代责任规则，是基于法的公平、正义原则，在某些侵权案件中，由雇主承担责任能够更好地实现侵权法填补损害的功能。

以美国 Bradbury 案为例③，在该案中，钢琴演奏者受雇于剧院从事演出，演出节目侵犯了他人的版权，剧院被版权人起诉至法院。如果让直接演奏版权人乐曲的侵权人钢琴演奏者承担责任，则可能的结果是钢琴演奏者把其与剧院雇主所签的雇佣合同中约定的薪金所得进行赔偿，其演出所带来的巨大商业利润则归剧院雇主所有，剧院雇主却不需要承担侵权赔偿责任。这显然有违法的公平、正义原则，也不利于预防此类侵权行为的

---

① 张新宝：《侵权责任法原理》，北京，中国人民大学出版社，2005，第 296 页。

② 《亚里士多德文集》（第 8 卷），北京，中国人民大学出版社，1992，第 101 页。

③ Bradbury 的基本案情是：被告是美国田纳西州一家表演各种音乐剧和歌唱节目的剧院，该剧院雇用了乐队演奏各种曲目，其中就有受到版权保护的音乐作品。版权人遂诉至法院，要求该剧院为其乐队乐手的侵权行为承担替代责任。

发生。从雇主角度考虑，剧院演出一般均会涉及演出作品的版权问题，可以推定在此类行业中雇主最应关注演出作品的版权问题，雇主理应承担较高的监督义务，并为雇员之版权侵权行为负责。由此，对于在剧院发生的侵犯版权行为，对雇主课以替代责任以惩罚其疏忽或过错，符合法的公平、正义价值取向。

其次，制度选择除了要符合公平、正义的价值理念外，还需要考虑经济效率问题。韦伯认为，西方资本主义社会的中心问题，首先是了解和利用建立在经济预测和经济活动具体形式之上的社会现象，法律的重要意义在于促进形成资本家企业主基础的合理预算和合理计划的形式。① 具体到版权法，对一方施以替代责任集中体现了利用制度来激励企业家或市场主体以最合理的经营方式避免危险和损害的原理。当企业主具有合理计划的能力和义务之时，法律设置相应的风险负担机制，激励市场主体自身采取积极措施避免侵权风险。在 Shapiro 案中，法院对被告施以替代责任正是考虑到被告自身所承担的义务，尽管这种义务是一种隐含的非积极义务。但是被告有采取措施避免风险的能力，其所处的地位要求其采取一定的行动避免承租其店铺的连锁商店的侵权行为，而被告并没有尽到这种最低限度的监督义务，所以应当为他人的侵权行为承担替代责任。在美国舞厅类案件中，法院也认为舞厅所有者需承担监督、控制之责，舞厅所有者所处的地位决定了其需要密切注视其舞厅内的表演行为是否有版权侵权之嫌。可见，美国判例中，无论是基于 Shapiro 案的雇主—雇员关系，还是舞厅类案件中雇主—独立合同缔约方关系，设置替代责任制度的目的都是促使市场主体通过监督行为来避免其下属或合同缔约方的侵权行为。当企业主有能力对其下属或合同缔约方的行为进行监控，并从这些主体的行为中获取直接经济利益时，法律就可以设置替代责任规则，以激励市场主体尽更大的勤勉责任。

综上，著作权替代责任制度践行了法的公平正义价值理念，并且对于经营者正确经营、避免侵权风险具有激励效应。这种激励在经济上具有效益，使雇主有规避侵权风险的动力。如学者所言，版权替代责任的合理性在于产生了一种激励，使被施以替代责任的主体有采取措施来避免其雇员

① 参见赵镇江主编：《法律社会学》，北京，北京大学出版社，1998，第 16 页。

和代理人产生风险的动机。①

四、著作权替代责任制度的适用与争议

替代责任制度在美国版权法中得到了广泛适用，并经由判例逐步类型化。在 1963 年确立版权法替代责任规则的 Shapiro 案中，被告 Green Company 是许多家连锁商店的经营者，其许可他人租用其商店进行营业并收取租金，其中有的承租人制作并销售了受版权保护的作品的唱片。原告就此提起诉讼，要求连锁商店承担间接责任。原、被告争议的焦点在于连锁商店经营者 Green Company 是否应该对承租人的直接侵权行为负责。联邦第二巡回上诉法院通过适用替代责任规则判决连锁商店经营者败诉。法官考夫曼（Kaufman）在判决意见中认为：此案的原则可以从舞厅类案件中提炼出来，相对于房东—房客类案件而言，此案和舞厅类案件更加类似于“雇主一雇员”类案件。Green Company 拥有对唱片和他的雇员的行为进行监督的最终权力，由于其自身从承租人杰伦（Jalen）销售的盗版唱片总收入中获得了一定份额的报酬，因而 Green Company 和承租人杰伦的行为有着直接的经济联系。可以认为，在 Green Company 和它的直接侵权人的关系，以及销售盗版唱片与其经济利益的强烈关联这些事实面前，Green Company 要为承租人未经授权销售唱片承担责任。②

从该案看，替代责任承担者和直接侵权人之间的关系可归结为“经营者—承租人”模式，被告并没有主观过错，也没有对直接侵权人提供实质性帮助，因而他承担责任的依据并不在于实施了间接侵权行为。但是，由于它和直接侵权人之间具有直接的经济联系并且它对直接侵权人具有监督和控制能力，所以它需要对他人的直接侵权行为承担替代责任。可见，替代责任更像是传统民法上的公平原则在版权法中的运用，即如果不让被告承担间接责任，那么他基于侵权行为而获得不正当利益的行为就逃避了法律的制裁，为民法上的公平原则所不能容忍。

Shapiro 案确定的替代责任构成要件是：（1）替代责任的承担者有能力制止他人的直接侵权活动；（2）替代责任的承担者从这种直接的侵权活动中获得了直接经济利益。据此，构成替代责任不需要责任人具有主观过

---

① See Joseph H. King, Jr. , “Limiting the Vicarious Liability of Franchisors for the Torts of Their Franchisees”, 62 *Wash &Lee L. Rev*. 417, 469.

② Shapiro, Bernstein Co. v. H. L. Green Co. , 316 F. 2d 304, 305 (2nd Cir. 1963).

错，甚至不要求其给予直接侵权人任何实质意义上的帮助，只需要认定他对直接侵权行为有着控制和监督的能力，并且从直接侵权行为中获得了直接的经济利益。

Shapiro 案在美国版权法上具有重要地位，它确定了认定替代责任的一般标准。在随后发生的一系列案例中，美国各级法院都根据案件具体情况就对被告是否适用替代责任进行了分析，并逐渐将替代责任案件类型化，一旦被告符合相关案件所确定的构成要件，并且没有其他抗辩事由，即需承担替代责任。适用替代责任的案件类型主要以被告和直接侵权人之间的关系为标准划分，包括雇主—雇员关系、雇主—独立合同缔约方关系、除雇主—雇员关系或雇主—独立合同缔约方关系以外的其他关系。①

雇主—雇员关系指雇主需要为雇员在雇佣范围内从事的行为负责，该类型由上文提及的 Bradbury 案确立。② 此案中，田纳西地方法院认为，一个剧院的所有者应当为其雇佣的钢琴演奏者因演奏而侵犯版权的行为承担替代责任，即使剧院的所有者主观上并无过错。雇主—独立合同缔约方关系是指独立合同缔约方提供服务且在此过程中侵害版权的，雇主一方需承担替代责任。③ 在著名的舞厅案件中，法院认为舞厅的所有者需要为其舞厅内表演的乐队或交响乐团的侵犯版权的表演行为承担替代责任。在对舞厅所有者施以责任时，法院认为，表演者作为独立合同缔约方，给雇主带来了观众和收入，因而，既然舞厅所有者雇佣侵权方提供服务，且这种服务为舞厅所有者带来经济利益，舞厅所有者就应当为侵权行为承担替代责任。④ 除上述类型外，法院认为，即便缺乏雇主—雇员关系和雇主—独立合同缔约方关系，当被告有能力监督直接侵权方的侵权行为且从这些行为中获得直接经济利益时，被告也应当承担第三方版权侵权的责任，典型案件就是上文所述的 Shapiro 案。在将承担替代责任的案件类型化的同时，美国法院也明确界定了无须承担替代责任的情形。在房东—房客关系中，由于房东无从知晓房客的行为，对房客的侵权行为没有控制能力，仅

---

① See Kelly Tickle, "The Vicarious Liability of Electronic Bulletin Board Operators for the Copyright Infringement Occurring on Their Bulletin Boards", 80 *Iowa L. Rev.* 391, 411.

② See Bradbury v. Columbia Broadcasting System, Inc., 287 F. 2d 478 (9th Cir. 1961).

③ See M. Witmark & Sons v. Pastime Amusement Co., 298 F. 470, 475 (D. C. N. C.).

④ See Kelly Tickle, "The Vicarious Liability of Electronic Bulletin Board Operators for the Copyright Infringement Occurring on Their Bulletin Boards", 80 *Iowa L. Rev.* 391, 413.

仅是收取固定的租金，因而房东不需要为房客的版权侵权行为承担责任。①

随着网络技术的发展，替代责任制度也被适用于网络纠纷。在 Napster 案中，Napster 公司是提供音乐 P2P 共享服务的网络服务提供者，音乐唱片产业向法院起诉，要求其承担帮助侵权责任和替代责任。就替代责任而言，联邦第九巡回上诉法院认为：Napster 公司提供能够复制和传输著作权音乐作品的软件，使其产品具有很大的吸引力，大量侵权盗版行为在其网络上发生，公司因此获利，可见 Napster 公司从侵权活动中获得了经济上的利益。同时，Napster 公司有能力监控其网络，通过阻止侵权使用者使用 Napster 来打击侵权，说明 Napster 公司有权利和能力监控侵权行为。基于此，法院认为 Napster 公司需要为他人共享音乐承担替代责任。② 从法院的推理过程来看，尽管这一案件发生于网络环境下，但与传统替代责任案件中替代责任的判断标准完全一致。

由上述分析可知，著作权替代责任制度本质上是传统民法上替代责任制度在著作权法中的延伸，是典型的第三方责任制度。传统民法中，替代责任制度多适用于有隶属、雇佣、监护、代理等身份上关系的主体，法律基于主体间的利益关系和社会政策考量，认为让第三方主体承担替代责任可以更好地实现侵权法弥补损害的目标。在著作权法中，替代责任制度不再局限于传统民法上替代责任的适用范围，而扩展适用于具有其他特定关系的主体，如有雇主—独立合同缔约方关系、除雇主—雇员关系或雇主—独立合同缔约方关系以外的其他关系的主体。这些关系基本是服务合同关系，关系主体间不存在身份上的密切联系。

虽著作权替代责任扩展适用于多种案件类型，然而其适用不能毫无边界。立法需考量著作权法的价值目标，基于法的公平、正义原则和经济效率要求对主体间的利益进行衡量和价值取舍，确定在哪些特定主体的关系中适用替代责任规则，合理界定替代责任规则的适用范围。从美国版权法实践来看，法院认为承担替代责任的第三方需要对直接侵权人有足够的监督能力和控制能力，并且从直接侵权人的侵权行为中获得了直接经济利益。可见，适用替代责任制度主要需要考量与直接侵权人存在联系的第三

---

① See Kelly Tickle, "The Vicarious Liability of Electronic Bulletin Board Operators for the Copyright Infringement Occurring on Their Bulletin Boards", 80 *Iowa L. Rev*. 391, 415.

② A&M Records, Inc. v. Napster, 239 F. 3d 1004, 1023 - 1024 (9th Cir. 2001).

方主体的监督能力和控制能力，以及第三方主体的获利与直接侵权人之侵权行为的关系。如果第三方主体对他人的行为有较强的监督和控制能力，并且从他人的著作权直接侵权行为中获得了经济利益，那么对其施加替代责任就不是一种过高的义务要求，反而可以激励其采取更为妥当的监督和控制措施。而当第三方主体的监督和控制能力较弱时，要求其承担替代责任无异于置第三方于不利的经营境地，给其施加过重的注意义务。例如，在美国对房东—房客类案件并未适用替代责任规则，主要是因为房东没有对房客的行为进行监督和控制的能力，或者实施监督和控制的成本过高。在此情况下，如果要求房东为房客的行为承担替代责任，必将会迫使房东投入高昂的成本对房客进行监督和控制，这不仅给房东正常的经营带来不利影响，也会侵犯房客的隐私。

然而，第三方主体是否对他人具有较强的监督和控制能力，是否从他人的行为中获取了直接的经济利益，是否需要承担替代责任，有时并不好判断。目前在替代责任制度中，最具争议性的问题就在于对所谓具有监督和控制的能力以及取得了直接的经济利益的判断。从美国的判例看，在不同的时期和不同的案件中，对于具有监督和控制的能力这一要件法院有着不同的界定，从整体上出现解释逐步宽松的趋势。最早对监督和控制能力的认定，往往要求第三方主体和直接侵权人之间具有雇佣关系，通过雇佣关系的存在，认定雇主一方具有对雇员的监督和控制能力，需要为雇员的侵权行为承担替代责任。此后，替代责任的适用范围逐步扩展，不再限于雇佣关系，扩展到了雇主—独立合同缔约方关系、除雇主—雇员关系或雇主—独立合同缔约方关系以外的其他关系。① 在美国 Shapiro 案中，承担替代责任的主体和直接侵权人之间是合同缔约关系，并不存在雇主—雇员关系，也被法院认定为具有监督和控制能力。在网络环境下，美国法院对具有监督和控制的能力又有了新的诠释。在 Napster 案中，法院认为：尽管 Napster 公司的用户数量极为庞大，难以实施有效的监控，但是 Napster 公司可以拒绝为用户提供服务和终止侵权用户账户，有能力和权利监控侵权行为的发生。在这种情况下，Napster 公司放任其系统中侵权行为的存在，没有积极采取措施避免侵权行为的发生，在具有监督和控制的能力的情况下，需要为直接侵权行为承担替代责任。由此可见，替代责

① See Kelly Tickle, “The Vicarious Liability of Electronic Bulletin Board Operators for the Copyright Infringement Occurring on Their Bulletin Boards”, 80 *Iowa L. Rev.* 391, 411.

任在美国已经扩展适用到了网络服务提供者，即便网络服务提供者对系统上的直接侵权行为进行监控的难度较大，仅怠于监督或制止侵权行为的发生，其也可能承担替代责任。这种对监督和控制的能力的扩大化解释，虽然为版权人提供了更强的保护，但是有“法官立法”之嫌疑，不利于替代责任制度的稳定性和可预测性，给提供技术或服务的第三方主体指导自身行为、防范法律风险带来了困难。我们可以合理推断，假如在 Napster 案中法院认定 Napster 公司具备监督和控制的能力可以成立的话，那么所有的提供网络服务提供者都可能成为承担替代责任的主体。这是因为，网络服务提供者，在技术上总是拥有一定的能力和途径，能够对其网络中的行为施以监督。我们固然可以说 Napster 公司对其网络中用户的行为有能力实施监督，但问题是 Napster 公司是否能够对其网络中每时每刻发生的海量用户的使用行为进行有效的和成本在可承受范围内的监督。由于 Napster 公司所提供的服务存在于虚拟的网络环境，Napster 公司面对的是上千万的用户，因而 Napster 公司的监督是否具有效果、成本是否合理，就存在疑问了。

在替代责任规则的适用中，同样存在模糊性的是对直接获得经济利益的判断。在 Shapiro 案中，法院认定承租人需将销售录音制品收益的10%～20%缴纳给出租人，认定出租人据此从承租人处获得了直接经济利益。在 Fonovia 案中，法院进一步对直接经济利益进行了扩大解释，认为侵权商品所带来的顾客的门票费、停车费等，都是被告从侵权行为中所获得的直接经济利益。法官施罗德（Schroeder）认为，如果没有交换市场提供的服务，大量的侵权行为是很难发生的，这些服务包括了提供摊位、设施、停车位、广告、水管维护和顾客资料，Cherry Auction 通过营造环境和市场积极地促成盗版唱片的销售。[①] 显然，这是一种更为宽泛的解释，将因侵权行为而吸引其他顾客来到市场的开销也视为直接经济利益。在 Napster 案中，法院认为 Napster 通过其共享软件，获得了大量的客户资源，通过网络广告、音乐等形态吸引了大量的投资，获得了巨额的经济收益，从直接侵权人处获得了经济利益。这种界定没有区分 Napster 用户的合法使用行为和侵权行为，也没有深入探讨 Napster 与用户的侵权行为之间是否存在直接的经济利益，是一种十分笼统的对直接经济利益的界定。由此可见，法院在认定直接的经济利益时也存在扩大化解释的趋

① Fonovisa, Inc. v. Cherry Auction, Inc., 76 F. 3d 259 (9th Cir. 1996).

势。在具体案件中，不仅销售金额的提成收入和吸引消费者所带来的增加的收入是直接经济利益，就连广告收入、投资收入都被认定为直接经济利益。这种宽泛的解释虽然有利于保护著作权，但是显然并不利于提供技术或服务的第三方主体，反而可能对第三方主体施加过重的注意义务，对技术、服务的提供或商业模式的发展带来“寒蝉效应”。

综上可看出，替代责任规则与间接侵权责任规则都存在着相类似的问题，即侵权责任的构成要件并不明确、存在模糊地带，影响了法律的稳定性。

第三节　间接责任为基础的著作权保护模式的完善

间接侵权责任制度和替代责任制度，对于数字网络时代著作权的保护起到了重要作用，能够促使网络服务提供者建立提供正版作品的商业模式。然而，间接侵权责任制度和替代责任制度的责任追究对象是与直接侵权人具有联系的第三方主体。随着技术的发展，新技术层出不穷，商业模式不断更新，提供各种服务或设备的第三方主体大量涌现，如何确定第三方主体的间接责任成为棘手问题。特别是有的第三方主体既没有向直接侵权人提供任何帮助行为，也没有实施引诱行为，而只是在客观上为用户提供一种技术设备或工具。在这种情况下，即便第三方主体的行为引发了大量的直接侵权，追究这些第三方主体的间接责任也成为不可能完成之任务。另外，如果间接侵权责任制度和替代责任制度的适用范围不明确，缺乏可预测性，又会威胁到技术的发展，带来技术研发的“寒蝉效应”。由此可见，间接侵权责任制度和替代责任制度在网络技术发展面前具有不可避免的滞后性，只能在著作权保护中发挥有限的作用，其无法完全克服数字网络环境下著作权保护的难题。未来著作权法的改革，必须在明确间接侵权责任制度和替代责任制度的作用具有局限性的基础上，对其进一步完善，明确其侵权构成要件，增强其对提供技术或服务的第三方主体的指引性，发挥著作权间接侵权责任制度的功效。

一、间接侵权责任制度的功能定位与完善

首先需要肯定的是，间接侵权责任制度是网络环境下保护著作权的重要手段。在网络时代，追究直接侵权人的责任成本过高，通过起诉较为集

中的提供技术或服务的第三方主体，可以有效降低著作权人的维权成本，促使第三方主体采取避免或遏制侵权的措施，采取提供正版作品的商业模式。Sony 案所提出的实质性非侵权用途规则，其重要意义不可低估：这一规则为相关技术的发展扫平了道路，免除了技术开发者和投资者要承担间接侵权责任的后顾之忧，对于未来技术提供者发展其技术或创新商业模式依然具有指导性意义。因此，间接侵权责任制度和实质性非侵权用途规则相配合，共同划定了技术或服务提供者自由行动的范围。在这两项规则的指引下，一方面，只要一项技术或服务具有实质性非侵权用途，就不能仅仅因为该技术或服务被用于著作权侵权，技术或服务的提供者就需要承担间接侵权责任。技术或服务的提供者还必须满足间接侵权责任中的主观过错要件，才能承担间接侵权责任。另一方面，技术或服务的提供者又不能仅仅因其技术或服务具备实质性非侵权用途，就完全不需要承担间接侵权责任。有一些技术或服务的提供者显然是想通过其行为促使著作权直接侵权行为的发生并从中获利。由此，如果技术或服务的提供者在主观上具有过错，客观上对直接侵权行为的发生进行了帮助或诱导，则技术或服务的提供者构成间接侵权。实质性非侵权用途规则和间接侵权制度两者结合，明确了技术或服务提供者行为的范围和边界，可以有效指导第三方主体的行为。同时，间接侵权责任制度的归责依据在于第三方主体主观上存在过错，具有可责难性，从而与传统侵权法的过错责任原则相吻合，为技术或服务的提供者保留了自由行动的空间，避免法律苛责过严造成技术发展停滞。因此，间接侵权责任制度在网络环境下必将发挥重要作用，其与实质性非侵权用途规则相结合，在具体案件中予以正确的适用，有助于明确网络环境下各类主体在直接侵权行为发生时是否要承担以及如何承担责任。

但是，间接侵权责任制度有着可预测性较差、适用范围模糊等弊端，无法充分发挥网络环境下有效指引第三方主体行为的功能。由上文论述可知，间接侵权责任制度相对技术发展具有滞后性，缺乏一以贯之的明确化的侵权判定标准。对于同一案情的案件，法院的解释和判决结果可能都有所不同，最终只能通过个案不断补充解释间接侵权责任的构成要件，以弥补其调控力不足。尤其是在第三方主体主观过错的认定方面，间接侵权责任制度一直跟不上技术发展和商业模式的更新，处于不断变化之中。这也使第三方主体在研发技术和提供商业模式时无所适从，无法有效地预防法律风险。

实际上，技术变革导致了著作权人与其他主体之间的变革。正是复制和传播技术的进步，使著作权人和网络服务提供者之间爆发了大量的诉讼。立法需要考虑如何进一步完善间接侵权责任制度，与传统民法中的过错侵权制度协调一致，在主观过错要件的认定上进一步明确化。立法机构和法院不应当将注意力放在如何补充解释间接侵权责任制度、如何扩充其外延以追赶技术发展的脚步。法律规则的不确定性将会使技术开发者不知道自己行为的边界，动辄得咎。间接侵权制度的不稳定性和适用上的模糊性不仅容易造成技术发展的“寒蝉效应”，而且败诉本身对技术提供者而言也是毁灭性的打击，造成各种风险投资的浪费，在经济上是低效率的。

进而言之，间接侵权责任制度是具体规制间接侵权行为的法律规则，它必须遵循侵权责任法中间接侵权责任制度的一般原理，亦即，在无特殊规定的情况下，遵循过错责任原则，让民事主体承担间接责任需要证明其主观上具有过错。由此，在制度设计上仍需要注意对技术提供者施以间接侵权责任时是否有足够的法律依据和合理性，增强间接侵权责任制度的稳定性和可预测性，不能让技术提供者在面临新技术或新商业模式的选择时无所适从，不知道自己的行为会不会承担法律责任。为了鼓励作者创造和传播作品，著作权法赋予了作者一系列独占性权利。但是，为了促进学习自由、信息自由、公共教育与社会文化的发展，著作权法又吸引着受众及后续作者使用既有的作品。因此，著作权法的永恒主题在于对这一平衡点的探求。① 技术提供者提供了先进的技术，便利了人们对作品的使用，但是这种使用又容易引发直接侵权，对著作权人的市场造成冲击。著作权法既必须规制直接侵权行为和间接侵权行为，使著作权法的激励作用发挥实效，又需要划定间接侵权责任制度的合理边界，防止间接侵权责任制度的不确定性影响到技术和产业的发展。这种利益的整体协调观必须贯穿间接侵权责任制度立法的始终。这就要求立法和司法在判断技术服务提供者是否应当承担间接侵权责任时，应当综合考虑案件涉及的各种因素。立法者和法院需要考虑间接侵权责任制度所能带给社会的整体效益和施加的成本，需要评估这一制度在技术发展和社会公众分享和交流信息方面的消极影响，从而合理划定间接侵权责任制度的具体适用界限。在评估一项技术的运作和功能时，需要确定这项技术所能实现的公共政策目标和社会价

① 参见〔美〕劳伦斯·莱斯格：《思想的未来》，李旭译，北京，中信出版社，2004，第12页。

值，明确“同它所造成的侵权行为的成本相关的这项技术的潜在用途和商业价值”，以及“执行间接侵权责任制度的社会成本和这些社会成本将会如何分摊到所涉及的商业主体和消费者身上”①。只有做到了这些，对技术提供者施以间接侵权责任才具有正当性。

不仅如此，当我们以一种公共政策视角来评估间接侵权责任制度时，就会发现这种责任追究机制只是社会用来保护作品创作和传播的手段之一，“其他的一些手段，最明显的，如调整著作权保护的范围和保护期的法律，不那么明显的，如现在适用于特定类型侵权行为的犯罪赔偿金，甚至由国家艺术奖励法设置的激励奖金。这些手段都是重要的，因为间接责任必须依靠这些可供选择的方法来评估。最终，无论作者需要什么样的激励手段，社会都需要以最小的社会成本综合使用这些手段来传播作品”②。当然，这并不是主张取消或严格限制间接侵权责任制度的适用。无论于有形交易市场还是在无形网络空间，在规制直接侵权行为较为困难时，间接侵权责任制度必然有其适用的广阔空间。我们只是应当以利益平衡的整体协调观来看待技术发展与著作权保护的关系问题，评估间接侵权责任制度的运用所产生的社会效益、对著作权人是否提供了充足的作品供给诱因以及产生的社会成本。

由此可见，在协调著作权人和技术开发者之间的关系方面，间接侵权规则的不当设计和适用有会对技术发展形成“寒蝉效应”，让技术的开发者裹足不前，在法律规则前无所适从。在著作权法所设定的实现社会科技、文化进步目标的指导下，间接侵权责任制度不是著作权保护的灵丹妙药，也不是解决技术发展与著作权保护之间的矛盾的唯一方案。面对技术发展的日新月异，间接侵权责任制度应当有更为清晰的适用条件，法院不能随意进行不适当的扩大或补充解释，只有在完全符合侵权责任法中间接侵权的构成要件，确认第三方主体对直接侵权行为具有帮助和诱导的主观过错情节和客观上的违法行为的，才可以追究第三方主体的间接侵权责任。这样做可以确保间接侵权责任制度发挥指导技术开发者的技术发展方向的作用，防止法院迫于各方压力而滥用裁量权判决

---

① Craig A. Grossman, “From Sony to Grokster, The Failure of the Copyright Doctrines of Contributory Infringement and Vicarious Liability to Resolve the War between Content and Destructive Technologies”, 53 *Buffalo L. Rev.* 141, 258.

② Douglas Lichtman and William Landes, “Indirect Liability for Copyright Infringement: An Economic Perspective”, 16 *Harv. J. Law & Tec.* 395, 407.

第三方主体败诉。

我国2013年颁布的《最高人民法院关于审理侵害信息网络传播权民事纠纷案件适用法律若干问题的规定》（以下简称《信息网络传播权规定》）对间接侵权责任进行了详细的规定。《信息网络传播权规定》第8条规定：人民法院应当根据网络服务提供者的过错，确定其是否承担教唆、帮助侵权责任。网络服务提供者的过错包括对于网络用户侵害信息网络传播权行为的明知或者应知。这里，将网络服务提供者的过错规定为“明知或者应知”。如前文所言，我国各层级立法对网络服务提供者过错的规定并不一致。用于描述网络服务提供者主观认知状态的术语不断变换，包括：“明知”“不知道也没有合理的理由应当知道”“知道”“明知或者应知”，等等。[①] 因而有必要明确《信息网络传播权规定》第8条中“明知或者应知”的确切含义。该司法解释第9条规定，人民法院应当根据网络用户侵害信息网络传播权的具体事实是否明显，综合考虑以下因素，认定网络服务提供者是否构成应知：（1）基于网络服务提供者提供服务的性质、方式及其引发侵权的可能性大小，应当具备的管理信息的能力；（2）传播的作品、表演、录音录像制品的类型、知名度及侵权信息的明显程度；（3）网络服务提供者是否主动对作品、表演、录音录像制品进行了选择、编辑、修改、推荐等；（4）网络服务提供者是否积极采取了预防侵权的合理措施；（5）网络服务提供者是否设置便捷程序接收侵权通知并及时对侵权通知作出合理的反应；（6）网络服务提供者是否针对同一网络用户的重复侵权行为采取了相应的合理措施；（7）其他相关因素。从该条文可知，《信息网络传播权规定》似乎摒弃了美国DMCA中的“红旗标准”，引入了民法中“善良管理人”的基本准则，要求网络服务提供者履行与其监督能力相适应的注意义务。这种注意义务是一种客观的，通常可以通过网络服务提供者的经营方式、经营规模等予以判断的注意义务，也是特定类型的网络服务提供者一般的、通常所应当具备的注意义务。如果网络服务提供者没有尽到这种注意义务，则主观上存在过错。尤其是判断“应知”的因素即“应当具备的管理信息的能力”“作品类型、知名度及侵权信息的明显程度”，实际上是指如果网络服务提供者具备了一定的管理信息的能力，

① 参见《最高人民法院关于审理涉及计算机网络著作权纠纷案件适用法律若干问题的解释》第5条、《信息网络传播权保护条例》第22条、《侵权责任法》第36条、《信息网络传播权规定》第8条。

则要根据作品的特点和侵权是否明显履行相应的注意义务，而非只有当侵权行为像红旗一样十分显著时才需要采取一定的措施。同时，“是否积极采取了预防侵权的合理措施”“是否设置便捷程序接收侵权通知并及时对侵权通知作出合理的反应”等规定也要求网络服务提供者在具备相应的技术能力时，在行为上需要积极采取措施避免侵权后果的发生，否则，有可能被法院认定为主观上希望或放任侵权行为。应当说，引入民法中“善良管理人”标准，要求网络服务提供者施加通常的合理的注意义务，能够为技术的发展提供充分的空间，有利于网络服务提供者明确其行为界限，积极采取合理措施避免直接侵权的发生；有助于法官在实务中判断网络服务提供者是否具有过错。然而，该司法解释第 8 条依然规定，网络服务提供者未对网络用户侵害信息网络传播权的行为主动进行审查的，人民法院不应据此认定其具有过错。这实际上是免除了网络服务提供者对直接侵权行为进行主动审查的义务。亦即，根据该司法解释的基本精神，从原则上说，网络服务提供者没有主动审查的义务。如果网络服务提供者没有对其系统中的行为进行主动审查，则法官不能仅因此判断其有过错。但是，根据上述第 9 条的规定，如果网络服务提供者有能力并且通常可以积极采取一定的措施避免侵权发生，但网络服务提供者怠于积极采取措施，则可能会被认为具有过错。主动审查义务当然是积极措施的一部分，第 9 条实际上还是要求网络服务提供者履行与其技术能力相匹配的主动审查义务。就此可以看出，同一司法解释还是存在着相互矛盾的地方，建议立法进一步予以明确。

同时，《著作权法》在未来修订时也应明确规定，《侵权责任法》第 36 条中用于描述网络服务提供者主观过错的“知道”，包括“实际知道”和“应当知道”。关于“应当知道”的判定，应参照《信息网络传播权规定》第 8 条。

二、替代责任制度的功能定位与发展

尽管替代责任制度完善了著作权人的权利救济体系，但它与间接侵权责任制度一样，具有自身局限性，只能在一定范围内发挥作用。不仅如此，与间接侵权责任制度坚持过错责任原则不同，替代责任制度是一种无过错责任制度，只要符合法定构成要件，第三方主体即构成替代侵权。它使著作权人不必追究赔付能力较弱的直接侵权人的责任，而只需要向能够监督、控制直接侵权人并从直接侵权人的行为中取得直接经济利益的“幕后主体”追究责任。正因为如此，替代责任制度的严苛程度要远超间接侵权责任制度：不论其主观认知如何，一旦第三方主体被认定从直接侵权行为中获得了直接经济利益，并且对侵权行为具备监督和控制能力，则第三方主体就需要承担替代责任。显然，无论是第三方主体有没有获得直接经济利益，还是其是否具备监督和控制能力，都由法官在个案中作出的判断。而由于放弃了对第三方主体主观过错的要求，替代责任制度更容易因法官自由裁量权的存在而模糊其适用范围，导致其适用的扩大化。有学者就指出：“美国立法者没有进一步说明如何认定网络服务商‘有权利并有能力控制侵权’或‘获得直接归功于该侵权活动的经济利益’，这直接导致美国法院关于网络服务商替代责任的认定标准飘忽不定。”① 正是由于替代责任制度过于严苛，从本质上背离了传统民法一直坚持的过错责任原则，替代责任制度的适用范围应十分有限并遵循法定原则，不能够轻易适用于网络环境下的技术提供者，以防止产生技术研发中的“寒蝉效应”。美国就有学者认为，网络环境下替代责任的适用应该受到严格限制。②

本书认为，替代责任制度主要源于雇主—雇员关系，由雇主对雇员的直接侵权行为承担替代责任，以给雇主施加更高程度的注意义务，强化雇主对雇员的监督。因此，替代责任不要求雇主具有主观过错。就此而言，替代责任制度的设置将会给第三方主体带来较高的法律风险，促使第三方主体投入更多的精力来预防侵权行为的发生。正是由于替代责任制度的严苛性，其适用方式应当类似于无过错责任原则的适用，应限制在极为有限和明确的特定范围之内，防止替代责任规则过度扩张给第三方主体施加过重的注意义务。在网络环境下，间接侵权制度是追究第三方主体侵权责任的主要法律制度，而替代责任制度一般不宜在网络环境下适用于网络服务提供者，以防止给网络服务提供者施加过重的注意义务，阻碍技术发展和商业模式的更新。总之，在替代责任制度的立法设计上，确保替代责任制度的适用范围的明确性和清晰性尤为重要，如果适用范围不明确，或出现扩大化趋势，将会给技术发展带来负面影响。

具体到我国立法，我国替代责任制度只规定在《民法通则》和最高人

---

① 崔国斌：《网络服务商共同侵权制度之重塑》，《法学研究》2013 年第 4 期。

② 参见上文。

民法院关于人身损害赔偿的司法解释之中[①]，《著作权法》中并没有替代责任的规定，但与《著作权法》相关的《信息网络传播权保护条例》第22条第4款却涉及了替代责任制度。然而，这一立法设计并不科学，给网络服务提供者施加了过重的监督和控制义务，不利于保障网络服务提供者的合法权益，且与间接侵权责任规则相冲突。未来我国著作权立法在规定替代责任制度时，需要对此予以完善。

我国《信息网络传播权保护条例》（以下简称《条例》）第22条规定了提供信息存储空间的网络服务提供者不承担赔偿责任的免责条款，共分5款。[②] 该条文借鉴了美国DMCA中的规定，确立了以“通知—删除”为中心的“避风港”规则。根据美国DMCA第512条（c）（d）款规定的“通知—删除”条款，提供信息存储服务的网络服务提供者，除明知和应知的情形外，只要接到其服务器中存在著作权侵权作品或制品的通知后将该侵权作品或制品删除，就不需要承担间接侵权责任。我国《条例》第22条中的第3款和第5款借鉴了美国DMCA的这一规定。《条例》第3、5款规定，只要网络服务提供者主观上不知道也没有合理理由知道自身服务器上存在著作权侵权文件，并且在接到权利人发出侵权文件的通知后在服务器上删除该涉嫌著作权侵权的文件，就无须承担间接侵权责任。这样，网络服务提供者就无须主动对其服务器中的文件是否涉嫌著作权侵权进行审核，只有在具有主观过错的情况下才要承担间接侵权责任。考虑到网络服务提供者的服务器上的作品数量庞大，如果要求其尽到严格的审查义务，未免过于严苛。因此，这一条款根据网络服务提供者经营的实际情况，恰当地确定了网络服务提供者的注意义

① 《民法通则》第121规定：国家机关或者国家机关工作人员在执行职务中，侵犯公民、法人的合法权益造成损害的，应当承担民事责任。《最高人民法院关于审理人身损害赔偿案件适用法律若干问题的解释》第8条规定：法人或者其他组织的法定代表人、负责人以及工作人员，在执行职务中致人损害的，依照《民法通则》第121条的规定，由该法人或者其他组织承担民事责任。上述人员实施与职务无关的行为致人损害的，应当由行为人承担赔偿责任。第9条：雇员在从事雇佣活动中致人损害的，雇主应当承担赔偿责任。

② 《信息网络传播权保护条例》第22条规定：网络服务提供者为服务对象提供信息存储空间，供服务对象通过信息网络向公众提供作品、表演、录音录像制品，并具备下列条件的，不承担赔偿责任：（1）明确标示该信息存储空间是为服务对象所提供，并公开网络服务提供者的名称、联系人、网络地址；（2）未改变服务对象所提供的作品、表演、录音录像制品；（3）不知道也没有合理的理由应当知道服务对象提供的作品、表演、录音录像制品侵权；（4）未从服务对象提供作品、表演、录音录像制品中直接获得经济利益；（5）在接到权利人的通知书后，根据本条例规定删除权利人认为侵权的作品、表演、录音录像制品。

务。但令人费解的是，《条例》在第 3、5 款规定的“通知—删除”规则之间又加入了第 4 款，该款规定了信息存储服务提供者免除责任的另外一个条件：“未从服务对象提供作品、表演、录音录像制品中直接获得经济利益。”由《条例》第 22 条行文可知，第 22 条的 5 个条款为并列关系，如果要符合第 22 条规定的赔偿免责条件，必须同时满足全部 5 款免责要求。换言之，如果不符合第 4 款的规定，即便网络服务提供者符合《条例》第 3 款和第 5 款的规定，其主观上不知道也没有合理理由知道其服务对象有直接侵权行为或者在接到权利人通知后删除了服务器上的侵权文件，也还是要承担赔偿责任。这加重了网络服务提供者的注意义务，即便网络服务提供者主观上不存在过错，也可能因为不符合第 4 款的规定而承担赔偿责任。

实际上，从《条例》的行文来看，所谓“直接获得经济利益”是照搬美国版权法替代责任规则的表述，亦即，《条例》第 4 款是对美国版权法替代责任规则的借鉴和引入，是让网络服务提供者在不符合该款规定时承担替代责任。前文已述，美国版权法中承担替代责任需具备两个要件：一是替代责任承担者有能力制止他人的直接侵权活动；二是替代责任承担者从这种直接侵权活动中获得了直接经济利益。当具备这两个要件时，第三方主体才需承担替代责任。但是，我国《条例》第 4 款在规定“直接获取经济利益”这一替代责任要件之时，却将美国替代责任制度中另一重要构成要件即第三方“有能力制止他人的直接侵权活动”省略。这一立法规定对网络服务提供者要求过苛，会严重干扰网络服务提供者的正常经营，且会与网络服务提供者间接侵权责任规则发生适用上的冲突，具体理由如下：

首先，《条例》第 22 条第 4 款忽略了网络服务提供者的服务特点和监督、控制能力，给网络服务提供者施加了过重的注意义务。替代责任制度是否有必要引入我国著作权法，实际上是判断在何种情况下第三方主体具有较强的规避风险能力和监督控制能力，并且从受其控制的主体的侵权行为中直接获利，需要让其承担更高的注意义务。当第三方主体直接控制侵权人并从侵权人侵权行为中直接获利时，对该第三方主体施加替代责任有利于激励其采取监督和控制手段，避免侵权，并且不会给其施加过多的控制和经营成本。《条例》第 22 条涉及为服务对象提供信息存储空间的网络服务提供者，这种类型的网络服务提供者仅为服务对象提供信息存储空间，无法对终端用户上传的每个文件进行实时监督和控制，不具有较强对信息的监督和控制能力，并且一般仅就其空间存储服务收取固定费用。其情形正类似于美国房东—房客类案件。假如对该类型网络服务提供者施以替代责任，无疑将加重其监督和控制成本，导致其可能采取各种措施对用户上传的每一个文件进行监督和甄别，以避免承担替代责任。这会给经营者带来巨大的经营成本，最终影响互联网信息存储空间服务产业的发展。

其次，《条例》第 22 条将网络服务提供者的间接侵权责任规则和替代责任规则糅合在一起，造成两者适用上的冲突。《条例》第 22 条第 3 款和第 5 款规定，当网络服务提供者主观上不知道也没有合理的理由应当知道服务对象的侵权行为，并且在接到权利人通知书后删除涉嫌侵权的作品和制品，则不承担间接侵权责任。这是间接侵权责任制度中“通知—删除”避风港规则。这一制度合理配置了网络服务提供者的责任和监控能力，没有对其施加过高的注意义务。当网络服务提供者满足避风港规则的要求时即不应当为他人的直接侵权行为承担赔偿责任。然而，《条例》第 22 条第 4 款又莫名其妙地规定网络服务提供者不得从侵权行为中直接获利。那么，究竟是优先适用第 22 条第 3、5 款还是适用第 4 款呢？在网络服务提供者满足了《条例》第 22 条 3、5 款的免责要求但不符合第 4 款要求的情况下，其是否还要承担赔偿责任呢？根据该条规定的文意，五项条件必须同时满足方能免责。即便网络服务提供者满足第 22 条第 3、5 款规定的免责要求，当它从侵权行为中直接获利时，也需要承担赔偿责任。若严格适用这一规则，将会对我国网络服务提供者施加过于严苛的义务，使第 22 条规定的避风港条款完全失去其存在意义。可见，《条例》第 22 条将间接侵权责任规则和替代责任规则规定在一起而不作区分，会发生法律适用上的严重冲突。

与《条例》规定相反的是，我国于 2000 年颁布、于 2006 年修订的《最高人民法院关于审理涉及计算机网络著作权纠纷案件适用法律若干问题的解释》和 2010 年颁布的《侵权责任法》中，都未见有《条例》第 22 条第 4 款关于网络服务提供者“直接获取经济利益”时需要承担替代责任的规定。根据最高人民法院 2000 司法解释第 3 条和《侵权责任法》第 36 条的规定，只有网络服务提供者明知或应知存在侵权文件，或在接到侵权文件通知后不予删除的，才构成间接侵权，需要承担赔偿责任。这与替代责任制度不要求主观过错要件显然不同。① 令人遗憾的是，我国于 2013 年最新修订的《条例》依然未对其中的第 22 条第 4 款作出修订，这无论是与最高人民法院的司法解释，还是与立法层级更高的《侵权责任法》，都存在着冲突。有学者为此指出：《条例》第 22 条第 4 款免责条件的规定，无法与我国民事立法中的任何一种法定责任的构成要件相对应。如果不符合这一条件就要承担赔偿责任，将使我国网络服务提供者承担远比美国同行更严格的责任。②

由此可见，《条例》制定者并未正确认识到网络服务提供者对用户上传的文件只具有有限的监督和控制能力，从而对网络服务提供者施加了过重的义务。这一不成功的立法例在目前我国《著作权法》启动新一轮修订工作的大背景下，对于我们正确划定网络服务提供者的责任范围具有启示意义。在目前网络技术飞速发展之今日，要求我国《著作权法》设立替代责任制度以更好地规制网络服务提供者的呼声不绝于耳。对此，不能忘记替代责任制度有其自身的归责基础和适用范围，不可盲目引进，以免对著作权产业造成不利影响。如果未来随着网络技术的发展和经营模式的演变，著作权法需要采纳这一制度，则必须从替代责任的理论基础出发进行谨慎判断。亦即，立法需要评估网络服务提供者的监督和控制能力，合理界定所谓“直接获取经济利益”，划定责任承担的明确边界。就目前来看，替代责任制度还是不应当贸然扩张至互联网环境，替代责任的适用范围适宜限制在雇主—雇员关系、监护关系等传统侵权领域。

---

① 《最高人民法院关于审理涉及计算机网络著作权纠纷案件适用法律若干问题的解释》第 3 条规定：网络服务提供者通过网络参与他人侵犯著作权行为，或者通过网络教唆、帮助他人实施侵犯著作权行为的，人民法院应当根据《民法通则》第 130 条的规定，追究其与其他行为人或者直接实施侵权行为人的共同侵权责任。《侵权责任法》第 36 条：网络用户、网络服务提供者利用网络侵害他人民事权益的，应当承担侵权责任。网络用户利用网络服务实施侵权行为的，被侵权人有权通知网络服务提供者采取删除、屏蔽、断开链接等必要措施。网络服务提供者接到通知后未及时采取必要措施的，对损害的扩大部分与该网络用户承担连带责任。网络服务提供者知道网络用户利用其网络服务侵害他人民事权益，未采取必要措施的，与该网络用户承担连带责任。

② 参见王迁：《网络环境中的著作权保护研究》，北京，法律出版社，2011，第 231～232 页。

第三章　“技术路径”：技术保护措施为基础的著作权保护模式

引　言

数字网络技术给著作权保护带来了难题。数字技术为公众提供了精确复制作品的工具；网络技术则加强了使用者之间的联系，使作品可以通过网络进行传播。两者的结合使作品的公共产品属性进一步增强，传统的依靠控制作品有形载体来控制作品传播和使用的著作权保护模式无法为著作权人提供周全的保护。

在此情况下，很多学者提出了著作权保护模式的改革建议。从技术角度而言，既然数字网络技术可以被公众用来复制和传播作品，则著作权人也可以利用这种技术来保护其作品。于是，著作权人开发出各种技术保护措施，包括加密技术、口令技术、防复制技术、数字水印技术、DRM数字权利管理系统等，作为一种“防患于未然的事前预防措施，切断未经许可使用、复制和传播作品的途径”①。

技术保护措施作为强化作品控制的技术手段，与传统物理环境中保护财产的围墙、栅栏、铁门等物理措施并没有本质区别，其主要功能都是妨碍、阻止或限制他人从事可能侵犯其财产权的活动。这不是基于法律的调控，相反，这是技术上的物理规制。美国学者提姆·吴（Tim Wu）就认为，技术保护措施这种代码“可以表现为限制人的行为，这是代码

① 王迁：《知识产权法教程》，北京，中国人民大学出版社，2009，第264页。

规制的情形"[①]。莱斯格教授也指出，代码就是法律，"在网络空间中，代码能够取代法律成为保护知识产权的主要武器，而且，它的作用越来越大"[②]。

技术保护措施作为调整公众行为的手段，有其积极意义。一方面，它在一定程度上有利于著作权保护，减少了未经许可使用著作权作品的行为。正所谓技术的问题用技术解决，国际唱片公司联盟（IFPI）就认为，以技术保护措施为基础的数字权利管理为消费者提供了更多的灵活性和内容保护。[③] 欧盟委员会也指出，基于各方的一致意见而建立起来一个全球性的、可兼容的数字权利管理基础设施似乎是现存的法律制度的一个重要保证，也是有效提供和获得受保护的内容的前提。[④] 另一方面，技术保护措施增强了著作权人控制其作品的能力。著作权人可以携技术优势，通过技术保护措施限制公众对其作品的接触或使用，扩张著作权的权利范围，导致公众无法正常地对作品进行合理使用。有学者就不无忧虑地指出："这种新的权利将会成为社会的法律基础，信息只有通过'每看必付'（pay-per-use）才能获得。"[⑤]

由于对技术保护措施及其相关立法存在争议，本章拟对之进行研究，给予其准确的定位，明确其正当性的基础，探讨其运作实效与存在的不足，并提出法律完善的思路。据此，本章第一节将简述技术保护措施的产生与发展、技术保护措施规则的建立；第二节将探讨技术保护措施的法律性质；第三节将梳理和比较典型国家的技术保护措施立法；第四节将明确著作权技术保护措施规则建立的理论依据；第五节拟分析技术保护措施的运作实效；第六节对以技术保护措施为基础的著作权保护模式进行恰当评价与定位，提出法律完善的思路，同时检讨中国著作权法技术保护措施相关条款，提出相应的修法建议。

---

① Tim Wu, "When Code isn't Law", 89 *Virginia L. Rev.* 679 , 729.

② 〔美〕劳伦斯·莱斯格：《代码》，李旭译，北京，中信出版社，2004，第 156 页。

③ 参见 IFPI：《07 数字音乐报告》，载 http：//www. ifpi. org/content/library/chinesedmr08. 访问日期：2016－05－20。

④ See European Commission Communication，*the Management of Copyright and Related Rights in the Internal Market*. 转引自吴伟光：《数字技术环境下的著作权法危机与对策》，北京，知识产权出版社，2008，第 151 页。

⑤ 144 Cong. Rec. H 7094（daily ed. Aug. 4，1998）（statement of Rep. Bliley）.

第一节 著作权保护危机与技术保护措施规则的确立

一、技术进步与著作权危机

数字网络技术的发展给著作权保护带来了挑战。在传统模拟技术环境中，打印机、复印机等复制设备采用机械复制的方式，每次对作品复制后，复制品的质量都会下降。基于对复制质量的考虑，公众一般不会复制或购买作品的侵权复制品。因此，模拟环境下的复制技术对著作权保护的冲击并不大。数字技术改变了复制的方式，实现了快速、精确的信息复制，对著作权保护构成了影响。同时，网络技术加剧了著作权保护的困难。网络技术使陌生的公众之间实现了互联互通，使数字形态的作品能够从网络用户的设备中传播到世界各地。因此，数字技术和网络技术，分别从作品的复制和传播两个方面对著作权保护构成影响。

关于私人对著作权人作品未经授权地复制和传播是否构成著作权侵权，一直存有争议，主要争点在于，私人在家庭或者私人场所，借助于技术设备对著作权作品进行复制，是否会损害著作权人的商业利益，超出合理使用的范围。在传统模拟技术环境之下，由于受到技术的限制，陌生的社会公众之间无法传播作品的复印件，即便公众能够复制作品，其传播范围也仅限制于家庭或熟人圈子等狭小范围内，加之复制技术落后，复制作品相比原件质量有所下降，故私人未经授权对著作权人作品的复制和传播对著作权人商业利益的损害并不明显。但是数字网络技术改变了这一切。目前一张光碟可以存储上千首 MP3 格式的音乐作品、几十部电影作品。随着存储技术的改善，一个移动硬盘可以存储数十万首 MP3 格式的音乐和上千部电影。随着网络带宽的扩大，在线传输一部数百兆的电影只需要几秒到十几秒。这意味着陌生人之间可以直接进行作品的复制和传播，公众将使用数字网络技术直接免费获得作品，不再需要通过著作权人授权的渠道购买或使用作品。“网络空间改变了复制的技术，而且更重要的是，改变了法律对抗非法复制的保护力量，网络以几乎不需要成本的方式即可完美地复制作品，并使执法任务更为困难。”① 长此以往，这种未经授权

① Lawrence Lessig, *Gode and Other Laws of Cyberspace*, 1999, p. 125.

对他人作品的复制和传播会导致著作权人传统的商业授权模式被架空，商业利益受损，从而降低著作权人供给作品的积极性。因此，有观点认为，私人对著作权人作品未经授权地复制和传播，除了构成著作权法明确规定为侵权例外的合理使用和法定许可的情形之外，已经不能被笼统地视为著作权法上的合法行为。正因为如此，采取有效手段，控制私人的复制和传播，已经成为著作权人在新技术环境下努力的方向。

二、著作权技术保护措施及相关规则的确立

数字网络技术的发展使未经著作权人授权的作品复制和传播行为大量出现，“对管理知识产权的传统方式是一种挑战。某些观察家甚至质疑现行知识产权模式在数字世界中是否能够或应该生存下去”①。于是，包括大规模许可、强制许可、自愿集体许可、自愿捐献、技术保护、著作权法修改、行政纠纷解决过程、选择性补偿等在内的许多解决方案被提了出来②，技术保护措施便是著作权人为解决网络环境下著作权保护困境作出的尝试。

技术保护措施以及技术保护措施立法是逐步建立起来的。在数字技术出现后，著作权人由于无法有效地控制作品的私人复制，对私人复制的态度发生了转变。尤其是在网络兴起之后，未经授权对作品的复制和传播变得轻而易举，著作权人开始采取各种手段来规制私人复制行为。首先，著作权人通过起诉个人终端用户，威慑在网络上下载和共享作品的网民。2003 年，美国唱片业协会（RIAA）就首先对四名使用 P2P 音乐共享软件的大学生提起了诉讼。随后又有更多网络用户收到了法院传票。甚至，一个“学业甚优的 12 岁的小女孩，她收到了一张法院传票，因为她下载了一千多首歌曲，她将面临最高可达 15 万美元的罚金”③。法院力求通过对个别终端用户的诉讼来产生威慑效应，遏制愈演愈烈的私人复制和共享作品行为。④ 其次，著作权人大量发起诉讼，追究为私人复制和传播行为提供网络服务的主体的责任。亦即，利用著作权法间接侵权责任或替代责任规则，让网络服务提供者为其用户的私人复制和传播行为“买单”。在

---

① Hal R. Varian, “Copying and Copyright”, 19 *Journal of Economic Perspectives* 121.

② See Peter K. Yu, “P2P and the Future of Private Copying”, 76 *U. Colo. L. Rev.* 698-738.

③ 〔美〕约翰·冈茨、杰克·罗切斯特：《数字时代盗版无罪?》，周晓琪译，北京，法律出版社，2008，第 43 页。

④ 参见熊琦：《数字音乐付费制度的未来模式探索》，《知识产权》2013 年第 7 期。

美国 Napster 案中，由于网络用户利用 Napster 公司的 P2P 软件大肆对著作权人的作品进行复制和传播，导致著作权人利益受损，著作权人遂起诉 Napster 公司，企图遏制其 P2P 技术下的私人复制和传播行为。最终，著作权人获得了成功，法院认定 Napster 公司构成帮助侵权，作出了禁令和损害赔偿的判决，迫使 Napster 公司关闭了其主服务器，"Napster 的 7 000 万用户最终暂停了文件共享"①。网民复制和传播作品的行为受到了限制。但是，在 Napster 公司的 P2P 技术被禁止之后，Grokster 公司又开发出了分散式架构的 P2P 软件。分散式架构的 P2P 技术没有主服务器控制作品的传播，网络用户不需要通过主服务器就可以直接与他人分享作品。这样，连 P2P 软件公司自己都不可能再对网络用户的复制行为加以控制，私人复制和传播行为再次兴起，著作权人又起诉了 Grokster 公司。最终，Grokster 公司遭到与 Napster 公司相同的命运，被法院认定为成立引诱侵权。②

随着网络技术的发展日新月异，尽管著作权人在这两起案件中都获得了法律上的胜利，迫使为网络用户提供文件共享服务的公司承担了间接侵权责任，但是他们依然无法阻止使用者未经授权对其作品进行复制和传播。通过诉讼途径追究终端用户和技术开发者、网络服务提供者侵权责任的成本较高，并且法院判决稍有不慎，让技术开发者和网络服务提供者"动辄得咎"，就有可能遏制新兴技术的发展，对新兴技术产业形成打击。对于著作权人而言，这也可能错过绝佳的利用新技术发展新型商业模式的机会和市场。有实证研究就指出，对于网络音乐盗版而言，很多著作权人对网络服务提供者和个人的诉讼是收效甚微的。美国加利福尼亚大学圣迭戈电脑中心的报告指出，尽管诉讼使得使用诸如 Ka-zaa 下载网络的人少了，但是整体上文件被非法共享的数量没有发生变化。③ P2P 技术使人们习惯于免费共享和下载，即便著作权人进行了大量的针对网络服务提供者和终端用户的诉讼，但仍无法从根本上消除作品在网络上的非法传播。显然，著作权人也注意到了这一点，在发起一系列诉讼的同时，他们开始采

① 〔美〕威廉·W. 费舍尔：《说话算数：技术、法律以及娱乐的未来》，李旭译，上海，上海三联出版社，2008，第 4 页。

② See A&M Records，Inc v. Napster，239F. 3d 1004，1022 (9th Cir. 2001)；Metro-Goldwyn-Mayer Studios，Inc. v. Grokster，545 U. S. 913；1255. Ct. 2764；1622. Ed. 2d 718.

③ See Kelly Leong，"I-tunes：Have They Created A System For International Copyright Enforcement?"，13 *New Eng. J. Int'l & Comp. L.* 365，383.

用技术保护措施，试图通过技术手段控制其作品，迫使消费者必须经过著作权人的授权许可才能对作品进行使用。

在著作权人的努力下，加密技术、水印技术，直至在软硬件方面结合的、将技术保护措施的功能发挥到极致的 DRM 权利管理系统都已经出现。[①] 但“道高一尺，魔高一丈”，没有法律的特别保护，任何技术保护措施都难逃被破解的命运，甚至极少数黑客就可能将著作权人的传统商业模式颠覆，因为这些黑客会通过互联网将解密技术或解密后的产品向全世界发布。在美国，拥有大量版权的娱乐产业很是担心，于是开始寻求修改法律，争取通过立法为它们新开发的技术保护措施获得更多的法律保护。为此，版权人开始游说国会将技术保护措施反规避条款纳入版权法。但因提案正值总统大选，图书馆、法学教授和消费者的联合反对以及国会认为保护技术保护措施并不是一个亟须解决的问题等，保护技术保护措施的提案最终并未在国会通过。随后，版权人开始转变策略，将反规避技术保护措施的问题直接提交给国际组织讨论解决。尽管其提议遭到了许多人的激烈反对，但是最终世界知识产权组织会议还是签订了一个折中的技术保护措施反规避条款。[②] 1996 年 12 月，与会各国在日内瓦签署了《世界知识产权组织著作权条约》（WIPO Copyright Treaty，WCT）和《世界知识产权组织表演与录音制品条约》（WIPO Performances and Phonograms Treaty，WPPT）。在这两个条约之中规定，各国需要对技术保护措施加以保护。WCT 第 11 条规定：缔约各方应规定适当的法律保护和有效的法律补救办法，制止规避由作者为行使本条约所规定的权利而使用的、对就其作品进行未经该有关作者许可或未由法律准许的行为加以约束的有效技术措施。与 WCT 第 11 条基本相同，WPPT 第 18 条也规定：缔约各方应规定适当的法律保护和有效的法律补救办法，制止规避由表演者或录音制品制作者为行使本条约所规定的权利而使用的、对就其表演或录音制品进行未经该有关表演者或录音制品制作者许可，或未由法律准许的行为加以约束的有效技术措施。由此可见，这两个国际条约明确了各国需要制定

---

① DRM，英文全称为 Digital Rights Management，即数字版权管理，指的是权利人用来控制被保护对象的一些技术，这些技术保护的有数字化内容（例如软件、音乐、电影）以及硬件，处理数字化产品的某个实例的使用限制。参见 360 百科：DRM，http：//baike. so. com/doc/5368300. html，访问日期：2016 - 05 - 22。

② 参见〔美〕威廉 · W. 费舍尔：《说话算数：技术、法律以及娱乐的未来》，李旭译，上海，上海三联出版社，2008，第 76～80 页。

技术保护措施立法来遏制著作权和邻接权侵权问题，扫除了美国制定技术保护措施反规避立法的障碍。但从条文也可以看出，WIPO 只是对各国保护技术保护措施提出了原则性要求，至于各国为技术保护措施提供何种程度和方式的保护，则由各国立法去处理。这也造成了不同国家技术保护措施保护规则的不同和保护程度的差异。

国际条约中技术保护措施反规避条款的确立标志着将保护技术保护措施的规则纳入各国著作权法的障碍已经消除，技术保护措施反规避条款逐步写入各国著作权法。至此，关于技术保护措施及其反规避立法完整地建立了起来，数字环境下的作品变得与传统物理环境下的有体物相类似，著作权人的作品借助于技术保护措施和法律保障，可以获得类似于有体物的保护方式。以技术保护措施为基础的著作权保护模式获得了合法性地位，有了进一步发展和运用的空间。

第二节　著作权技术保护措施的法律性质

为深入理解技术保护措施及相关立法情况，正确地评价以技术保护措施为基础的著作权保护模式，有必要从法律角度探讨著作权技术保护措施的性质。本书认为，技术保护措施具有私力救济性和终端控制性，这两种属性决定了技术保护措施立法需要在保护著作权的前提下确保公众能够对作品进行合理使用，避免对社会创新能力造成损害。

一、技术保护措施的私力救济性

根据法律的规定，权利的保护方法可以划分为公力救济和私力救济。公力救济是指权利人在权利受侵害或有侵害之虞时诉请国家公权力机关予以保护。私力救济是指当事人认为权利遭受侵害时，在没有第三方以中立名义介入纠纷解决的前提下，不通过国家机关和法定程序，依靠自身或私人力量解决纠纷。私力救济的特征包括：没有第三方以中立名义介入纠纷解决；纠纷解决过程的非程序性；采取私力救济的原因是当事人认定权利遭到了侵害；私力救济的目的是实现权利和解决纠纷；私力救济的途径是依靠私人力量。① 由此可见，私力救济和公力救济区分的关键是救济行为

① 参见徐昕：《论私力救济》，北京，中国政法大学出版社，2005，第 102～117 页。

是否有中立的第三方的介入。“私力救济是一种非中心化、高度分散、私人自行实施的社会控制模式。在许多场合，直接卷入纠纷的人们自己寻求解决问题的办法，除此之外别无他人。”① 私力救济的制度化也不意味着它将丧失私力救济的本性，“因为公力救济与私力救济区分的关键在于，是否有中立第三者介入纠纷解决，而非是否为法律规定”②。尽管在现代社会，公力救济占据主导地位，但私力救济依然有其存在的必要性，因为私力救济效率较高、成本更低、在实施上更为便捷。以民法上典型的三种私力救济——正当防卫、紧急避险和自助行为——为例，如果法律不允许当事人采取这三种私力救济措施而是必须等待国家机关的行动，其效率必然低下，造成不公平结果的出现。当然，私力救济是一种自发的救济手段，在救济的必要性、救济的限度、救济的措施等方面的判断权给予了私人而不是客观、公正的第三方，因而使其不可避免地带有利益的倾向性和随意性，可能导致私力救济范围过宽而产生负面效果。因此，立法需对私力救济持谨慎态度，通过法律调整私力救济的方式和手段，将私力救济可能产生的负面效果加以限制。

从法律性质上看，技术保护措施是著作权人为应对数字网络技术的冲击所采取的私立救济手段。在数字网络时代，使用者不经著作权人的授权许可便可对受著作权保护的作品进行复制和使用，这严重损害了著作权人的利益。技术的发展可以给用户带来使用作品的便利，技术也能够使著作权人更好地保护其作品，防止作品被随意使用。著作权人以著作权侵权为由起诉未经许可使用其作品的主体，是公力救济手法，成本较高，经济效率偏低。面对成千上万未经许可使用其作品的网络用户，著作权人无法完全依靠公力救济手段。通过技术手段，限制或阻碍用户对其作品的复制和传播，是著作权人不借助于公力而采取的自救措施，具有成本较低、经济效率较高、实施效果较好的优点。

随着技术保护措施立法规则的确立，各国都对技术保护措施予以保护，防止他人在缺乏正当理由的情况下规避著作权人的技术保护措施，技术保护措施的使用已经有了法律的保障。但是，著作权法律仅仅规定了使用者不得规避著作权人的技术保护措施，对于著作权人可以采取何种类型的技术保护措施、技术保护措施如何在作品上设置、技术保护措施的保护

① 徐昕：《私力救济的性质》，《河北法学》2007年第7期。

② 徐昕：《通过法律实现私力救济的社会控制》，《法学》2003年第11期。

强度等问题并未明确规定，而交由著作权人自行决定。可见，即便法律对技术保护措施予以保护，也仅仅是增加了著作权人公力救济的手段，使著作权人可以起诉追究规避技术保护措施及为规避技术保护措施提供帮助的主体的责任，而并没有改变技术保护措施本身具有的私力救济性，技术保护措施在法律性质上仍是著作权人采取的私力救济手段。

理解技术保护措施具有的私力救济属性，是评价及完善以技术保护措施为基础的著作权保护模式的前提。正是技术保护措施具有的私力救济性，使其不可避免地带有著作权人保护的倾向性和技术措施具体设置上的随意性，可能使技术保护措施与著作权合理使用、思想表达两分等“安全阀”制度发生冲突，从而影响社会公众对作品的合理借鉴、使用与后续创作。这就要求技术保护措施立法必须处理好著作权保护与公众合理使用作品之间的关系，防止著作权过度强化损害信息的合理获取与表达。

二、技术保护措施的终端控制性

有学者指出，著作权法“可称为模仿行为禁止法或搭车行为禁止法”①。亦即，著作权法是通过规定禁止的模仿行为的类型来划定著作权的范围。但事实上，作品的利用行为远不止法律规定的类型，图书读者对所借阅图书的阅读、视听作品租借人对其租借的作品的观看、作品展览时参观人对作品的观览等也是作品的利用行为。由于一些国家的著作权法并没有明确将这些行为规定为著作权的内容，这些行为就处于著作权控制的范围之外，他人未经著作权人许可实施这些行为也就不构成著作权侵权。著作权法之所以对某些利用作品的行为不予控制，是出于多种原因：一是对作品的利用行为进行全面的控制没有效率，如对图书购买人就其所购图书的阅读次数进行控制显然难以做到。② 二是可能侵犯人们重要的人权，如监督购买图书的人对已购图书的阅读可能侵犯其隐私权。三是作品是为社会公众而创作，作品的后续创作需要借鉴、吸收前人的成果，对作品利用行为的全面控制可能会导致社会公众减少利用甚至不利用作品，使社会创新能力受到影响。

---

① 〔日〕中山信弘：《多媒体与著作权》，张玉瑞译，北京，专利文献出版社，1997，第3页。

② 当然，在现代技术条件下，理论上是可以通过技术保护措施和权利管理系统对图书的阅读次数进行控制的，但出于对隐私、市场自由竞争和消费者使用便利等的考虑，著作权法并没有意图控制人们对图书的阅读次数。

在著作权法的发展过程中，哪些行为是著作权法禁止的模仿行为，是随着技术的发展而不断演变的。在广播、电视等无形传播技术出现之前，作品一般附载于有体物上才能传播给社会公众，此时著作权人以控制作品载体的制作、发行、销售等行为来获取收益。由于作品需附载于有体物，而载体具有消费上的排他性和竞争性，社会公众在私人生活范围内对其作品载体的利用受到地理空间、利用时间等方面的客观限制，这些利用不会对著作权人的利益造成实质损害。而且此时复制技术尚不发达，复制成本较高，个人几乎无法对作品进行复制，复制作品仍由如印刷厂、出版社等机构集中进行，因此著作权人通过控制印刷厂、出版社等复制、发行机构即能够比较容易地控制作品的传播。在广播、电视等无形传播技术出现之后，尽管作品不再局限于有体物载体而是可以通过播放等无形方式传播，但由于这种传播需要价格昂贵的设备和专业人员的参与，传播主体仍集中于广播电台、电视台等媒体机构，大量的个人传播并没有出现，著作权人仍能够通过控制这些集中的传播主体来实现控制其作品的传播。因此从总体上看，在数字技术出现之前，由于复制或传播集中进行，著作权人通过控制集中复制或传播作品的主体就能够有效控制作品的利用，维护其经济利益。这时的著作权人是间接地向作为最终用户的社会公众收取报酬的，著作权的保护模式是一种“间接控制模式”。这种控制中间主体的间接控制模式不仅为著作权人提供了适当的激励，也没有过多干涉作为最终用户的社会公众对作品的使用自由。

数字网络技术使这一切发生了改变，它赋予了使用者较强的私人复制和传播作品的能力。亦即，数字网络技术强化了使用者之间的联系，使作品足不出户即能传遍千家万户。“作品的利用从拥有复制件转变为直接体验作品的内容。”① 在这种情况下，“基本准则已经不再是市场上财产所有权的买入和卖出，而是在一个包括提供者和用户的网络环境下对服务的‘接触’（Access），在一个新的环境下，市场正在给网络让步，所有权正在稳定地被‘接触’所取代”②。于是，传统著作权保护的“间接控制模式”无法继续发挥作用。正是由于“体验”和“接触”成为网络时代作品

---

① Jane C. Ginsburg, “From Having Copies to Experiencing Works: The Development of an Access Right in U. S. Copyright Law”, 50 *J. Copyright Society U. S. A.* 116.

② Nicola Lucchi, “Intellectual Property Rights in Digital Media: A Comparative Analysis of Legal Protection, Technological Measures, and New Business Models under EU and U. S. Law”, 53 *Buffalo L. Rev.* 1111, 1131.

传播的基本特征，著作权人开始采取各种技术保护措施，并结合契约制度，将传统著作权保护的“间接控制模式”变为一种“终端控制模式”，一定程度上改变了著作权法不控制人们在私人生活领域内接触和使用作品的情况。

例如，苹果公司开发的 iTunes 网上音乐商店就是数字网络时代控制终端用户模式的典型。iTunes 的核心在于其数字权利管理系统——FairPlay 技术。FairPlay 技术可以追踪用户使用歌曲的行为，对消费者使用作品的行为进行实时监控，收集相关歌曲使用情况的信息，判断消费者使用歌曲的行为是否涉嫌版权侵权，这样就使消费者的使用行为限定在苹果公司规定的范围之内。最初的 FairPlay 技术还限制消费者对作品的使用次数，只允许消费者将一首自 iTunes 上购买的歌曲复制到其他电脑硬盘上 5 次，复制到苹果公司生产的 iPod 播放器上则没有次数限制。后来由于消费者团体的日益反对，考虑到市场反应，苹果公司才取消了这种限制技术。类似 iTunes 系统的技术保护措施还有很多，它们已经将对著作权的保护变成了一种对作品的所有利用行为均进行控制的终端控制模式，模拟技术时代社会公众在私人空间内使用作品的自由已经一定程度上丧失，用户对作品的使用行为将可能受到著作权人技术保护措施的严密控制。

当然，技术保护措施使著作权保护的终端控制性加强，并不是一种历史的倒退，这是著作权人在网络环境下维护自身权益的重要手段，有助于维持其网络环境下的商业模式。但是著作权保护终端控制性的强化必然引发著作权人和作品使用者之间的紧张关系，在法律不予调整的情况下，著作权人和作品使用者间是否能够建立起有效的作品使用和利益分配机制是存在疑问的。这就要求立法在对技术保护措施予以保护的同时要注意其是否影响到公众对作品的合理使用。立法应根据社会公众使用作品的实际情况对技术保护措施相关规则作适当的调整，为公众合理使用作品和进行后续创新提供空间。

第三节　著作权技术保护措施规则的立法模式

技术保护措施是著作权人采取的私力救济手段，因此，如果不通过立法对技术保护措施进行保护，则技术保护措施很容易被规避。基于此，各国都通过立法对技术保护措施进行保护，防止他人未经许可破解著作权人的技术保护措施。考虑到技术保护措施的采用可能对用户合理使用作品构成不利影响，各国立法也规定了相应的可以对技术保护措施予以规避的例外条款。由于 WCT 和 WPPT 并未对各国技术保护措施立法作出具体要求，因而在不同国家或地区，技术保护措施的立法模式并不一致，比较具有典型性的立法是美国和欧洲的技术保护措施立法。对比美国和欧洲立法，我国立法无论是反规避方面的规定还是可以规避技术保护措施的例外规定，都过于简单，远远无法适应实践的发展。

一、美国技术保护措施立法模式

由于美国的版权产业比较发达，因而它最早开始关注技术保护措施并予以立法。美国国会于 1998 年制定通过了《数字千年版权法》（DMCA），这部法律诞生于数字网络技术方兴未艾之时，对技术保护措施及其规避情形进行了具体的规定。

美国 DMCA 将规避技术保护措施的行为划分为两类：一是直接规避行为，即直接对技术保护措施进行绕开、破解、撤除等行为。二是准备行为（或帮助行为），即为上述直接规避行为提供手段、工具或服务的行为。

对于直接规避行为，主要涉及两种不同的技术保护措施：一种是“保护版权的技术保护措施”，另一种是“控制接触的技术保护措施”。前者主要是对版权的各项权利如复制权、表演权、发行权等进行保护的技术保护措施，如防止用户对作品进行复制的防拷贝措施，就是对版权中的复制权进行保护。后者主要是对享有版权的作品在用户接触方面的控制，如防止用户进入某一网络在线电影播放系统的口令措施，就是防止用户未经许可接触到版权人的作品。可见，不同技术保护措施的功能是不同的。保护版权的技术保护措施是为了保护版权法所明确规定的各项版权权利，而控制接触的技术保护措施仅仅是为了防止用户未经许可接触到受版权保护的作品。相应地，准备行为也可以区分为两类行为：一类是对规避“保护版权的技术保护措施”提供手段、工具或服务的行为；另一类是对规避“控制接触的技术保护措施”提供手段、工具或服务的行为。

根据美国 DMCA 第 1201 条的规定，美国技术保护措施反规避条款主要禁止任何人未经版权人同意而实施三种行为：第一，DMCA 第 1201 条（a）款第 1 项（A）规定，任何人均不得规避可有效控制接触（effectively controls access）受版权保护的作品的技术保护措施。[①] 根据该款规定，行为人不得为了接触版权人的作品而规避版权人设置的可有效控制他人接触其作品的技术保护措施。例如，用户需要输入某一口令才能够进入网络音乐网站收听歌曲，如果用户绕开、破解、撤除了版权人设置的口令措施，未经版权人许可接触了即收听了版权人的音乐作品，则违反了 DMCA 第 1201 条（a）款第 1 项（A）。第二，DMCA 第 1201 条（a）款第 2 项规定，任何人均不得制造、输入、向公众提供、准备或以其他交易方式来规避可有效控制接触作品的技术保护措施之任何技术、产品、服务、装置、组件或其零件。包括下列三种可用于规避技术保护措施的技术、产品、服务、装置、组件：（A）设计或制造的主要目的在于规避有效控制接触作品的技术保护措施；（B）在规避有效控制接触作品的技术保护措施之外仅具有有限的商业用途；（C）由该人进行销售或他人与该人合作销售，并且知道是用于规避有效控制接触作品的技术保护措施。根据该款规定，为了帮助他人规避有效控制接触作品的技术保护措施而向他人提供破解口令措施的工具、装置、产品等，都被视为违法行为。第三，DMCA 第 1201 条（b）款第 1 项规定，任何人均不得制造、输入、向公众提供、准备或以其他交易方式来规避可有效保护版权人权利的技术保护措施之任何技术、产品、服务、装置、组件或其零件。包括下列三种可用于规避技术保护措施的技术、产品、服务、装置、组件：（A）设计或制造的主要目的在于规避有效保护版权人权利的技术保护措施；（B）在规避有效保护版权人权利的技术保护措施之外仅具有有限的商业用途；（C）由该人进行销售或他人与该人合作销售，并且知道是用于规避有效保护版权人权利的技术保护措施。

由上述规定可知，美国技术保护措施反规避条款主要规制三种行为。一是直接规避防止用户未经许可接触版权人作品的技术保护措施。二是向规避控制接触作品的技术保护措施的行为提供各种帮助的行为。三是向规避保护版权人权利的技术保护措施的行为提供各种帮助的行为。可见，美国 DMCA 只是禁止规避“控制接触作品的技术保护措施”，而不一般性地禁止规避“保护版权的技术保护措施”。美国版权局对此解释为：社会公众在某些情况下需要对版权人的作品进行合理使用。在进行合理使用时，应当允许公众规避保护版权的技术保护措施。因此，版权法没有一般性地

---

① See 17 U. S. C 1201（a）.

禁止规避保护版权的技术保护措施的行为，意在为用户的合理使用行为留下空间。

由于技术保护措施反规避条款涉及社会公众利益，在某些情况下可能会侵害到社会公众合理使用作品的权益。为了谋求版权人和社会公众之间的利益平衡，美国在 DMCA 第 1201 条（d）款到（j）款中规定了技术保护措施规避的 7 项例外，根据这 7 项例外，规避技术保护措施的行为并不构成违法。这 7 项例外分别是：非营利性图书馆、档案保管与教育机构的免责、法律执行与情报收集等政府活动的免责、对保护使用者隐私的免责、反向工程免责、对加密研究的免责、对保护未成年人的免责、对安全测试的免责。① 同时，DMCA 第 1201 条（c）款第 1 项还规定：本节规定不影响本法规定的权利、救济、限制或版权侵权抗辩，包括合理使用。②

除了规定技术保护措施规避的 7 项例外之外，为应对技术发展和社会现实需要，美国 DMCA 还规定了反规避条款的行政豁免条款。③ 根据这一条款，国会通过 DMCA 授权美国国会图书馆馆长在 DMCA 生效 2 年之后，可以在征询美国版权局及商务部官员的意见后，每 3 年公布可以规避控制接触作品的技术保护措施的特定作品种类。DMCA 规定，图书馆馆长在决定可以规避控制接触作品的技术保护措施的特定作品种类时，必须考察以下因素：（1）社会公众对该作品的利用情况；（2）基于非营利性的档案、保存或教育目的对该作品的利用情形；（3）禁止规避技术保护措施对评论、新闻报道、教学、学术或研究所可能产生的负面影响；（4）技术保护措施对市场或作品价值的影响；（5）国会图书馆馆长认为适当的其他因素。④

例如，美国国会图书馆于 2000 年、2003 年、2006 年颁布了 3 次技术措施规避例外。2010 年 7 月 27 日，美国国会图书馆第四次颁布通令，公告了 6 种规避控制接触作品的技术保护措施的例外⑤，这项通令的有效期间为 3 年，从 2010 年 7 月 28 日起算，至 2013 年 10 月 27 日为止。通令规定的例外包括：（1）在下列情况下，对载于 DVD 的影视作品实施规

---

① See 17 U. S. C. § 1201 (d) - (j).

② See 17 U. S. C. § 1201 (c) (1).

③ See 17 U. S. C. § 1201 (a) (1) (B) - (E).

④ See 17 U. S. C. § 1201 (a) (1) (C).

⑤ See Exemption to Prohibition on Circumvention of Copyright Protection Systems for Access Control Technologies, at http: //www. copyright. gov，访问日期：2016 - 05 - 20。

避，以截取片段供评论或批判：(i) 供大学或学院内教学与研究学习电影与传媒的学生使用；(ii) 档案类录像制品制作；(iii) 非商业性录像。(2) 仅以实现手机运行兼容软件为目的的规避。(3) 仅以实现手机与无线通讯网络合法连接为目的的计算机软件。(4) 仅以检测、修复软件安全瑕疵为由，通过规避控制接触作品的技术保护措施获取视频游戏。(5) 仅能通过使用原来的媒介或硬件才能接触，但已出现故障，或技术保护措施的格式已经淘汰的计算机软件；(6) 以电子书形式存在的文字作品，其所有版本均设有控制接触作品的技术保护措施。

由上述规定可知，美国的技术保护措施立法具有以下特点：(1) 区分保护版权的技术保护措施和控制接触作品的技术保护措施，立法仅一般性地禁止规避控制接触作品的技术保护措施，而不一般性地禁止对保护版权的技术保护措施的规避，这降低了法律对技术保护措施的保护强度。用户在理论上可以基于合理使用的抗辩，对保护版权的技术保护措施予以规避。(2) 允许国会图书馆根据实际情况每 3 年颁布一次规避接触作品的技术保护措施的例外。这样可以防止禁止规避控制接触作品技术保护措施条款滞后于社会实践的发展，使相关立法具有一定的灵活性。国会图书馆可以根据使用作品的实际情况和社会需求合理地设置技术保护措施规避的例外条款。我国亦有学者认为，应当借鉴美国这一灵活的例外条款立法模式，对于例外条款，允许相关机关定期公布可破解技术保护措施的例外情形。①

二、欧盟技术保护措施立法模式

欧盟《信息社会版权指令》也对技术保护措施进行了规定。《信息社会版权指令》对技术保护措施作出定义：在本指令中，“技术措施”是指任何正常运行时用于防止或限制未经任何法律规定的版权或版权相关权利或根据第 96/9/EC 号指令第三章规定的特殊权利的权利人的授权使用作品或其他客体的技术、装置或组件的行为。当受保护的作品或其他客体由权利人通过所使用的访问控制或保护程序，如对作品或其他客体加密、干扰或其他改变，或控制复制机制，实现保护目标时，技术措施应被视为“有效”②。

欧盟《信息社会版权指令》(以下简称《指令》) 还对规避技术保护

① 参见熊琦：《论著作权技术措施的例外》，《知识产权》2010 年第 6 期。

② 《信息社会版权指令》第 6 条 3。

措施或为规避技术保护措施提供帮助的行为作出了明确规定。《指令》第6条1规定：成员国应规定适当的法律保护，制止任何明知或有合理理由知道仍然追求此目标的人所实施的规避有效技术措施的行为。第6条2规定，成员国应规定适当的法律保护，制止制造、进口、发行、销售、出租装置、产品或组件，为销售或出租发布广告，或为商业目的拥有装置、产品或组件，或提供服务的下列行为：（a）为规避任何有效技术措施的目的，进行促销、发布广告或市场营销；（b）除规避外，只具有有限的商业目的或用途；（c）设计、生产、改装或实施的主要目的是促成或便利规避任何有效技术措施。

根据上述规定，欧盟立法并没有参照美国DMCA的立法模式，将技术保护措施区分为保护版权的技术保护措施和控制接触作品的技术保护措施。美国DMCA只是禁止规避控制接触作品的技术保护措施，而不一般性地禁止规避保护版权的技术保护措施。与之不同的是，根据欧盟《指令》，欧盟立法不仅禁止对控制接触作品的技术保护措施的规避，也禁止对保护版权的技术保护措施的规避。亦即，欧盟禁止所有对技术保护措施的规避行为，其保护程度高于美国立法。欧盟《指令》与美国DMCA的另外一个不同之处在于，欧盟立法强调规避行为的主观意图，即行为人在主观上必须“明知或有合理理由知道”。因此，行为人只有在故意或过失情况下规避了技术保护措施，才需要承担责任。而美国立法则不考虑行为人过错的问题，只要行为人破解了技术保护措施，同时该破解行为又不属于美国法上规避例外的范围，就构成了违法。就此方面而言，欧盟立法的保护程度低于美国立法。

为了维护社会公共利益，保证公众对作品能够进行合理使用，欧盟对技术保护措施的反规避例外进行了规定。不同于美国DMCA明确规定技术保护措施反规避的例外，以及通过国会图书馆每3年公布可以规避技术保护措施的具体情形，欧盟采取的是自愿措施与强制提供相结合的模式。[①] 欧盟《指令》第6条第4款第1项规定：尽管第1款规定了法律保护，在权利人没有采取自愿措施的情况下，包括权利人与他方之间的协议，成员国应采取适当措施，以保证权利人能够使限制和例外的受益人从国内法中规定的5（2）（a）、5（2）（c）、5（2）（d）、5（2）（e）、5（3）

① 参见朱理：《著作权的边界——信息社会著作权的限制与例外研究》，北京，北京大学出版社，2011，第160～170页。

(a)、5（3）（b)、5（3）（e）的限制和例外中获益，当然限于从限制和例外中获益所必需的限度，并且受益人对受保护作品或者其他客体有合法的获得权。在自愿措施方面，欧盟鼓励版权人采取自愿措施，让公众能够在特定条件下合理使用版权人的作品。在数字网络条件下，版权人可以通过一定的技术手段，允许公众对其作品进行一定范围内的在线阅读、复制和传播等，这样就使公众能够实现对作品的合理使用。在强制提供方面，欧盟规定，如果版权人没有采取自愿措施，成员国就必须或者可以采取适当的措施以保证公众能够在特定情况下合理使用版权人的作品。但是欧盟《指令》并没有对“适当的措施”予以明确规定，这就将可以采取的适当措施的方式和内容留待各个成员国具体规定。

欧盟《指令》在第5条2、3详细规定了技术保护措施反规避的例外。欧盟要求各成员国应当或可以采取措施以保证例外的受益人能够实施例外所规定的相应行为。这些例外包括：影印复制；图书馆、教育机构、博物馆、档案馆的非营利复制；广播组织的临时复制；社会机构的非商业复制；为教学或科学研究说明而使用；为残障人士的利益而使用；报刊复制、向公众传播或提供有关经济、政治或宗教方面的文章或作品；为了批评或评论的目的而引用；为公共安全目的、执行行政、国会或司法程序而使用等。《指令》还规定，这些例外只适用于某些不与作品或其他客体的正常利用相抵触，也没有无理损害权利人合法利益的特殊情况。同时，对于私人复制，欧盟并不要求成员国保障公众可以实施私人复制。成员国可以予以保障，但这不是成员国的义务。

由欧盟《指令》有关技术保护措施的规定可见，欧盟技术保护措施立法具有其自身特点：（1）没有参照美国立法，将技术保护措施分为保护版权的技术保护措施和控制接触作品的技术保护措施。欧盟立法规定，只要是技术保护措施，原则上一律不允许规避。由此可见，欧盟对技术保护措施的保护程度高于美国，对所有类型的技术保护措施均予以保护。（2）在技术保护措施反规避例外的立法模式上，欧盟采取了自愿措施与强制提供相结合的模式。欧盟鼓励版权人采取自愿措施，只有自愿措施无法达到目的时，才规定成员国必须或可以采取措施，确保公众能够对作品进行例外所允许的使用行为。这种立法模式更有利于激励版权人自愿采取措施，通过市场自发调节手段达到版权人和社会公众的利益平衡。

然而有学者指出，从表面看欧盟技术保护措施立法模式将自愿与强制相结合，更为灵活，但是也存在着很大的局限性：其一，欧盟《指令》虽然规定了自愿措施，但是没有规定自愿措施的具体要求。这使得在判断版权人是否采取了自愿措施时面临困难。其二，欧盟《指令》虽然要求成员国采取必要措施，以保障使用者能够从限制或例外中受益，但前提条件是使用人必须已经合法获得作品。亦即，假如使用者并未得到版权人的授权而获得作品，则不得对作品上的技术保护措施进行规避。其三，尽管《指令》要求版权人采取自愿措施保障使用者实现限制和例外，但是这种限制和例外仅限于对直接规避行为的责任豁免，而不适用于准备行为或提供帮助的行为。①

在欧盟自愿措施与强制提供相结合的技术保护措施立法模式之下，欧盟各成员国根据本国条件和情况，采取了不同的自愿措施。例如，德国《著作权法和邻接权法》规定著作权人需要向使用者提供实施例外的必要手段，但是并未具体规定实施的方式。不仅如此，如果著作权人没有提供必要的手段，特定限制或例外的使用人可以提起禁令之诉。英国《版权法》也规定：如果技术保护措施妨碍了使用者实施特定行为，造成其利益受损，受害人本人或团体推选出的代理人可以向国务卿发出投诉。国务卿有权调查，并向版权人作出明确指示。意大利则采取了调解模式，如果缺乏自愿措施，使用者可向意大利版权机构要求强制调解。

三、中国技术保护措施立法模式

我国著作权法跟随技术发展的脚步，在著作权法及相关条例中也规定了保护技术保护措施的条款。但遗憾的是，我国著作权法对技术保护措施的立法极为简单，并且相关规范之间相互冲突，远远不能适应技术的发展和社会实践的变化，对于用户合理使用作品和对作品进行后续创新造成了不利的影响。

我国《著作权法》第 48 条规定，未经著作权人或者与著作权有关的权利人许可，故意避开或者破坏权利人为其作品、录音录像制品等采取的保护著作权或者与著作权有关的权利的技术措施的，除法律、行政法规另有规定之外，应当承担停止侵害、赔偿损失等民事责任。《条例》也对技术保护措施进行了补充性规定。《条例》第 4 条规定：为了保护信息网络传播权，权利人可以采取技术措施。任何组织或者个人不得故意避开或者

① 参见朱理：《著作权的边界——信息社会著作权的限制与例外研究》，北京，北京大学出版社，2011，第 162～163 页。

破坏技术措施，不得故意制造、进口或者向公众提供主要用于避开或者破坏技术措施的装置或者部件，不得故意为他人避开或者破坏技术措施提供技术服务。但是，法律、行政法规规定可以避开的除外。《条例》还对技术保护措施反规避的例外进行了规定，于第12条规定：属于下列情形的，可以避开技术措施，但不得向他人提供避开技术措施的技术、装置或者部件，不得侵犯权利人依法享有的其他权利：（1）为学校课堂教学或者科学研究，通过信息网络向少数教学、科研人员提供已经发表的作品、表演、录音录像制品，而该作品、表演、录音录像制品只能通过信息网络获取；（2）不以营利为目的，通过信息网络以盲人能够感知的独特方式向盲人提供已经发表的文字作品，而该作品只能通过信息网络获取；（3）国家机关依照行政、司法程序执行公务；（4）在信息网络上对计算机及其系统或者网络的安全性能进行测试。

从上述规定上看，《著作权法》似乎将禁止破解的技术保护措施的类型限于“保护著作权或者与著作权有关的权利”，亦即，只禁止破解保护著作权的技术保护措施，而不涉及控制接触作品的技术保护措施。然而，《条例》的规定却有所不同，《条例》第26条规定：技术措施，是指用于防止、限制未经权利人许可浏览、欣赏作品、表演、录音录像制品的或者通过信息网络向公众提供作品、表演、录音录像制品的有效技术、装置或者部件。这里又将禁止破解的技术保护措施的类型扩大到了“防止、限制浏览、欣赏”的技术措施，显然包括了控制接触作品的技术保护措施。对此，有学者认为：“《条例》明显超出了《著作权法》的规定，将保护延伸到一部分单纯的‘控制接触’类技术措施。《条例》超出《著作权法》授权部门的规定，效力存在问题。”[①] 另有学者认为，禁止破解控制接触作品的技术保护措施，具有正当性。“‘控制接触措施’是版权人维护自己在版权法中争当利益的手段。”[②]《条例》的起草者在解释《条例》时也指出，技术保护措施能够通过防止、限制使用者非法访问、使用权利人的作品、录音录像制品，有效地保护权利人的经济权利。[③] 根据上述观点，这实际上是对《著作权法》“保护著作权或者与著作权有关的权利”的技术保护措施的扩大解释。亦即，控制接触作品的技术保护措施，也是为了保护著作权或者与著

① 崔国斌：《著作权法：原理与案例》，北京，北京大学出版社，2014，第846页。

② 王迁：《版权法保护技术措施的正当性》，《法学研究》2011年第4期。

③ 参见张建华主编：《信息网络传播权保护条例释义》，北京，中国法制出版社，2006，第13页。

作权有关的权利，也应当受到《著作权法》的保护。如果按照这种解释，我国《著作权法》就类似于欧盟立法，对保护著作权的技术保护措施和控制接触作品的技术保护措施都予以保护。控制接触作品的技术保护措施，同样为保护著作权所必需，应当得到法律的保护。我国公布的《著作权法修订草案》第三稿第 68 条也规定：本法所称的技术保护措施，是指权利人为防止、限制其作品、表演、录音制品或者广播电视节目被复制、浏览、欣赏、运行、改编或者通过网络传播而采取的有效技术、装置或者部件。① 其中包含了“浏览、欣赏”的技术保护措施，显然是指控制接触作品的技术保护措施。可见在立法修订过程中已经注意到了这一问题。

据此，我国著作权法技术保护措施条款具有如下特点：(1) 并未参照美国 DMCA，将技术保护措施区分为保护版权的技术保护措施和控制接触作品的技术保护措施，因此，无论是保护著作权的技术保护措施，还是控制接触作品的技术保护措施，我国著作权法都予以保护，在没有例外规定的情况下，均不得予以规避。同时，为他人规避技术保护措施提供便利的帮助行为也在禁止之列。(2) 我国技术保护措施反规避规则之中，加入了行为人的主观状态要件，要求行为人不得基于“故意”规避和破解技术保护措施或为他人规避和破解技术保护措施提供帮助。因此，如果行为人在不存在主观过错的情况下无意中避开或者破坏了著作权人的技术保护措施，则不视为违法行为。(3) 根据《条例》的规定，行为人可以在四种特定的情况下规避技术保护措施，但是即便根据这四种例外规避技术保护措施，其他人也不得提供帮助行为，即向行为人提供避开技术保护措施的技术、装置或部件。由此，我国《条例》对例外规定得较为严苛，可规避技术保护措施的例外情形不仅较少，而且一律不允许故意向他人提供避开技术保护措施的技术、装置或者部件。

由此可见，我国法律对技术保护措施的保护程度，实际上既高于美国，也高于欧盟。我国立法既没有借鉴美国立法，区分技术保护措施种类、实施不同保护，并每 3 年根据市场情况对规避情形作出调整的做法，也并未像欧盟立法一样，实行自愿措施与强制提供相结合的模式，这导致我国技术保护措施反规避立法远远无法适应现代科技发展和民众对作品的合理使用需求，因此亟待修法予以完善。

---

① 《中华人民共和国著作权法修订草案送审稿》，载 http：//www.cssn.cn/fx/fx_yzyw/201406/t20140610_1203535.shtml，访问日期：2016-05-11。

第四节 著作权技术保护措施规则的理论依据

技术保护措施是著作权人采取的私力救济手段，那么，一方面，各国为什么要特别对技术保护措施进行立法，对著作权人的私力救济手段进行保护呢？另一方面，各国技术保护措施立法中，都存在例外条款，允许社会公众在特定条件下规避技术保护措施，这一制度设计所遵循的原理又是什么呢？探究技术保护措施立法的理论依据，有助于检视现有技术保护措施立法的不足，为相关制度的完善提供参考。

一、著作权法保护技术保护措施的理由

著作权法之所以对技术保护措施进行专门立法，防止用户对技术保护措施进行规避，主要原因在于著作权法保护的客体——作品——具有的公共产品属性。在数字网络环境下，作品的公共产品属性使用户可以未经授权对作品进行使用，因而迫切需要通过立法增强作品的私人产品属性，强化作品的排他性，使著作权人能够将其作品的正外部性内部化。

作品的公共产品属性是制定著作权法的主要经济学依据，亦是著作权法保护技术保护措施的基本理由。根据经济学原理，公共产品是指具有非竞争性和非排他性的产品。非竞争性，指一个人对公共产品的使用并不会减少其他人对该产品的使用。非排他性，指排除他人使用某产品的成本非常高。如果某一产品具有非竞争性和非排他性，则没有私人愿意提供这种产品，容易造成产品供给不足。著作权法所保护的作品是无体物，具有非竞争性和非排他性，排他成本较高，难以阻止他人“搭便车”。如果任由他人自由使用，难免对作品的生产和传播带来负面效应。为激励作品的生产和传播，国家特制定著作权法，将作品这种公共产品产权化，通过法律强制性地排除他人使用，实现作品在法律上的排他性，使权利人能够获得其作品的外部收益，激励著作权人投资作品的生产和传播。可见，著作权法是以仅能对作品进行有限接触的成本，交换作为著作权人创作诱因的利益。只要“创作新作品所获得的利益”超过“使用者仅能对作品为有限的接触所受的损失”和“管理著作权的行政成本”①，著作权的设置便是有

① William M. Landes & Richard A. Posner, “An Economic Analysis of Copyright Law”, 18 *J. Legal Stud.* 325, 326.

意义的。通过作品的产权化构建作品自由交易的市场，经由市场自由交易，使作品流转到对其评价最高的主体手中，作品的资源配置效率将实现最大化。

在模拟技术时代，著作权法能够顺利实现其立法目的，并不需要技术保护措施的参与。主要原因在于，模拟技术时代复制设备较为昂贵，且复制件的质量相比原件较差。普通人与其购买昂贵的复制设备对他人作品进行复制，不如通过著作权人授权的渠道购买作品。这样，"复制的高难度和高成本形成了保护作品的一道自然屏障"①。由此，尽管模拟技术环境下的作品具有公共产品属性，但他人"搭便车"的难度较大。在著作权法的保护下，作品由于需要借助于复制设备复制，同时负载在书本等有体物上传播，作品的私人属性明显，排他性较强。著作权人只需要控制从事商业性复制和传播作品的机构，即可以有效实现作品外部性的内部化。

数字网络技术改变了模拟技术时代作品复制成本较高的情况。借助于数字网络技术，用户可以对他人作品进行复制和传播。复制的成本大为降低，作品的公共产品属性大大增强。尽管著作权法赋予了著作权人排他性权利，但这种排他性权利的执行效果在技术的影响下已被削弱，著作权人排除他人"搭便车"的难度大幅增加。为了恢复对作品的控制，著作权人只有借助于技术保护措施，通过设置口令、防止复制或接触的水印或密码，甚至更为复杂的权利管理系统，防止用户未经许可使用或接触作品。这样，通过技术保护措施，一部分人无法再对作品"搭便车"，作品的公共产品属性再次被削弱，排他性则得到增强。通过技术手段的运用，作品的公共产品属性发生了变化，著作权人可以在数字网络时代恢复到如同模拟技术时期对作品的控制力。由此可见，技术的进步发展使人们复制和传播作品变得更为便捷，导致作品公共属性增强，人们对作品的"搭便车"行为增多，而这正是著作权人不愿意看到的。著作权人需要努力恢复对作品的控制，使作品的排他性进一步增强。然而，社会公众往往希望作品的公共产品属性不被削弱，以便于更好地接触和使用作品。正是两者的博弈推动着著作权法的发展。

之所以大多数国家都对技术保护措施进行立法，原则上禁止他人对技术保护措施进行规避，主要目的也在于减弱数字网络技术对作品排他性的影响，防止作品变为无排他性的公共产品，使著作权人能够从作品的生产

① 彭学龙：《公共产品与版权保护》，《中南财经政法大学学报》2006年第5期。

和传播中获得收益。可见，技术保护措施规则的制定，加强了对著作权人技术保护措施的保护，减弱了在数字网络时代得以增强的作品的公共产品属性，使作品在技术保护措施的保护下又重新具备了私人产品属性，从而维系著作权法设立排他性私权、构建著作权市场、通过市场激励作品供给和传播的立法目的。

从技术与法律互动的角度看，作品的公共产品属性和私人产品属性的变化，不仅仅受到技术的制约，同时也受到法律规则的影响。技术的发展使不受控制的对作品的利用行为大量增加，如果任由此情况发展，则作品将变为无排他性的公共产品，著作权人无法收回作品生产和传播的投资，著作权法的激励效果将大为减弱。在此情形下，著作权法必须依循技术变化，通过制定适当的法律规则，确保作品能够具备排他性，使作品像有体商品一样能够在市场上交易。就此而言，多数国家对技术保护措施进行立法，对技术保护措施予以保护，乃是构建作品自由交易市场之必要手段。同时这也表明，作品并非完全的公共产品，其并不是不可以变为私人产品。作品在特定条件下，其公共产品属性和私人产品属性会发生变化，是一种兼具公共产品属性和私人产品属性的客体。在模拟技术时代，作品须负载在有体物之上传播，作品具有较强的私人产品属性，可以实现低成本排他，因此依赖著作权法所构建的市场机制，就可以实现作品的供给，无须政府特别干涉。在数字网络时代，尽管作品的公共产品属性增强，但通过技术保护措施的保护以及著作权法对技术保护措施的保障，作品同样可以具有较强的私人产品属性，以低成本实现排他。就此而言，与国防、海洋中的灯塔等不同的是，作品不是完全的公共产品，通过技术与法律规则的影响，作品可以变为排他的私人产品。

二、技术保护措施反规避例外条款的立法基础

技术保护措施的使用以及相关法律保护制度的确立，使著作权人能更好地保护自己的作品。由于技术保护措施是著作权人采取的私力救济手段，因而其不可避免带有利益的倾向性。为了防止技术保护措施侵害社会公众利益，使社会公众能够合理使用作品，多数国家的著作权法都规定了技术保护措施反规避的例外条款，使公众在特定情况下能够依据例外条款规避技术保护措施，对作品进行合理使用。从法经济学角度而言，设置技术保护措施反规避例外条款的理论依据在于克服著作权市场存在的市场失灵。

从经济学角度看，著作权法通过赋予著作权人私有产权的方式，构建作品自由交易的市场，通过市场机制激励作品的生产和传播。虽然市场能够优化资源配置，使交易各方通过交易获得合作剩余，但是市场的运作又需要一定的条件。在某些情况下，市场会发生失灵。在市场存在失灵时，人们有可能无法自愿达成交易，市场优化资源配置的功能将难以实现。经济学家总结了导致市场失灵的主要因素，包括：垄断、交易成本①、外部性和公共产品。② 与作品交易密切相关的主要是交易成本和外部性的市场失灵。

首先，作品市场存在的高交易成本可能阻碍市场交易的正常进行。交易成本包括搜寻、谈判和执行成本等。尽管著作权的设立构建了作品自由交易的市场，但是，由于作品具有无体性的特点，著作权人需要与分散的作品使用人进行交易，在有些情况下，就难免发生交易成本过高的情形。例如，大量的餐厅、商场、KTV 在经营过程中需要频繁使用著作权人的作品，著作权人要与之一一联系并进行授权谈判，会出现交易成本过高的情况。在交易成本过高时，著作权人和作品的使用人通过交易获得的利益将低于交易成本。由于无法获利，市场自发的交易就不会发生，作品的利用效率将降低，作品资源的优化配置无法实现。此时，著作权法往往要设立特殊的制度来分配作品资源，包括著作权合理使用、法定许可、补偿金制度等。这些制度本质上是去产权化的，它使公众可以在未经著作权人许可的情况下免费或支付法定报酬即可使用作品，这样就避免了过高的交易成本，使本不会在市场上发生的交易可以发生，从而最大限度发挥作品的效用。

其次，在作品市场上，还应当关注正外部性无法有效内部化造成的市场失灵。外部性是指一个人的行为对旁观者福利的无补偿的影响。如果对旁观者的影响是不利的，就成为负外部性；如果这种影响是有利的，就称为正外部性。③ 在实践中，一些人对作品的使用行为有可能产生很大的正外部性，对社会公共利益极为有利。但是，如果使用作品的行为人无法得

① See Wendy J. Gordon, “Fair Use as Market Failure: A Structural and Economic Analysis of the Betamax Case and Its Predecessors”, 82 *Colum. L. Rev.* 1600, 1608.

② 参见〔美〕罗伯特·考特、托马斯·尤伦：《法和经济学》，史晋川、董雪兵等译，上海，格致出版社、上海三联书店、上海人民出版社，2010，第 36～38 页。

③ 参见〔美〕曼昆：《经济学原理》，梁小民、梁砾译，北京，北京大学出版社，2009，第 211 页。

到其行为产生的全部利益，则其可能就不愿意从事该项行为，导致对社会有益的行为无法发生。这便是正外部性无法有效内部化所造成的市场失灵，它使“市场生产的数量小于社会合意的数量”①。从著作权市场来看，尽管著作权人通过技术保护措施和合同，建立起完善的授权机制，大幅降低了交易成本，但是，“某些作品使用会产生分散而广泛的、无法内部化的外部利益”②。例如，基于课堂教学、学术科研、批评和评论等对作品的使用，都会对他人和社会产生分散而广泛的外部利益。教师利用作品的片段进行教学，启迪学生思维；学者利用作品进行科研，繁荣学术文化；评论家对作品进批评和评论，增进民主对话。这些使用作品的方式均能产生巨大的外部利益。但是，当这些行为产生外部利益时，从事这些行为的教师、学者或者评论家并不会收获由这些行为所产生的全部外部利益。如果对作品的这些使用都需要获得著作权人授权并支付费用，那么使用人就可能将无法获得的外部利益排除在交易的预期获利之外，导致其不愿意或者无法负担著作权人提出的授权使用费，结果，对社会有利的作品使用行为便无法发生。为克服正外部性无法有效内部化的市场失灵，著作权法往往也会以非自愿许可替代授权许可，通过合理使用、法定许可、补偿金制度等，使公众能够自由使用著作权人的作品，释放作品的正外部性。

在技术保护措施的帮助下，著作权人在网络环境下能够形塑各种作品授权机制，防止用户未经许可对作品进行接触或使用。一旦设置了技术保护措施，由于普通用户不具备破解能力，加之反规避立法禁止为规避行为提供帮助，著作权人的技术保护措施很难被规避。这样，著作权人的技术保护措施在特定情况下就可能导致用户无法对作品进行非侵权性的使用。例如，教师需要复制某个特定作品的片段并打印出来，在课堂上提供给学生讨论。在技术保护措施的保护下，教师就无法进行这种行为。在前述交易成本过高的市场失灵或正外部性无法正常发挥的市场失灵的情况下，将导致社会福利的损失。由于市场失灵，作品市场无法正常运转，著作权法本应设立一定的机制，以非自愿许可代替授权许可，使用户可以自由使用著作权人的作品，克服市场失灵。但是技术保护措施的存在却使用户无法对作品进行使用。即便著作权法在特定条件下规定了合理使用、法定许可

① 〔美〕曼昆：《经济学原理》，梁小民、梁砾译，北京，北京大学出版社，2009，第215页。

② Lydia Pallas Loren, “Redefining The Market Failure Approach to Fair Use in an Era of Copyright Permission Systems”, 5 *J. Intell. Prop. L.* 1, 8.

等非自愿许可制度，普通用户也无法逾越技术保护措施的障碍。由此，著作权法在设立技术保护措施反规避条款之后，就有必要设置相应的例外条款，允许使用者在特定条件下规避著作权人的技术保护措施，实现对作品的合理使用。如前文所述，美国DMCA在第1201条（d）款到（j）款中就规定了技术保护措施反规避的7项例外，根据这7项例外，规避相应技术保护措施的行为并不构成违法。例外所规定的这些行为都是能够产生巨大正外部性的行为。由于市场失灵的存在，如果单纯依靠市场机制，要求进行这些行为的用户必须获得著作权人的授权才能利用作品，则这些能够产生巨大外部性的使用行为很可能就不会产生。这几项例外的设置，能够保障用户对作品实施相应的使用行为，防止技术保护措施过度强化损害社会公共利益。

由此可见，是否需要设置技术保护措施反规避例外条款，如何设计技术保护措施反规避例外条款，针对哪些使用作品的行为允许用户对著作权人的技术保护措施进行规避，都可以依循著作权法的市场失灵理论。如果权利人尚未针对某些使用作品的行为建立授权机制，相关市场存在交易成本过高或正外部性无法有效内部化的市场失灵，则可以设置相应的技术保护措施例外条款，允许用户对技术保护措施进行规避，实现对作品的使用。但是实际上，目前很多国家的技术保护措施立法都还存在着不足，并没有严格按照市场失灵理论来进行立法设计，突出体现在立法对社会公众利益的关注不够，技术保护措施反规避的例外情形设置过少或过于僵化，例外条款不利于用户对作品的合理使用。这使得技术保护措施反规避例外条款并未发挥克服市场失灵的功能，需要进一步完善。

第五节 著作权技术保护措施规则的实施效果

技术保护措施的成熟使著作权人可以利用技术手段形塑网络授权机制，遏制著作权侵权行为。这不仅有利于维护著作权人的权益，维持著作权法的激励效果，并且商业模式的更新也有助于对消费者权益的保护，使消费者有更多的选择自由。但是，由于技术保护措施立法可能没有参照著作权法市场失灵理论来设置例外条款，导致技术保护措施规则无法发挥应有的利益调节作用，技术保护措施规则的实施效果不理想。未来构建以技术保护措施为基础的著作权保护模式时，应注意技术保护措施规则所带来的负面效应，在制度设计上予以克服。

一、技术保护措施规则的积极效果

需要肯定的是，技术保护措施规则的确立是著作权法在新技术时代的必然选择。对技术保护措施进行保护，具有积极的效果，有助于作品市场的正常运转。

第一，著作权技术保护措施规则的确立，维护了著作权人的利益，维持了著作权法的激励机制。正如前文所言，在数字网络技术的冲击之下，不受著作权人控制的作品复制和传播行为大量出现，作品的排他性减弱，作品的公共产品属性增强。这使著作权人很难收回投资成本，将作品的正外部性内部化。而技术保护措施的采用使作品重新具有排他性，使作品的公共产品属性减弱，使著作权法的激励效果得以维持，也使以作品为对象的交易市场得以正常运转。著作权技术保护措施规则的实施，加强了对技术保护措施的保护，避免了技术保护措施轻易被人破解，维持了作品的排他性。因此，技术保护措施规则的确立，是数字网络环境下立法的必然选择，有利于作品交易市场的正常运转，有助于著作权法发挥其激励效果。

第二，著作权技术保护措施规则的实施，不仅为著作权保护提供了保障，确保了作品交易市场的正常运转，也使著作权人可以形塑各种授权机制，采取价格区分制度许可作品，从而有助于使用者购买到所需要的作品，使收入较低的消费者也能够获得作品，最大限度发挥作品的价值。

为了利润的最大化，著作权人借助于技术保护措施，可以运用价格区分的手段对不同的消费者群体就同一商品的销售收取不同的费用。价格区分（也称价格歧视），“指对不同消费者收取不同的商品或服务的价格，而这种价格差异无法用商品或服务的成本差异来解释”①。借助于技术保护措施以及更为复杂的 DRM 权利管理系统，著作权人可以针对消费者的具体情况设置更为细致的收费方式和收费数额：著作权人可以对商业性使用收取较高的费用，对个人消费者收取较低的费用，对学生等低收入群体收取更低的费用。著作权人还可以将价格与每个消费者使用作品的频率相联

---

① 〔美〕威廉·W. 费舍尔：《说话算数：技术、法律以及娱乐的未来》，李旭译，上海，上海三联出版社，2008，第 149 页。

系，甚至通过建立微支付（microcharges）模式，对于消费者每一次对每字节信息的使用收取少量费用。① 这样，不同收入和阶层的消费者将被区分，著作权人可以根据特定消费者群体的收入水平、兴趣爱好等建立不同的作品许可机制。

价格区分机制的实施有助于实现著作权人和消费者的双赢。一般而言，著作权的存在使著作权人可以向作品的使用者收取高于边际成本的费用，"没有能力或者不愿意付出版权人所定价格的人将无法利用作品，结果是形成无谓损失"②。这种无谓损失是社会福利的净损失，导致一部分消费者因为价格高于边际成本而无法使用作品。价格区分的实施，将克服著作权人制定过高价格形成无谓损失的市场弊病，消费者也能够以较低的成本接触到作品，这将更好地促进分配正义，增进消费者的福利。③ 正如有学者所言，价格区分让"版权人享有更多的设定许可费用的自由，从而能够针对不同的消费群体和中介机构收取不同的作品使用费"④，即价格区分使著作权人能够获取更多的收益，避免了单一定价带来的将一部分超出其消费预算能力的消费者挡在消费大门之外的弊端，让著作权人赚取更多利润，进一步激励著作权人扩展市场，满足消费者多元化的需求。"价格区分策略有助于娱乐产品提供商定位到这些'低端'消费者，并向他们提供相应的折扣。提供商将会获益，它们将争取到新的顾客，同时不会损坏它们既有的市场。"⑤

不仅如此，价格区分也使消费者获益良多。"消费者现在可以买得起更多的娱乐产品了。并且当公民能够平等地获取信息产品后，整个社会也将获益。"⑥ 在统一定价之下，"贫穷的消费者买不起太多的CD，不会去观看电影的首轮放映，也不会订购增值有线电视频道"⑦。价格区分使著作权人可以针对不同的消费者设置不同的许可使用机制，"有助于娱乐产品提供商定位到这些低端消费者，并向他们提供相应的折扣"⑧，即让消费者能以较低的成本接触作品，扩大作品的传播范围，增加作品的正外部性，增进消费者的福利。

---

① See William W. Fisher III, "Symposium On the Internet and Legal Theory: Property and Contract On The Internet", 73 *Chi. -Kent L. Rev.* 1203, 1237.

② Ibid., 1234 - 1235.

③ Ibid., 1239 - 1240.

④ 〔美〕威廉·W. 费舍尔：《说话算数：技术、法律以及娱乐的未来》，李旭译，上海，上海三联出版社，2008，第151页。

⑤⑥⑦⑧ 同上书，第153页。

由此可见，技术保护措施的实施及相关立法对其予以保护，给著作权人提供了开发新型商业模式、开拓新的市场的机会。著作权人利用技术保护措施，可以构建以前无法实现的在线新型授权许可模式。同时，由于以新兴技术为基础的商业模式不断推陈出新，消费者也能够享受到交易成本降低、许可费用降低、消费选择多样化等福利。应当说，数字网络技术促成了法律的改变，而法律的改变有助于新的商业模式的形成，这对著作权人和消费者来说都是有益的。

二、技术保护措施规则的消极效果

尽管技术保护措施及相关立法的出现为著作权人形塑新型商业模式，满足消费者多元化需求提供了机会，但是，技术保护措施是著作权人的私力救济手段，是著作权人的一种终端控制手段，这就决定了技术保护措施在回应网络时代著作权保护难题的同时可能会对公众合理接触和使用作品带来不利的影响。它不仅可能破坏传统著作权法构建的利益平衡机制，也可能导致数字网络环境下信息传播路径的人为割裂，损害社会的创新能力。不仅如此，目前各国技术保护措施立法倾向于保护著作权人的利益，仅在极为有限的范围内为公众规避技术保护措施设置了例外条款，并且原则上不允许向公众提供用于规避技术保护措施的工具和服务，而这不利于数字网络时代对社会公众利益的保护。技术保护措施为基础的著作权保护模式如果要发挥更大的作用，必须建立起能够与用户合理使用作品和进行后续创新相协调的制度模式。

第一，技术保护措施对作品的保护冲击了传统著作权法形成的利益平衡机制。莱斯格认为，技术保护措施是一种代码，“在网络空间中，代码能够取代法律成为保护知识产权的主要武器，而且，它的作用越来越大”①。技术保护措施是为解决著作权保护难题而产生的，并没有充分考虑公共利益维护的问题。

尽管不可否认，在互联网高度发达的今天，私人对作品的使用呈现出多样化的趋势，将私人使用作品的行为一律认定为合理使用已经不再合适，但是需要注意的是，人们在其私人领域内对作品进行使用在模拟技术时代就一直存在，这种私人在私人生活空间内对作品的使用满足了人们对作品的基本需求，能够较好地平衡著作权人和社会公众之间的利益关系，

① 〔美〕劳伦斯·莱斯格：《代码》，李旭译，北京，中信出版社，2004，第156页。

不至于使著作权人的信息独占权过强而伤及知识的传承和创新。例如，在某人购买了一本书后，他就获得了该书的物权，他可以在私人生活空间内自由利用该书，既可以随时阅读、查阅或者摘抄该书的内容，也可以将该书借给他认识的其他人，与其交流阅读该书的感受和心得，或共同对这本书的内容进行学习。在这种著作权保护模式下，著作权保护和个人在私人生活空间内对著作权人作品的使用并不会发生冲突，合理使用、思想与表达两分等著作权法“安全阀”制度可以最大限度地发挥功效，促进对作品的使用和后续创新。但是，技术保护措施运用之后，私人对作品的合理使用空间被严重挤压。技术保护措施包括保护版权的技术保护措施和控制接触作品的技术保护措施，这两类技术保护措施如果设置不当，都会直接干预到用户对作品的接触或使用。举例而言，使用者购买了一部作品的电子书，电子书上加装有保护版权的技术保护措施和控制接触作品的技术保护措施。使用者在阅读过程中想要复制该书的其中某一片段，在电脑上发送给其他人并与之讨论研究，按著作权法的规定应当属于合理使用的范畴。但可能就是技术保护措施的存在，使用者由于缺乏规避能力，便无法实施其行为。不仅如此，各国的技术保护措施立法往往规定了禁止提供规避技术保护措施的装置和服务。这样，不具备规避技术保护措施能力的使用者也无法获得其他人的帮助来规避技术保护措施。如果网络时代充斥着控制较为严密的技术保护措施，那么合理使用制度将会失去其原有的调整效果，用户面对的将是著作权人严密控制的作品传播体系。尤其是在控制接触作品的技术保护措施之下，用户连接触作品都必须经过著作权人的授权许可，更遑论合理使用作品了。在技术保护措施的严密控制之下，思想与表达两分、著作权的有期限保护等传统著作权法的“安全阀”制度都将失去其功效。这将使消费者使用信息的成本大幅度上升，阻碍社会公众对信息的自由接触和使用，不利于文化的传承和创新。目前，技术保护措施立法偏向于著作权人利益的保护，还未能建立其与著作权合理使用、思想表达两分、作品的有期限保护等制度有效共存的制度机制。

第二，技术保护措施的广泛运用是对网络环境下信息传播路径的人为控制。技术保护措施不仅可能冲击著作权法的利益平衡机制，也容易导致对信息传播和使用状态的人为控制与分割。如果技术保护措施控制过严，将不符合信息传播和使用的本质，不利于数字网络技术优势的发挥。

信息在本质上和有体物不同。作为知识产权的客体之一，信息具有非竞争性的特点，不同的人在同一时间可对同一信息进行使用，互相之间不受干扰。作品作为信息，无论有多少人使用，并不会使其客观价值减损，相反，有越多的人利用信息时，其价值会得到更大程度的发挥。“如果资源是非竞争性的，那么控制体系的唯一任务就是确保资源的生产。一旦资源被生产出来，就不必担心会被耗尽。”① 故著作权保护需要考虑的问题是如何最大限度地促进知识的生产和如何最大限度地对生产出的知识加以使用和传播。对于前一问题，著作权法赋予作品的权利人以独占权，激励人们生产知识，这在数字技术出现前后都是一样的。对于后一问题，模拟技术时代和数字技术时代的调整方法则有所不同。在数字网络技术出现之前，著作权法采取间接控制的调控模式，只控制那些大规模复制或传播作品的中间主体，没有干预用户在私人空间内对作品的私人使用，这使信息的传播和分享很大程度上契合了知识非竞争性的特点。在数字网络技术出现后，信息传播路径发生了很大变化，私人的信息传播和复制能力前所未有地提高，信息传播和分享呈现出离散和非中心化的特征。但是，技术保护措施分割了信息的传播路径，著作权人通过技术保护措施，重新将信息的传播路径恢复到模拟技术时代的传播形态，使信息成为孤立的受私人控制的“物”。这不仅未能利用数字网络技术在信息传播和利用方面的潜能，没有最大限度地发挥信息的价值，而且对作品的一些过度的控制已经影响到公众对作品的合理使用和后续创作。

第三，不仅技术保护措施可能阻碍社会公众对作品进行合理使用，而且与之配套的著作权法反规避条款也进一步强化了对技术保护措施的保护，没有充分考量社会公众的利益。美国 DMCA 反规避条款和相关司法实践就是突出的表现。

从美国 DMCA 第 1201 条即技术保护措施反规避条款来看，DMCA 第 1201 条（a）款禁止规避控制接触作品的技术保护措施，也禁止为规避控制接触作品的技术保护措施提供服务、设备。② DMCA 第 1201 条（b）款仅禁止为规避版权保护的技术保护措施提供设备、服务。从法律规定看，似乎 DMCA 允许社会公众基于合理使用规避控制接触作品的技术保护措施，有意为合理使用留存空间。但是，除政府活动、非营利性教育等

---

① 〔美〕劳伦斯·莱斯格：《思想的未来》，李旭译，北京，中信出版社，2004，第 101 页。

② See 17 U. S. C. § 1201 (a).

7 项具体例外以外[①]，DMCA 没有明确规定社会公众可基于合理使用抗辩来规避控制接触作品的技术保护措施。这就使禁止规避控制接触作品的技术保护措施条款与合理使用规则可能产生冲突。例如，某部作品含有控制接触作品的技术保护措施，公众若基于合理使用目的破解该控制接触作品的技术保护措施，就会违反 DMCA 禁止规避控制接触作品的技术保护措施条款，这显然不利于社会公众对作品进行合理使用。

从美国的相关司法实践来看，有些法院认定，合理使用不能作为规避控制接触作品的技术保护措施的理由。在 Reimerdes 案中，法院即认为，在 DMCA 反规避条款前，合理使用并不是一个合适的或者可用的抗辩。法院坚持，如果国会意图将合理使用作为违反 DMCA 反规避条款的确认性抗辩，国会会予以明确说明。[②] 法院表示，DMCA 第 1201 条已经规定了一系列特定合理行为的例外，例如密码研究、反向工程等，因为这些条款已经有意关注合理使用，因而被告以版权法中的孤立条款，在 DMCA 反规避条款下提出合理使用的确认性抗辩是不合适的。[③] 实际上，法院认为，对于复制权等版权专有权利，版权法规定了合理使用的例外，而对于采取控制接触作品的技术保护措施防止他人未经许可接触作品，因为并不涉及版权人在版权法上的专有权利，所以不存在合理使用的例外。亦即，版权法对版权的保护和技术保护措施对作品的保护是独立的体系。对版权的保护存在合理使用例外，对技术保护措施的保护存在技术措施例外，两者之间没有关系，不能仅以合理使用为由对技术保护措施进行破解，而只有在符合技术保护措施反规避例外规定的情形下才可以予以破解。

然而，这种逻辑思路令人费解，因为采用技术保护措施防止他人接触作品，确实又是为了保护作品的版权。有学者就认为：“违反第 1201 条的人成为反规避条款的违反者——这种违法的和侵权的行为和版权侵权是有区别的。合理使用只是对版权侵权的抗辩。因而，国会成员对合理使用优点的那些溢美之词，实际上在反规避条款面前都被误导了。”[④] 奈特尼尔教授也指出：“美国 DMCA 使版权人能够有效控制他人对内容的所有接触，而不限于版权人的专有权范围，并且该法并没有要求版权人只能将技

① See 17 U. S. C. § 1201 (d), (e), (f), (g), (h), (i), (j).

② See Universal City Studios, Inc. v. Reimerdes, 111 F. Supp. 2d 294, 322.

③ Ibid., 323.

④ Jeff Sharp, “Coming soon to Pay-Per-View: How the Digital Millennium Copyright Act Enables Digital Content Owners to Circumvent Educational Fair Use”, 40 *Am. Bus. L. J.* 1, 40.

术措施用于版权作品或受版权保护的内容。因此，这些对版权的限制将最终被迫让步于技术与合同所形成的‘超版权’（paracopyright）。”①

三、技术保护措施反规避例外条款评析：以美国立法为例

在现行立法下，不仅合理使用无法作为规避控制接触作品技术保护措施的抗辩，公众也很难获得破解和规避技术保护措施的工具。例如美国DMCA就规定，除了法定例外情形之外，明确禁止向公众提供用于规避技术保护措施的工具或服务。这样，即便用户有合理使用的需求，如果不具备相应的规避能力，又不属于法定的可以规避技术保护措施例外的范围，也很难去规避技术保护措施，实现对作品的合理使用。其他国家的技术保护措施立法也大抵如美国，一般禁止向公众提供用于规避技术保护措施的工具或服务。

即便美国立法规定了灵活的行政例外条款，授权美国国会图书馆根据公众使用作品的情况颁布规避控制接触作品的技术保护措施的例外，但是例外由于受到各种限制，适用范围较窄，实际上也存在着僵化和无法有效保护用户合理使用权益的问题。为调和著作权人和社会公众在信息保护和信息获取之间的矛盾，美国国会授权国会图书馆视作品使用情况颁布通令，明确不适用禁止规避控制接触作品的技术保护措施条款的特定作品种类，通令有效期为3年。② 2010年，国会图书馆在举办听证会、征询各方意见的基础上，颁布了6种技术保护措施反规避例外情形，其中，规避DVD技术保护措施例外尤为引人关注。通过对这一例外条款的分析可以发现，所谓例外条款其实是被严格限制适用范围的，对于公众合理使用作品的意义十分有限。

6项例外中，有一项例外允许规避DVD技术保护措施，其针对的是保护DVD版权的“内容杂凑编码技术”（Content Scramble System，以下简称CSS）。根据这项例外，如果大学教授、电影专业学生、纪录片拍摄者及非营利性影视制片人为教育、批评、评论或拍摄纪录影片，需摘取

---

① Neil Weinstock Netanel，“Locating Copyright within the First Amendment Skein”，54 *Stan. L. Rev.* 1，22（2001）.

② 美国国会图书馆建于1800年，隶属于立法机关——美国国会，是其5个直属单位之一，也是全球最重要的图书馆之一。美国国会图书馆是在美国国会的支持下，通过公众基金、美国国会的适当资助、私营企业的捐助及致力于图书馆工作的全体职员共同努力建成的，它是美国历史最悠久的联邦文化机构，已经成为世界上最大的知识宝库，是美国知识与民主的重要象征，在美国文化中占有重要地位。

电影作品中的片段而规避著作权人所采取的技术保护措施时，该规避行为并不违反 DMCA 禁止规避技术保护措施的规定。

所谓 CSS，是使用一组“密钥”及相应的算法来重排数字视频内容的技术，使使用这种技术“杂凑”出来的文件只能在含有相同密钥和算法的机器上智能地播放出来。① 因此，任何人要阅读、欣赏或者利用采用了 CSS 的作品，必先规避 CSS。从著作权法角度而言，CSS 属于控制接触作品的技术保护措施。根据 DMCA 第 1201 条（a）款第 1 项（A）有关禁止任何人规避有效控制接触作品的技术保护措施的规定，对 CSS 的规避，显然是规避控制接触作品的技术保护措施的行为，如不对此设立具体例外，则规避行为无疑违反了 DMCA 的规定。

其实，关于是否应允许对 DVD 作品采用的 CSS 进行规避，早在 2000 年美国国会图书馆第一次讨论、颁布例外情形时，就已经进入了公众视野，成为极具争议的话题。美国国会图书馆在 2006 年也曾集思广益，颁布了类似此次例外的规定，其针对的也是保护 DVD 版权的 CSS。该例外允许担任影视课程的教授为教学之用，对大学影视学院图书馆中的音像作品所采取的 CSS 进行规避，以便使用其中的片段。然而，这项例外仅将可以规避控制接触作品的技术保护措施的群体限制于担任影视课程教学的教授，且必须在教室内出于教学使用的目的，从而导致该项例外的适用范围过小，难以发挥其功效。

有鉴于此，在 2010 年例外的制定过程中，教育家们试图通过各种方式扩大该例外情形的适用主体和客体。他们建议允许对其进行规避的作品应从大学影视学院图书馆中以 CSS 进行保护的音像作品扩大到所有大学图书馆中的电影作品，其适用的主体也不应限定为担任影视课程教学的教授，而应包括所有大学的教授和学生。此外，公众纪录影片制作者、非营利性电影制作者等群体也发出了自己的声音，声称禁止规避控制接触作品的技术保护措施对他们非侵权性使用作品的行为产生了极为不利的影响，要求国会图书馆适度扩大例外情形的适用范围。

然而，尽管建议者力求扩大例外情形的适用范围，但美国版权局最终向国会图书馆建议的例外规定却没有听取建议者的意见，例外的适用范围仍较为狭窄。这主要是基于以下考虑：首先，美国版权局认为，教授们没

---

① 〔美〕威廉·W. 费舍尔：《说话算数：技术、法律及娱乐的未来》，李旭译，上海，上海三联出版社，2008，第 77 页。

有充分证明高质量分辨率的电影片段对于所有大学学生都是必要的，版权局找不到任何理由将电影专业学生以外的学生也变为此例外的受益者。其次，版权局认为此项例外的唯一目的只能是为了批评或评论而使用电影作品中的片段。其一是因为这种目的正好与传统合理使用的目的相契合，这是将其指定为例外情形的关键因素；其二是在此次规则的制定过程中，所有的证据都表明，非侵权性使用涉及的仅是电影作品中的片段，没有必要也不能将规避对象扩及所有音像作品。最后，从规避目的来看，规避者必须相信且有合理理由相信规避是实现教育等目的所必需。

据此，美国版权局虽然认为为特定目的规避 DVD 技术保护措施以便摘取其中的片断是一种对电影作品的合理使用，但为了减轻对版权人利益的损害，防止非正当目的的规避行为，仍对该项例外施加了各种限制。美国国会图书馆接受了美国版权局的建议，颁布了针对这种技术保护措施的例外条款：以合法手段制作和获取的并将其附载于采用了 CSS 进行保护的 DVD 上的电影作品，当其被规避的唯一目的是合并电影作品中的片段以制作新的作品进行批评或者评论，以及进行规避的人相信且有合理理由相信这种规避是基于下列情形：（1）大学教授和电影专业的学生为教育的目的；（2）为拍摄纪录影片；（3）制作非营利性的影视作品。

由此可知，规避 DVD 技术保护措施例外的适用范围被严格限定，这是版权人、教育者、公益影片制作者等协商与妥协的结果。虽然版权人有所让步，但其所受的制约极为有限，社会公众仅取得了有限的胜利，其要求和愿望未能得到全部满足。这表明在资本拥有发言权的时代，立法倾向于保护版权人的利益，而仅于具体个例中规定规避技术措施的例外。

加装了 CSS 控制接触措施的 DVD 电影作品，可能严重制约社会公众基于教育、制作非营利性影视作品等目的对影片所进行的合理使用，不利于公共利益的维护。美国国会图书馆此次颁布允许规避 DVD 技术保护措施的例外，一定程度上限制了技术措施的适用，为特定群体摘取电影作品中的片段进行合理使用开启了方便之门。然而，这项例外的制定过程说明，版权人对立法的掌控能力较为强大，社会公众只获得了极为有限的技术措施规避豁免。从具体规定看，此项例外情形存在较大缺陷，主要表现为适用条件严格，适用范围狭小。由此，它无法妥善解决 DVD 电影作品使用上版权人和社会公众之间的矛盾。

首先，该例外情形严格限定了可以实施规避的主体，即只能是大学教授和电影专业的学生、纪录片制作者以及非营利性的影视制作者。除此之外的其他任何主体对电影作品中采用的 CSS 进行规避的行为将被认定为违法。这一主体范围过于狭小，严重限制了其他社会公众对 DVD 电影作品进行合理使用的权利。举例言之，普通公众为个人学习目的利用电脑技术节录电影片段已属常见，但是，他们基于学习的正当目的对加装 CSS 的电影 DVD 进行解密，毫无疑问无法享受该例外规定的豁免，属于 DMCA 所禁止的违法行为。

其次，此例外情形豁免的对象只能是 DVD 电影作品。换言之，上述被授权主体也只能对 DVD 电影作品中所采取的 CSS 进行规避，对于电影作品以外的其他音像作品，则无权规避，否则，将构成对 DMCA 的违反。然而，在现实生活中，除了电影作品与我们的日常生活息息相关以外，其他音像作品也是我们生活的重要组成部分，人们对其使用的频率并不会低于使用电影作品频率，对其也有着合理使用的需求。该项例外将豁免对象限定为 DVD 电影作品，不能从根本上解决保护版权技术保护措施与公众合理使用需求之间的矛盾。

再次，按照该项例外规定，进行规避的目的只能是批评或者评论，或者规避主体有合理理由相信规避是实现教育、拍摄纪录片、制作非营利影视作品的特定目的所必需。这又进一步限制了该例外规定适用的情形。据此，一般普通公众为其个人学习目的规避 CSS 而接触电影作品也属于违法行为。

最后，该例外情形允许规避行为人引用的电影作品中的“片段”，但却没有对“片段”设定明确的标准，这使得实践中判断该行为合法还是违法完全取决于法官的自由裁量。例外对“片段”并未设置详细的标准，使该规定的适用具有不确定性，社会公众难免在使用 DVD 电影作品的过程中动辄得咎，在进行合法使用时小心谨慎，在受到版权人侵权警告时不敢再行规避。可见，如此模糊的规定并不利于社会公众对 DVD 电影作品进行合理使用。

基于上述分析，允许规避 DVD 技术保护措施的例外，为特定主体接触并使用电影作品提供了便利。但是，它却以严格的条件将许多本可以成为受益者的主体排除在外，将例外情形所能带来的积极意义局限在特定群体之中。这些例外允许的免责情形不仅适用范围有限，在有效时间上也受到严格限制，它不能确保社会公众基于教育、科研、学习等目的在合理限度内实现对作品的合理使用。更为严重的是，上述例外情形动摇了版权法上合理使用原则的地位，大大限制了合理使用原则的适用空间。亦即，美国国会图书馆规定的例外情形明确将某种特定规避行为定性为合法或者非法，增加了法律适用的确定性，法官只需依照例外规定对规避行为的性质直接依法认定，无须再考虑合理使用的基本原则。实践中，以国会图书馆颁布的例外情形作为侵权抗辩理由的效果也要明显优于引用版权法上合理使用原则的抗辩效果。这种情形可能使合理使用原则被架空，使合理使用原则本应具有的协调版权人和社会公众之间冲突的能力被削弱，社会公众合理使用的范围也受到国会图书馆例外的限制。可见，国会图书馆的例外在增进公共利益上意义有限。

但是，美国国会图书馆例外条款的规定，能够为我国著作权法技术保护措施反规避例外规则的完善提供有益参考，具有借鉴意义。我国在2001年对《著作权法》进行修订时增加了技术保护措施反规避条款。① 其后，2006年国务院颁布了《条例》，对技术保护措施的反规避作了更为详细的规定。同时，出于对公共利益的考虑，《条例》规定了可以规避技术保护措施的例外情形，主要包括课堂教学和科学研究、执行公务、安全性测试。② 但是，该例外条款的适用情形仅限于4种，相比美国DMCA和国会图书馆规定的技术保护措施例外，不仅数量较少，而且十分笼统，缺乏可操作性，远不能满足公众对作品进行合理使用的要求。③ 具体到DVD电影作品的技术保护措施规避，假设某人拟使用DVD电影作品用于批评和评论，但是该作品被技术保护措施所保护，那么，由于《条例》并未规定为批评或者评论可以规避技术保护措施，因而该人便无法援引第12条规避技术保护措施例外条款来实现其合理使用作品的行为，其规避行为也毫无疑问为非法行为。这样，社会公众将受制于技术保护措施反规避例外条款的局限，无法正常对作品进行合理使用、产生正外部性，导致对社会极有价值的批评和评论就可能不会发生。

另外，美国技术保护措施立法的不足也应引以为鉴。美国现行技术保护措施立法仅在十分有限的范围内设置了可以规避技术保护措施的例外，国会图书馆DVD技术保护措施新例外也存在适用范围狭窄、适用限制较多的弊端，没有充分考虑到社会公众对作品进行合理使用的需求。由此，

① 参见《著作权法》第48条。

② 参见《条例》第12条。

③ 例如，为课堂教学或者科学研究规避技术保护措施仅限于只能通过信息网络获取的作品、表演、录音录像制品。此外，为批评或者评论、滑稽模仿、新闻报道等接触或者少量使用作品的行为都未纳入该条规定的可以避开技术保护措施的情形。

在技术保护措施反规避及其例外的问题上，我国应综合国际著作权法发展动态，吸收美国等国家的立法经验，确保社会公众在不损害著作权人权益的前提下能够对作品进行合理使用，同时又立足于我国现实国情，兼顾著作权人和社会公众的权益，对技术保护措施反规避例外情形的适用范围、适用主体及适用条件作出合理规定，克服类似美国技术保护措施例外条款适用范围狭窄和适用限制较多的弊端，确保技术保护措施反规避例外规定发挥利益平衡的功效。有关立法的具体完善建议将于下节探讨。

第六节 技术保护措施为基础的著作权保护模式的定位与完善

技术保护措施及其反规避条款的设立，有利于数字网络环境下著作权的保护。但是，技术保护措施立法并没有充分考虑社会公众合理使用作品和进行后续创作的问题，在制度设计上偏向于维护著作权人的利益。因此，如何看待以技术保护措施为基础的著作权保护模式，以及如何完善技术保护措施立法，使这种著作权保护模式能够最大限度地发挥功效，就成为未来著作权法改革的关键。

一、技术保护措施的合理评价

对于技术保护措施，应当秉持客观的评价态度。尽管技术保护措施对用户合理使用具有不利影响，现行技术保护措施立法也有待完善，但在著作权未来保护模式的建构中，技术保护措施依然具有重要地位。技术保护措施不仅在当前著作权保护中发挥着重要作用，而且在未来网络时代著作权保护模式的构建中也将扮演重要角色。在建构未来著作权保护模式时，需要认识到技术保护措施具有的优势，充分发挥其功效；同时，对技术保护措施例外条款予以完善，实践中可以探讨采取较为灵活的能够满足用户合理使用作品需求的在线授权机制，最大限度地发挥技术优势，促进著作权人和社会公众之间的利益平衡。

第一，从立法上看，技术保护措施立法已经成为现代著作权法的重要组成部分。自 1996 年被《互联网公约》承认之后，对技术保护措施进行保护的立法已经逐步被纳入各国著作权法之中。[①] 美国 DMCA[②]、欧盟《指令》[③]、我国《著作权法》[④] 以及其他国家的立法都因应数字技术的挑战，规定了技术保护措施反规避条款。尽管技术保护措施被纳入著作权保护制度一定程度上是著作权产业界推动和游说的结果，但不可否认的是，技术保护措施已经成为网络环境下著作权保护的基本手段，发挥着基础性的技术功能。在网络环境下，任何著作权商业模式的构建都需要借助于技术保护措施的帮助，因此，通过法律对技术保护措施进行保护已经成为世界各国立法的必然选择。

第二，技术保护措施已经成为著作权人解决网络时代著作权保护困境的重要手段。正所谓技术的问题用技术解决，技术保护措施已经成为新技术环境下著作权人保护其权益和进行商业模式创新的重要手段，也是进行作品在线授权许可的基础要素。早在 1997 年网络技术方兴未艾之时，日本学者中山信弘就认为，信息一旦进入了数字化，可以应用户的需要提供使用，在技术上就有可能对其利用进行管理。[⑤] 借助于技术手段，以数字形式提供信息，“可以针对每一个作品，设立数字识别符号，从技术上对每次利用给以记录，从而针对具体利用，征收使用费”[⑥]。这就使多样化的、能够满足不同消费者需求的在线作品销售和许可模式成为可能。国际唱片公司联盟（IFPI）也认为，有线电视、卫星电视、软件、电影和游戏、音乐，都需要版权管理技术。数字权利管理（DRM）在数字音乐的发展进程中一直起着十分重要的作用。大部分数字音乐都是通过应用 DRM 的数字载体获得的，DRM 为用户提供了更多享受音乐的灵活选择。在实践中，iTunes 和 iPod 就是在市场上成功应用的两个典型案例。因此，数字权利管理为消费者提供了更多的灵活性和内容保护。[⑦] 欧盟委员会国际市场和服务委员会主席查理·麦克科里维（Charlie McCreevy）也

---

① 参见 WPT 第 11 条。

② 参见 DMCA 第 1201 条（a）款第 1 项。

③ 参见欧盟《指令》第 6 条之 1、第 6 条之 3。

④ 参见《著作权法》第 47 条，《条例》第 4 条、26 条。

⑤⑥ 参见〔日〕中山信弘：《多媒体与著作权》，张玉瑞译，北京，专利文献出版社，1997，第 100 页。

⑦ IFPI：《07 数字音乐报告》，载 http：//www.ifpi.org/content/library/chinesedmr08.pdf，访问日期：2016－03－20。

认为：“数字权利管理是一种将内容提供给消费者的直接付费手段。”① 欧盟委员会认为，基于各方的一致意见而建立起来一个全球性的、可兼容的数字权利管理基础设施似乎是现存法律制度的一个重要保证，也是能够有效地提供和获得受保护的内容的前提。② 由此可见，技术保护措施已经成为网络环境下解决著作权保护问题的重要手段，同时也是构建新型商业模式、进行作品在线授权许可的基础要素。我们很难想象，如果欠缺了技术保护措施，作品的在线授权和许可应如何实现。

第三，技术保护措施是网络时代其他著作权保护模式的基础，其他著作权保护模式的建立和实施，都需要借助于技术保护措施才能实现。面对数字网络技术的挑战，许多学者提出新的著作权保护模式的构想，有些已经付诸实施。例如，劳伦斯·莱斯格教授倡议发起的创作共用③、美国版权法学者威廉·W. 费舍尔教授提出的著作权补偿金保护模式。④ 尽管这些著作权保护模式的理论依据和运作模式不尽相同，但它们的建立和运作都是以技术保护措施为基础的。脱离了技术保护措施的帮助，这些著作权保护模式也无法有效地在数字环境下实施。例如，创作共用模式主要是通过数字化的作品共享协议来运行，一旦著作权人接受该协议，其作品就可以在一定条件下供他人自由使用。为了确保著作权人让渡其部分权利的创作共用许可协议的明确性、有效性和可执行性，创作共用许可协议需要标示于作品的电子文件上，这必然要借助于技术保护措施才能实现。同样，著作权补偿金保护模式是将著作权降格为获得报酬权，将公众所缴纳的作品使用的补偿金分配给著作权人，而这也需要利用技术保护措施对作品进行保护，对网络用户使用作品的次数进行计算，以作为分配补偿金数额的依据。亦即，技术保护措施将使著作权补偿金保护模式的运作和补偿金的分配更加科学。由此可见，网络环境是一种交互式环境，无论采取何种著

---

① Charlie McCreevy，Address to the EABC/BSA (European-American Business Council/Business Software Alliance)，Conference on Digital Rights' Management，at http：//ec. europa. eu/commission _ barroso/mccreevy/docs/speeches/2005-10-12/euam _ en. pdf，访问日期：2016 -05 - 21。

② See European Commission Communication，*The Management of Copyright and Related Rights in the Internal Market*. 转引自吴伟光：《数字技术环境下的著作权法危机与对策》，北京，知识产权出版社，2008，第 151 页。

③ See Creative Commons Home Page，at http：//creativecommons. org/about/history/，访问日期：2016 - 05 - 16。

④ 〔美〕威廉·W. 费舍尔：《说话算数：技术、法律以及娱乐的未来》，李旭译，上海，上海三联出版社，2008。

作权保护模式，它们的基础均是技术保护措施，都需要技术保护措施发挥其明确作品著作权归属、建构作品使用和传播机制、确定著作权利益分配方案的技术性功能。

综上，技术保护措施是数字网络技术冲击著作权制度的产物，尽管不无缺陷，但它在著作权未来保护模式的构建中占有重要的地位。以技术保护措施为基础的著作权保护模式也有其自身特点和优势，在未来网络时代能够发挥其作用。在未来著作权保护模式的建构方面，我们需要保留技术保护措施的优点，克服技术保护措施立法存在的缺陷，在制度构建上充分发挥技术保护措施在保护著作权、构建在线商业模式、促进作品使用和传播上的优势。

二、技术保护措施为基础的著作权保护模式的定位

从加密技术、水印技术直至复杂的 DRM 权利管理系统，构成了以技术措施为基础的著作权保护模式。这一模式可以借助于技术保护措施实现著作权人对作品的控制，禁止他人未经授权的使用行为。“许多版权所有者似乎希望或者期待不久的未来，这样的系统能够广泛地用来保护大量的作品，这个系统能够停止盗版和对受版权保护作品其他的非授权性使用和可以证明的非法使用。”① 在网络环境下，呈现在公众面前的是受到技术保护措施控制的作品流通体系：它可以是一种按次付费（pay-as-you-go）的许可模式，可以限制用户使用或接触作品的次数，可以收集用户使用作品的信息来判断用户使用作品的行为是否构成侵权，甚至可以直接利用技术手段阻止用户使用或接触作品。例如，苹果电脑公司的 iTunes 在线音乐店就成功地通过 DRM 权利管理系统加强了对版权作品的控制。“苹果不仅仅是因为使用了合同而使 iTunes 独一无二，更为重要的是苹果的 DRM 权利管理软件使得 iTunes 区别于以前的作品在线销售商。”② iTunes 在线音乐店虽然只是著作权人以技术保护措施为基础构建的著作权保护模式的雏形，但是已经显现技术保护措施的强大优势。由于技术保护措施的专业性，终端用户不借助于专业人士帮助，基本毫无规避能力。同时，与著作权保护休戚相关的娱乐产业也在不遗余力地推广技术保护措

① Pamela Samuelson, “Intellectual Property and the Digital Economy: Why the Anti-Circumvention Regulations Need to Be Revised”, 14 *Berkeley Tech. L. J.* 519, 565.

② Kelly Leong, “I-tunes: Have They Created A System For International Copyright Enforcement?”, 13 *New Eng. J. Int'l & Comp. L.* 365, 387.

施及 DRM 权利管理系统，将之视为未来网络环境下著作权保护模式的不二之选。有学者指出，数字技术的飞速发展为构建数字化的著作权市场提供了契机。北川善太郎即认为：“著作权市场是根据合意、契约建立起来的社会系统。它是灵活利用高科技的增值网络系统。它也是权利注册系统，可以在线完成向使用人收取复制使用费、向权利人支付费用、向使用人发送复制作品等事宜。”① 金斯伯格认为，数字环境下，借助于技术手段，公众对作品的利用发生了从“获取作品的有形复制件”到“直接欣赏作品内容”的转变。② 国际唱片公司联盟（IFPI）在其《IFPI：07 数字音乐报告》中称，数字著作权管理 DRM 系统为消费者提供了更多的灵活性和内容保护。它在数字音乐的发展进程中一直起着十分重要的作用，大部分数字音乐都是通过应用了 DRM 系统的数字载体获得的。ITune 和 iPod 是 DRM 系统在市场上成功应用的两个典型案例。目前，大约有 5 亿部手机都配置了 DRM 系统。这充分表明数字技术在保护版权方面起到的重要作用。③ 在政府层面，欧盟在著作权政策方面也开始向著作权人倾斜。2005 年，在欧盟委员会有关著作权数字权利管理的会议上，欧盟委员会国际市场和服务委员会主席查理·麦克科里维就认为：“著作权指令试图在 DRM 的使用和成员国在私人复制方面的政策方面达成一种平衡。这里 DRM 是一种将内容提供给消费者的直接的付费手段。”④ 2008 年，在布鲁塞尔召开的有关著作权和邻接权集体管理的会议上，与会者讨论了数字权利管理技术在支持新的商业模式创建方面的作用，认为其目的在于对受著作权保护的内容的合法传播和集体管理。⑤ 欧盟委员会认为，基于各方的一致意见而建立起来一个全球性的、可兼容的数字权利管理基础设施似乎是现存法律制度的一个重要保证，也是能够有效地提供和获得受保护的

① 〔日〕北川善太郎：《著作权交易市场——信息社会的法律基础》，郭慧琴译，武汉，华中科技大学出版社，2011，第 37 页。

② See Jane C. Ginsburg, “From Having Copies to Experiencing Works: The Development of an Access Right in U. S. Copyright Law”, 50 *J. Copyright Society U. S. A.* 113, 114 (2003).

③ 参见 IFPI：《07 数字音乐报告》，载 http://www.ifpi.org/content/library/chinesedmr08.pdf，访问日期：2016－05－22。

④ Charlie McCreevy, “Address to the EABC/BSA (European-American Business Council/Business Software Alliance) Conference on Digital Rights' Management”, at http://ec.europa.eu/commission_barroso/mccreevy/docs/speeches/2005-10-12/euam_en.pdf，访问日期：2016－05－22。

⑤ See “Conference calls on WIPO to Boost Support for Collective Management of Copyright and Related Rights”, at http://cip.fyfz.cn/blog/cip/index.aspx?blogid=411938，访问日期：2016－05－23。

内容的前提。[①] 可见，由于技术保护措施可以形塑各种在线作品授权机制，确保著作权人获得投资利益，维持著作权的激励效果，以技术保护措施为基础的著作权保护模式在未来被认为是最佳的著作权保护模式。

但是，作为一种终端控制模式，技术保护措施有其固有的缺陷。如果它成为网络环境下主要的著作权保护模式，就需要评估它对著作权保护所起的作用和对社会公众接受、传播信息的能力的影响。著作权法的任务是寻求作品保护和社会公众合理使用作品之间的利益平衡。著作权保护模式的建构和具体制度设计，在本质上都是在无体信息之上划定著作权人私有和社会公众自由使用的范围。"为使信息开发者、创作者从信息利用中得到补偿，形成良性循环，并不要求对复杂的所有信息的利用行为，均赋予独占，重要的是决定在什么地方对信息流通进行控制，才是最有效、现实、适当的。"[②] 著作权保护模式需要践行著作权法的立法理念，在保护著作权人私权的前提下促进知识的生产和传播，推动社会的进步。

就目前技术保护措施的立法和实践情况看，技术保护措施规则还没有建立起合理的利益平衡机制。这主要是由目前技术保护措施的属性所导致的。作为一种私力救济方式，技术保护措施是为保护著作权人利益而设，在价值取向方面偏向于著作权人。在技术保护措施立法程序中，著作权人面对分散的社会公众，能够形成较为强大的产业力量，在国家的立法进程中扮演重要的角色，通过对其有利的技术保护措施规则。技术保护措施被著作权法所保护，并不代表它就适合数字网络环境，能够妥善解决网络环境下著作权人和社会公众之间的矛盾。技术保护措施乃至高度智能化的DRM权利管理系统，尽管能为著作权人带来周全的著作权保护，但是它却无法自动分辨终端用户的合理使用行为和非法使用行为，无法为社会公众提供充足的合理使用作品和进行后续创作的空间。就此而言，未来构建新型的著作权保护模式，需要认清技术保护措施的实质和缺陷，给予其准确的定位，将技术保护措施的优势予以保留，对其可能会造成的负面影响，通过相应的制度设计予以克服。

---

① See European Commission Communication, *The Management of Copyright and Related Rights in the Internal Market*. 转引自吴伟光：《数字技术环境下的著作权法危机与对策》，北京，知识产权出版社，2008，第151页。

② 〔日〕中山信弘：《多媒体与著作权》，张玉瑞译，北京，专利文献出版社，1997，第42页。

三、技术保护措施为基础的著作权保护模式的完善

（一）增设规避技术保护措施的合理使用抗辩

为了促使作品正外部性的释放，未来以技术保护措施为基础的著作权保护模式，需要首先在著作权法中完善规避技术保护措施的合理使用抗辩规则，使用户能够基于合理使用的目的破解技术保护措施，对作品进行合理使用和后续创作。

正如前文所述，美国 DMCA 并没有明确规定合理使用可以作为规避控制接触作品的技术保护措施的抗辩。亦即，原则上用户不得依据合理使用规则来破解控制接触作品的技术保护措施。据此，著作权人可以利用技术保护措施排除他人对其作品的任何接触，无论这种使用是否是合理使用。显然，在著作权市场失灵的情况下，这有可能排斥能够产生巨大正外部性的作品使用行为，使合理使用制度无法发挥其作用。欧盟的《指令》在技术保护措施立法上尽管采取了自愿措施与强制提供相结合的模式，但是由于《指令》并未明确对自愿措施提出具体要求，导致这一条款缺乏可执行性，加之欧盟立法并不区分控制接触作品的技术保护措施和版权保护技术保护措施，对各类技术保护措施均加以保护，也禁止为规避技术保护措施提供帮助行为，这就给公众合理使用作品带来很大的不便。从我国著作权法技术保护措施的规定来看，我国立法也并未考虑到公众对作品进行合理使用的需求。我国《著作权法》仅在第 48 条规定禁止故意避开或者破坏著作权人的技术保护措施，但却并未规定可以规避技术保护措施的例外情形。我国《条例》第 12 条规定了规避技术保护措施的例外事由，主要包括课堂教学或者科学研究、执行公务、安全性测试等。① 但是，该条款规定的例外主要是针对信息网络传播权，而且规定的例外情形较少②，远远不能将各种合理使用行为包括在内，致使该条款脱离现实，无法发挥其应有功效。例如，用户通过合法途径获得一部电影作品，拟截取这一电影作品的片段用于课堂教学、批评或评论。但是，如果该电影作品被技术保护措施保护，由于我国《著作权法》或《条例》并未规定为课堂教学、批评或者评论可以规避技术保护措施，故该用户便无法援引规避技术保护

① 参见《条例》第 12 条。

② 例如，为课堂教学或者科学研究规避技术保护措施仅限于只能通过信息网络获取的作品、表演、录音录像制品。此外，为批评或者评论、滑稽模仿、新闻报道等接触或者少量使用作品的行为都未纳入该条规定的可以避开技术保护措施的情形。

措施的条款来实现对电影作品的合理使用，其实施规避的行为也是一种违法行为。不仅如此，我国《条例》第 12 条还“一刀切”式地规定不得向他人提供避开技术保护措施的技术、装置或部件，没有规定任何例外情形。这样，即便根据《著作权法》的规定，使用者符合著作权法上合理使用的要求，可以规避技术保护措施并对作品进行合理使用，但是由于《条例》明文禁止为规避行为提供帮助，这样，他人便无法为使用者提供帮助行为，如果拟对作品进行合理使用的人不具备破解技术保护措施的能力，则无法规避技术保护措施，顺利实现对作品的合理使用。这就使合理使用制度的利益调节功能大打折扣，由此造成的结果是，能够产生巨大正外部性、对社会极有价值的使用行为就很有可能不会发生。

在我国公布的《著作权法修订草案》送审稿中，技术保护措施条款基本沿用了以往立法的规定，能够规避技术保护措施的例外情形规定得较少，没有充分考虑社会公众合理使用作品的需求。《著作权法修订草案》第 69 条规定：为保护著作权和相关权，权利人可以采用技术保护措施。未经许可，任何组织或者个人不得故意避开或者破坏技术保护措施，不得故意制造、进口或者向公众提供主要用于避开或者破坏技术保护措施的装置或者部件，不得故意为他人避开或者破坏技术保护措施提供技术或者服务，但是法律、行政法规另有规定的除外。第 71 条规定：下列情形可以避开技术保护措施，但不得向他人提供避开技术保护措施的技术、装置或者部件，不得侵犯权利人依法享有的其他权利：（1）为学校课堂教学或者科学研究，向少数教学、科研人员提供已经发表的作品、表演、录音制品或者广播电视节目，而该作品、表演、录音制品或者广播电视节目无法通过正常途径获取；（2）不以营利为目的，以盲人能够感知的独特方式向盲人提供已经发表的作品，而该作品无法通过正常途径获取；（3）国家机关依照行政、司法程序执行公务；（4）具有安全测试资质的机构对计算机及其系统或者网络的安全性能进行测试；（5）进行加密研究或者计算机程序反向工程研究。由这些规定可知，我国《著作权法修订草案》依然沿用现行《著作权法》和《条例》的做法，规定除课堂教学研究、向盲人提供、执行公务、计算机安全性测试、加密研究这几种少数例外以外，禁止对技术保护措施进行规避，也禁止向规避行为提供帮助。立法草案规定的能够规避技术保护措施的例外情形太少，缺乏一般性的合理使用抗辩，过于固定僵化，无法适应技术的发展，满足公众合理使用作品的需求。

由此，为发挥合理使用制度的功效，充分释放作品的正外部性，必须将合理使用的行为类型化，在《著作权法》中明确规定使用者出于合理使用的目的可以规避技术保护措施的例外情形，并设置概括性的兜底条款，以适应未来作品使用方式的发展。具体规则设计上，可将课堂教学、学习和科研、新闻报道、批评与评论等具有广泛正外部性，能够极大增加社会福利，同时不会实质性减损作品创作激励的作品使用行为确定为合理使用，并明确规定消费者以这些方式合理使用作品，可以对技术保护措施进行规避，同时他人也可以基于这些合理使用情形为规避者提供必要的帮助。但该使用行为和帮助行为不得与作品的正常使用相冲突，也不得不合理地损害著作权人的利益。

（二）协调规避技术保护措施与维护著作权人商业模式的关系

基于合理使用目的对作品的技术保护措施予以规避可能会影响到著作权人在线商业模式的正常运行，因此立法需要协调好规避技术保护措施与维护著作权人商业模式之间的关系。在网络环境下，著作权人通常会在其作品上设置控制接触作品的技术保护措施，未经许可公众无法接触作品。如果公众在任何情况下都可以以合理使用为抗辩理由规避控制接触作品的技术保护措施，而不用承担法律责任，则很多人都可能会滥用合理使用抗辩，借合理使用之名任意规避著作权人的技术保护措施，行免费使用之实。这样，著作权人的控制接触作品的技术保护措施将无法发挥作用，著作权人利用技术手段形塑的作品在线商业模式也将无法正常运行。社会将出现利益寻租行为，这将严重损害著作权人的利益，减损著作权法的激励效果。为此，有两种可供参考的做法可以避免著作权人遭受损失，使著作权人的控制接触作品的技术保护措施在允许他人合理使用作品的情况下依然能够发挥功效。

方法之一：立法可以规定只有作品经过著作权人授权，在合法获取或合法接触之后，后续使用人为合理使用之目的，才可以对作品之上的技术保护措施进行规避。亦即，使用者不得以合理使用为理由，在未经授权的情况下随意规避著作权人的控制接触作品的技术保护措施，破坏著作权人的在线商业模式。首先，用户应经过著作权人的授权，合法获得作品的复制件或能够合法接触作品。此后，该用户需要对合法授权获得的作品复制件或能够合法接触的作品进行合理使用，才可以对作品上的技术保护措施进行规避。同时，除合理使用限定的范围外，不得将作品传播给不特定的公众使用，如上传到互联网供他人接触或使用。例如，使用者经过合法授权获得加装了技术保护措施的电子版图书一部，使用者想与其朋友讨论、学习该书的某一部分内容。于此情形，该使用者可以对电子版本图书上的保护著作权的技术保护措施或控制接触的技术保护措施进行规避，并将图书相应内容传播给其朋友，其朋友亦可以在接受该电子版本图书之后，以合理使用目的对技术保护措施进行规避。但是，双方不得将破解之后的图书向不特定公众传播或超出合理使用的范围供他人使用。可以看出，这一立法设计协调了规避技术保护措施与维持著作权人在线商业模式之间的关系。著作权人的在线商业模式不会被破坏，社会公众也有更大的合理使用作品的空间。

实际上，这一做法在一些国家或地区的立法之中已经有所体现。欧盟《指令》在第 6 条第 4 款第 1 项的规定涉及自愿措施和强制提供，其中明确规定，成员国应当采取适当措施保证受益者能够从限制和例外中获益，但是前提条件是受益者对受保护的作品或者其他客体有合法的获得权。亦即，要实现限制和例外，使用者必须首先合法获取作品。在合法获取作品之后，基于该合法获取的作品的后续合理使用行为应当不受技术保护措施的影响。合法获取作品前提条件的设置，实际上有利于对著作权的保护，防止使用者任意以限制和例外为借口，随意破解著作权人的技术保护措施，让著作权人的在线商业模式无法正常运行。

方法之二：为防止用户滥用权利，以合理使用为借口任意对著作权人的技术保护措施进行规避，妨碍著作权人在线商业模式的运作，法律可以确立一个中立的第三方登记机构为用户规避技术保护措施提供服务。用户以合理使用为目的规避控制接触作品技术保护措施，需要签署诚信使用作品的声明，并在第三方登记机构登记个人身份和作品使用的方式、程度或范围的信息，第三方机构经形式审查符合要求予以批准后，用户才能够对技术保护措施进行规避。技术保护措施被规避之后，使用人的使用行为必须严格限制在事先所申明和登记的合理使用作品的范围之内。如果使用人的行为违反了著作权法的规定和其事先所申明登记之信息，则著作权人可以提交初步证据，通过第三方登记机构获得使用人的个人信息，追究使用人的侵权责任。不仅如此，为增强公众合理使用作品的能力，第三方登记机构或经第三方登记机构认可的人员，也可以向合理使用作品的使用者提供规避技术保护措施工具、设备或服务，但是不得向其他主体提供规避工具、设备或服务，也不得公开传播规避工具、设备。法律为此可以要求著作权人必须向中立的第三方登记机构缴存不含技术保护措施的作品版本，或者提供规避技术保护措施的有效工具或方法，以方便用户在申请合理使用作品时有足够的能力获得作品。美国学者博克（Burk）和柯恩（Cohen）就提倡建立能够允许用户进行合理使用的数字权利管理系统。[①] 我国法官朱理也提议，可以通过技术保护措施，在控制获取和控制复制的技术保护措施中为自由使用保留空间。这种技术保护措施可以根据法律明确规定的具体限制或例外所豁免之行为，允许使用者自由决定实施该行为。[②]

上述制度设计，可以妥善协调技术保护措施规则和合理使用制度之间的关系。其一，通过立法设立技术保护措施反规避条款，确保技术保护措施能够发挥其功效，禁止对作品任意的“搭便车”行为，防止作品变为完全的公共产品，为作品生产和传播提供充分的激励。其二，利用新技术构建技术保护措施保护与合理使用共存的新机制，防止技术保护措施阻止用户对作品的合理使用行为，使使用者可以利用合理使用制度规避技术保护措施，在特定情形下使用作品，充分释放作品的正外部性。其三，防止公众滥用合理使用抗辩，借合理使用之名行个人使用之实，破坏著作权人的在线商业模式，使著作权的激励效果在网络时代得以维系。

（三）构建合理使用与技术保护措施互相配合的权利保护系统

著作权法不仅应完善技术保护措施的例外条款，还应积极探索网络环境下合理使用制度运用的新模式，构建新的能够与用户合理使用作品相兼容的技术保护措施和 DRM 系统。这样，以技术保护措施为基础的著作权保护模式才能够更好地满足消费者的需求，在保障著作权的同时确保公众能够合理使用作品。

技术手段既然可以用来阻止用户对作品的接触和使用，当然可以用以帮助用户对作品进行使用，亦即，技术保护措施和 DRM 系统并非无法与合理使用“友好共存”。技术保护措施和 DRM 系统作为代码，可以依照特定的目标进行形塑，通过相应的技术设计，使技术保护措施和 DRM 系统用来帮助用户更好地对作品进行使用。从技术角度而言，技术保护措施和 DRM 系统完全可以保留用户合理使用作品的空间。“DRM 技术并非天生用来限制合理使用权利，相反，通过 DRM 限制合理使用仅是在 DRM 设计者采用的许多替代性设计中简单的选择之一。”“通过保留而非限制合

① See Dan L. Burk and Julie E. Cohen, “Fair Use Infrastructure for Rights Management Systems”, 15 *Harv. J. Law & Tec.* 41, 55 (2001).

② 参见朱理：《著作权的边界——信息社会著作权的限制于例外研究》，北京，北京大学出版社，2011，第 197 页。

理使用，未来的DRM技术有可能改变目前这种法律和技术之间分离的状态。”①

目前一些最常见的DRM系统通过技术手段预设了著作权人允许终端使用者实施的行为类型，“使用许可直接被译为编码附在购买的内容或者附随的元数据内”②。例如，著作权人在其电子书中预设了每次复制5页、每天不超过20页的电子书内容的使用许可，使用者就可以以合理使用为目的复制图书的相关内容，而无须担心是否构成侵权。但除此之外，使用者的行为都受到了技术保护措施的严格限制，需要得到著作权人许可。这种DRM系统一定程度上保留了用户合理使用作品的空间，使消费者可以更自由地使用作品，但由于是一种硬性缺省设置，用户没有讨价还价的余地，只能从事技术编码允许的作品使用行为。在用户需要对作品进行某种合理使用，但该DRM系统尚未将该使用设置为允许的使用行为时，用户就无法实施相关行为，倘若立法上又无相应破解技术保护措施例外情形的规定，便会发生技术保护措施与合理使用相互冲突的现象。因此，这种DRM系统难谓先进。

近年来，一些学者和计算机专家提出了新的DRM系统设计思路，试图克服上述DRM系统单一固定的缺陷，力求使DRM系统更大限度地包容用户的合理使用行为。学者的这一构思被称为远程授权（remote authorization），即在使用者需要对作品进行某种合理使用，但DRM系统未设置该使用的缺省许可之时，通过外部的批准机制允许使用者为该种使用。该外部批准机制的负责人可以是著作权人，但由中立的第三方来担任更为合适。“使用者收到的受到保护的数字文件包含联系外部批准者的机制，该外部授权者许可以特定方式使用作品的请求。”③“如果该批准机构同意该请求，执行程序会允许这种使用，否则便阻止接触。”④外部批准机制加入了第三方的审核和批准程序，改变了缺省设置式DRM系统的僵化，有助于用户合理使用作品。但是这一机制也存在着弊端：首先，合理使用行为多为随机发生，用户往往是在使用作品或进行创作的过程中想要对作品进行合理使用，并无事先的计划。因此，要求用户在每次合理使用

① Timothy K. Armstrong, “Digital Rights Management and the Process of Fair Use”, 20 *Harv. J. Law & Tec.* 49, 51.

② Ibid., 69.

③ Ibid., 74.

④ Ibid., 75.

时都要履行申请程序，连接远程服务器联系批准事宜，再经由第三方审核和批准，成本较高，不符合创作本身随机性强的特点。往往这一程序履行完毕，用户已经没有了合理使用的需求。其次，在法律上，合理使用是指无需著作权人的任何许可便可以直接对作品进行自由使用。亦即，合理使用是一种法律允许的行为，无须任何人许可。需要通过申请并经过批准才能够对作品进行合理使用，实际上已经要求合理使用行为必须经过批准才能实施。这背离了合理使用制度设立的初衷，与合理使用的法律性质相违背。

为解决远程授权面临的问题，学者和计算机专家提出了新的DRM设计思路。该设计思路改变了以往消费者处于被动地位的状态，使消费者能够积极地对作品进行合理使用。该设计思路的具体内容包括三个方面：首先，消费者能够以任何方式接触和使用受著作权保护的作品，不必得到任何外部批准者的在先批准。其次，一种审核记录机制将保存消费者的权利主张信息，以便于监督消费者的行为，一旦消费者滥用其权利，著作权人可以追究其侵权责任。最后，身份由第三者保存的机制将采取密码技术隐藏使用者的身份，只有在著作权人需要追究滥用该DRM系统的消费者的责任之时才予以披露。① 亦即，当消费者滥用其权利，使用作品超出了合理使用的限度时，著作权人就可以申请要求披露该消费者的信息，以便于追究其侵权责任。显然，这种DRM系统取消了外部的批准机制，侧重于保护消费者的利益。经过申请，消费者便可对作品进行合理使用，不必得到预先批准。审核记录则保护著作权人的利益，使著作权人可以追究那些滥用该DRM系统的消费者。我国法官朱理也建议，可以采取自愿措施和第三方介入相结合的技术保护措施立法模式。首先鼓励著作权人自愿通过技术保护措施为自由使用保留空间，采取技术保护措施的著作权人必须向第三方交存破解技术保护措施的工具或者提供不受技术保护措施保护的作品电子版本。当著作权人没有采取自愿措施时，第三方可以向使用者发放破解工具或提供解密版本，使使用者可以实施合理使用行为。该第三方最好是公共投资设立的机构。②

---

① See Timothy K. Armstrong, “Digital Rights Management and the Process of Fair Use”, 20 *Harv. J. Law & Tec.* 49, 99 - 107.

② 参见朱理：《著作权的边界——信息社会著作权的限制于例外研究》，北京，北京大学出版社，2011，第200页。

上述DRM系统的新设计都尝试将技术保护措施和用户合理使用作品的行为相协调。这表明，技术保护措施和DRM系统可以容纳用户的合理使用行为，兼顾社会公众利益，在著作权人和社会公众间谋求利益平衡。显然，在未来网络时代，技术保护措施和DRM系统若要更好地发挥其作用，赢得消费者，赢得市场，就必须处理好其与合理使用的关系。只有承认社会公众有合理使用作品的权益，允许消费者以合理的方式对作品进行合理使用，以技术保护措施为基础的著作权保护模式才能够在网络时代得到更多消费者的支持，成为不同主体利益共赢的制度选择。未来网络技术会越来越发达，著作权人实际上也已经意识到，只有方便消费者、满足消费者的购物体验和对作品的使用需求，才能够在激烈的市场竞争中生存、发展。一旦著作权人开发出更好的能够兼顾消费者利益的商业模式，则以技术保护措施为基础的著作权保护模式必将发挥其功效，造福于社会。

第四章 “共享路径”：共享协议为基础的著作权保护模式

引 言

著作权人为解决网络著作权保护的难题，采用技术保护措施保护其作品。技术保护措施虽然在著作权保护中扮演重要角色，但存在着控制过严的弊端。由于技术保护措施例外条款范围狭窄且僵化，公众对知识的接触和交流受到了影响。在这种情况下，一些学者发起了共享协议运动，表达对著作权人权利扩张的不满，寻求新的著作权实践方案。这些共享协议运动以作品的自由传播和共享为理念，提倡共享作品、繁荣创作、促进创新，意在通过对传统著作权保护模式的改革，使公众能够便捷地使用他人作品，提升社会创新能力。共享协议运动主要包括斯托曼倡导的开源软件、莱斯格发起的创作共用，以及在学术界逐步推广的开放获取。这些共享协议运动发展迅速，形成了一股牵制著作权权利扩张的力量。

开源软件、创作共用、开放存取等共享协议模式，在价值理念和运作机制上都不同于传统的著作权保护模式，具有重要的理论价值和实践意义。那么，以共享协议为基础的著作权保护模式的法律性质是什么呢？在著作权体系下，这种保护模式具有哪些优势与缺陷？应当如何对其定位并与传统的著作权保护模式相衔接？在未来网络环境下，又应当如何对其改革，以更好地适应新技术的发展？这些都是共享协议为基础的著作权保护模式面临的问题。本章将分析共享协议为基础的著作权保护模式的运作机制、价值理念、法律性质、在著作权体系中的定位和改革，为相关法律制度的完善提供参考。

第一节　共享协议运动的兴起

数字网络时代，立法进一步强化著作权的保护，著作权人也采取技术保护措施控制其作品的使用和传播。这给社会公众合理使用作品和进行后续创作带来了困难。许多人对著作权的扩张持质疑态度。他们认为，著作权的过度保护不利于人们接受和传播作品信息，不利于社会的后续创作。为了减弱著作权过度保护引发的作品使用和创新难题，人们开始寻求构建新型的著作权保护模式，一些人士发起了作品共享的运动。这些作品共享运动以作品的共享协议为核心，鼓励人们放弃或让渡著作权，使受著作权保护的作品成为公共领域的作品，使公众能够以较低的成本接触和使用他人作品，促进言论自由和创新。目前较有影响力的共享协议运动是“创作共用”和开放获取，下文将分述之。

一、共享协议运动兴起的社会背景

共享协议运动之所以蓬勃兴起，有其特定的社会原因。学界通说认为，共享协议运动的推行是为了抵制著作权的扩张，使社会公众能够自由地使用他人作品，进行后续创作，繁荣文化和提升社会创新能力。

随着技术的发展，著作权在保护客体、保护内容、保护期限等方面不断扩张。进入数字网络时代之后，技术保护措施的出现又进一步强化了著作权保护。一些学者认为，目前的著作权法存在着过度保护的问题。①

著作权的客体——作品——具有非排他性和非竞争性，作品的非排他性指作品的排他成本很高，很难排除他人对其作品的“搭便车”，作品的非竞争性是指一旦作品被创作出来，一个人的使用并不会影响其他人对该作品的使用，不同的人可以同时对一部作品加以使用。此外，著作权保护的客体是无体性的知识，具有公共性、自然属性方面的共享性和演进方面的历史继承性。

知识的公共性主要体现在知识的主体和知识的形式这两个方面，它是知识的社会属性，意味着知识在本质上是社会的而不是个人的。知识的共

① See Adrienne K. Goss, “Codifying a Commons: Copyright, Copyleft, and the Creative Commons Project”, 82 *Chi-Kent L. Rev.* 963, 970.

享性来源于其非竞争性，即同一知识在同一时间内可以由两个或者两个以上的人以同样的方式使用。[①] 它表明对于知识这种公共产品来说，使用的人越多，越能发挥其效益。

知识的历史继承性则表明任何知识都不是凭空而生的，它必然依据前人积累的已有知识作为创作素材。著作权的过强保护会给人们后续的创作带来巨大成本，不利于后续创新。

由于著作权的保护客体具有这些不同于有体物的属性，著作权法必须在不同主体之间维持精妙的平衡。著作权本身的设置，激励了作品的创作和传播，使作品创作的数量和质量都有所提高，作品传播的范围也日益扩大。但是，著作权的强化保护并不一定能够带来作品创作和传播效益的最大化。作品的创作是一个汲取前人成果、在他人已有知识积累的基础上进一步创新的过程。著作权的强化保护将带来作品接触成本和创作成本的提高，使作品的后续创作和传播受到影响。

经济学“公地悲剧”的原理也表明著作权的强化并不利于知识的传播和创新。“公地悲剧”主要指在一种资源之上存在多种权利，人们都可以使用该资源，无权阻止他人使用，导致对资源的过度使用。著作权的设置，赋予了私主体排他性的私人产权，将作品的外部性予以内部化，避免了“公地悲剧”的出现。然而，私权的过度强化又容易产生“反公地悲剧”，即由于产权设置的不合理，使用资源的人较少，资源没有得到充分利用，其价值并未得到最大限度的发挥。1998 年，美国黑勒教授（Michael A. Heller）在 *The Tragedy of Anti-Commons* 一文中提出了“反公地悲剧”理论模型。他说，尽管哈丁教授的“公地悲剧”说明了人们过度利用（overuse）公共资源的恶果，但他却忽视了资源未被充分利用（underuse）的可能性。在公地内，存在着很多权利所有者，为了达到某种目的，每个当事人都有权阻止其他人使用该资源或相互设置使用障碍，而没有人拥有有效的使用权，导致资源的闲置和使用不足，造成浪费，于是就发生了“反公地悲剧”[②]。“反公地悲剧”产权设置的不合理，导致资源使用的交易成本过高，资源难以被有效率地利用，产生了经济上的负外部性。

“反公地悲剧”理论同样给著作权保护以启示。创新不能凭空而生，

---

① 参见王太平、杨峰：《知识产权法中的公共领域》，《法学研究》2008 年第 1 期。

② http：//baike. baidu. com/link？url=m _ VxDQnn4A8wEycu2CTUj3vtw2rrMst4nJhlG0BWh77x _ OHJY-cYHXNXnPydW3oKakYj8RTi9ybC5EPGnXm-2a，访问日期：2016－06－11。

创新的过程有赖于对前人成果的学习和利用。著作权在给予私主体产权激励的同时，不能忽略社会公众对已有知识进行学习、利用和再创作的需求。立法必须建立合理的利益平衡机制，防止著作权过度强化，维持充足的公共产品供给，防止“反公地悲剧”的发生。就目前来看，随着著作权保护客体、保护内容的扩张，著作权保护期的延长，技术保护措施的采用，合理使用空间的压缩，著作权法存在着过强保护的问题。有学者就指出：“目前程度的版权法给创新的过程施加了极端而复杂的规则，这对激励创新和创造并无太大帮助。目前有一种有力的观点认为，版权存续的复杂体系导致了混乱，这与版权保护最初所要达到的目的是相冲突的。”①

“创作共用”等共享协议运动正是在这一背景之下发起的。共享协议运动的发起者对著作权的强保护表达了忧虑。他们之所以创设作品的共享协议机制，主要目的也在于抵制著作权的扩张，降低作品的交易成本，促进作品的传播和创新。“创作共用”的发起人劳伦斯·莱斯格教授就指出，目前的版权体系主要存在三个方面的危害：对创作者的束缚、对创新者（主要是新技术的开发者）的制约、对公民的腐化。莱斯格认为，“我们正在丧失创造机会。有创意的人们现在受到限制，不能表达自己的想法。思想被禁锢了。就算仍有创意作品问世，它们现在却不能被广泛传播。除非律师声明著作权问题不存在疑问”②。因此，莱斯格创设了“创作共用”，“最终的目的在于促进创作者之间的协作，以便于有广泛的内容储备可供利用，促进共享、公共教育和创造性的交流”③。

二、创作共用的发起

“创作共用”建立于2001年，由美国斯坦福大学法学院教授劳伦斯·莱斯格倡议发起，“由网络法和知识产权法专家组成的指导委员会领导”④。“创作共用”在性质上是非营利性的公益组织，其所构建的是一种作品的自由使用机制，“致力于人们能够在尊重版权法的前提下更加容易地分享和利用他人的作品”⑤。莱斯格教授希望通过建立“创作共用”的

① Adrienne K. Goss，“Codifying a Commons：Copyright，Copyleft，and the Creative Commons Project”，82 *Chi-Kent L. Rev.* 963，971.

② 〔美〕劳伦斯·莱斯格：《免费文化》，王师译，北京，中信出版社，2009，第155页。

③ Severine Dusollier，“The Master's Tools v. the Master's House：Creative Commons v. Copyright”，29 *Colum. J. L. & Arts.* 271，279－280.

④⑤ Creative Commons Home Page，at http：//creativecommons. org/about/history/，访问日期：2016－04－16。

作品共享使用机制，推动作品公共领域的发展，为社会公众使用作品和进行后续创作提供帮助。

"创作共用"机制的运行主要依靠于创作共用组织提供的作品共享许可协议。著作权人通过"创作共用"提供的作品共享许可协议，将其部分权利许可给他人，使人们能够在阅读"创作共用"许可协议之后明确使用作品的权利、义务，更便捷地使用著作权人的作品，不必担心著作权侵权的问题。"我们提供自由的许可协议以及其他法律工具，赋予创造性作品自由的特征，这是创作者所愿意的。这样其他的人可以对作品进行分享、重新创作、商业性使用，或者其他方式综合的使用。"① "创作共用"许可协议包括四项基本要素：（1）署名。允许使用者对作品进行复制、发行、表演、信息网络传播等，但必须按照作者或者许可人指定的方式对作品进行署名。（2）非商业性使用，即允许使用者对作品进行复制、发行、表演、信息网络传播等，但只允许对作品进行非商业性使用。（3）禁止演绎，即只允许使用者对作品进行原封不动的复制、发行、表演、信息网络传播等，不得修改、转换或者以该作品为基础进行新的创作。（4）相同方式共享，即如果要改变、转换该作品或者以该作品为基础进行创作，只能采用与本协议相同的许可协议发布基于该作品的演绎作品。② 著作权人可以根据"创作共用"提供的协议，选择不同的基本要素加以组合，形成符合著作权人意愿的创作共用协议，将之标示在作品上供使用者选择。就"创作共用"的协议而言，有三种不同的表达方式。（1）普通文本；（2）法律文本；（3）元数据。普通文本以简明扼要的摘要和标准化的图示构成，方便作品的使用者了解协议的基本内容。法律文本主要规定接受创作共用协议的著作权人和使用者在法律上的权利义务关系，在发生纠纷时可以依据法律文本向法院提起诉讼，寻求法律救济。元数据是机读语言，方便计算机、搜索引擎等对作品上的创作共用协议进行阅读和确认。为了便于人们了解不同创作共用协议的内容，"创作共用"采取了可视化协议（human-readable license）的形式，用不同符号形象地表示作品使用许可的基本内容。当数字化格式的作品在网络上传播时，这些表示许可内容的符号就标示在作品的显著位置，方便使用者了解许可内容。创作共用协议的另一特

① Creative Commons Home Page，at http：//creativecommons.org/about/，访问日期：2016-04-16。

② 参见傅蓉：《知识共享许可协议》，《图书馆》2006年第4期。

点在于其包含的“相同方式共享”要素。他人对“相同方式共享”的作品进行后续演绎创作所形成的作品，也必须接受与原作品相同的创作共用协议。这就保证了以原作品为基础形成的演绎作品都将采取同样的创作共用协议，方便了人们的使用，也使创作共用协议下的作品能够逐渐增多。

正如前文所言，著作权保护的强化给作品的传播和使用带来了困难。创作者在进行创作时，不可避免地要对在先的受著作权保护的作品进行使用。而按照著作权法的规定，除合理使用和法定许可等少数例外之外，创作者对作品的复制、发行、表演、信息网络传播、演绎等，无论其是否具有商业性质，都受到著作权人专有权利的控制。即便是创作者对他人作品的非商业使用，也可能由于商业使用和非商业使用之间模糊的界限而面临著作权人的法律诉讼，承担法律风险。这可能导致“寒蝉效应”，使创作者不愿意或不敢使用在先的作品，从而给社会创新和文化传承带来不利影响。而“创作共用”创新性地使用了标准化的作品许可协议，只要著作权人愿意对其作品采用创作共用协议，就意味着使用者可以按照创作共用协议规定的内容，以特定方式使用著作权人的作品。这降低了作品的交易成本，减弱了著作权强保护给作品使用和传播带来的负面影响，有利于作品的后续创作和传播。

莱斯格教授发起的“创作共用”得到了社会的积极响应，许多国家都推出了以当地文字翻译而成的创作共用协议。目前，参与“创作共用”的国家和地区已经包括美国、澳大利亚、法国、加拿大、日本、中国以及我国的台湾地区等。许多作者也响应莱斯格教授的号召，采用创作共用协议发表和传播自己的作品。例如，科普作家科利·多克托罗（Cory Doctorow）就将自己的新作 *Down and Out in the Magic Kingdom Whuffie Ring* 上传到网上，按照创作共用协议授权，供网民免费下载阅读。马克·库珀（Marck Cooper）的新书也宣布采用创作共用协议发行。[①] 在我国，专注于互联网和搜索引擎的知名 IT 科技博客月光博客，对其站点作品也采取了创作共用协议发布。[②] 2004 年，中国人民大学法学院成为“创作共用”在我国的合作机构。2006 年，在北京举行了“简体中文版知识共享协议发布会暨数字化时代的知识产权与知识共享国际会议”，会上

① 参见宋学超：《CC 应当缓行》，《法律适用》2006 年第 10 期。

② http：//www. williamlong. info/，访问日期：2016 - 05 - 16。

正式发布了创作共用许可协议中国 2.5 版[①]，将“创作共用”在中国推向深入。应当说，“创作共用”自推出以来，在许多国家和地区推广和应用，其合作共享的理念也逐渐深入人心。

三、“开放获取”的发展

“开放获取”是 20 世纪末国际科学界、学术界、图书馆界为了推动研究成果的交流和共享，利用互联网建立起来的学术交流、传播和共享机制。“开放获取”的主要目的是促进学术作品的交流和共享，降低科研人员获取学术作品资源的难度和成本，促进科学研究领域的创新。

2002 年 2 月，开放社会协会（the Open Society Institute，OSI）发布了布达佩斯开放获取计划（Budapest Open Access Initiative，BOAI）。这一计划对“开放获取”进行了详细介绍。BOAI 对“开放获取”的定义是：对于某文献，存在多种不同级别和种类的、范围更广、更容易操作的存取方法。对某文献的“开放获取”即意味着它在公共因特网络上可以被免费获取，并允许任何用户阅读、下载、复制、传播、打印、检索、链接这些文献的全文，也允许用户将其汇编并为之建立索引，用作软件的输入数据或其他任何合法用途。除了访问因特网络本身会有限制外，用户在使用该文献时不受经济的、法律的或技术的其他限制。对其复制和传播的唯一限制，或者说在此领域内版权就是指作者有权保持其作品的完整性并且当其作品被引用时应标明出处并致谢。[②] 亦即，使用者在使用开放获取作品时，要尊重作者的精神权利。学者评价认为：“在构建有益的开放获取原则的同时，需要包含作为私有财产权方面的法律策略。除非这项获取是完全开放的以外，需要给予警告，这种做法十分有益。”[③] 实践中，许多开放存取期刊选择了莱斯格“创作共用”的许可协议条款进行授权，一般会保障用户复制、分发、展示及表演作品，创作衍生作品、进行商业利用等权利，同时也会保护作者的精神权利，要求作品的使用者必须按照作者或许可人所指定的方式保留其姓名标示。[④] 可见，“开放获取”与“创作

---

① 傅蓉：《知识共享许可协议》，《图书馆》2006 年第 4 期。

② 参见傅蓉：《开放存取的版权问题》，《图书馆理论与实践》2006 年第 5 期；Bethesda Statement on Open Access Publishing，载 http：//www.earlham.edu/～peters/fos/bethesda.htm，访问日期：2016－06－17。

③ Ann Bartow，“Open Access Publishing and the Future of Legal Scholarship：Open Access，Law，Knowledge，Copyrights，Dominance and Subordination”，10 *Lewis & Clark L. Rev.* 869，883.

④ 参见秦珂：《开放存取的版权政策及其构建》，《图书馆工作与研究》2008 年第 1 期。

共用”的运作机制相类似，实际上也是向用户提供作品许可的协议：对于其所收录的作品，用户可以按照相应的协议进行使用，但要尊重作者的署名权和保护作品完整权等精神权利。

在学术研究领域，“开放获取”主要通过两种途径实现：“开放获取”期刊和“开放获取”仓储。“开放获取”期刊是“开放获取”出版的主要方式，主要为了应对目前学术刊物在出版商控制之下价格持续上涨、公众不易获取带来的困境。在传统著作权出版模式下，出版商主要通过用户支付著作权使用费来获取商业利润，出版商也通过垄断地位不断在价格上谋求利益的最大化。许多科研机构和图书馆在面对价格上涨的形势下都缩减了购买图书和期刊的预算，停购了部分书刊，而这不利于科研和学术创新活动的开展。据统计，美国研究图书馆在1998—1999年支付的期刊订购费是1985—1986年支付费用的2.7倍，然而，期刊的订阅数量却下降了6%。在过去的15年间，专著的购买量也下降了26%。[①] 为应对这种局面，“开放获取”期刊采取“作者付费（或机构付费出版，读者免费使用）”的运行机制，使科研院所和图书馆能够利用互联网以较低的成本获得需要的信息。例如美国的《公共科学图书馆（生物学卷）》就采取了“开放获取”机制。该电子期刊对读者免费，但向论文作者收费，一篇论文收取1 500美元。其目标是创办一种与《科学》《自然》《细胞》等相媲美的、具有国际顶尖水平的高质量、权威型科学期刊。目前，国外很多自然科学刊物越来越倾向于加入“开放获取”期刊的行列[②]，以方便其他人进行学习和研究。“开放获取”仓储是“开放获取”的另一种类型，类似于电子数据库，提供多种检索条件，为学术科研的顺利进行提供便捷的搜索和使用条件。各种类型的信息，如学术论文、科研数据以及技术资料和科学报告等，都可以存放其中。例如，美国麻省理工学院（MIT）和惠普公司共同开发了第一个基于DSpace系统的机构数据库。此后，DSpace系统逐渐向世界其他国家扩展，如在英国、加拿大等国家都有其合作者。该库用以处理本校教师和科研人员每年完成的电子版学术科研成果，其中包括论文期刊、技术报告、会议论文以及MIT认为重要的其他资料，类型涵盖文本、音频、视频、图片等多种类型，不过它并不收录MIT学生的

① See Martha Kyrillidou, “Journal Costs: Current Trends & Future Scenarios for 2020”, at http: //www. arl. org/bm~doc/costs. pdf，访问日期：2016-05-17。

② 参见蒋永福：《国际社会关于公共信息开放获取的认识与行动》，《国外社会科学》2007年第2期。

研究资料、机构资料以及非 MIT 教师的研究成果。并且，该系统可以对其中资源进行统一的搜集、保存和管理，其软件是 21 世纪初机构数据库中应用范围最广的一种。[①] 在社会科学研究方面，比较著名的“开放获取”仓储是 SSRN（Social Science Research Network）。“对于法学教授来说也许最著名的开放获取资源是社会科学研究库，它是多种学科（包括法律）全文论文搜索的一个开放获取仓储。它于 1994 年 10 月建立，到目前为止已有超过 126 000 条论文摘要和 97 900 篇全文论文。”[②] 随着“开放获取”的逐步推行，中国一些公司和机构也推出了自己的“开放获取”平台。中国教育图书进出口公司就推出了 Socolar 服务项目：一方面对世界上重要的“开放获取”期刊和“开放获取”仓储资源进行全面的收集和整理，另一方面也对重要的“开放获取”期刊和“开放获取”资源提供统一的检索服务，旨在为用户提供“开放获取”资源的一站式检索服务。[③]

第二节 共享协议为基础的著作权保护模式的运作机制

对于“创作共用”“开放获取”等共享协议运动来说，其设立的背景原因在于抵制著作权的过强保护；其设立的基本目标在于促进作品的传播和分享，鼓励合作与创新；其运作的机制主要是借助于预先拟定的作品共享使用协议。由此，这些自由共享运动在设立背景、设立目标和运作机制上有相似之处，本质上可归类为以共享协议为基础的著作权保护模式。以共享协议为基础的著作权保护模式，出现于数字网络技术蓬勃发展的背景下，与传统著作权保护模式的理念和制度设计截然不同，对于应对数字网络环境下著作权保护的困境、抵御著作权的过度强化、探索新型的适合新技术环境的著作权保护模式都具有重要的意义。下文将探讨共享协议模式的理论基础、法律策略和运作机制。

---

① 参见李枫林、赵雪芹、胡吉明：《机构知识库：开放获取的有效实现形式》，《情报杂志》2007 年第 6 期。

② Joseph Scott Miller, “Open Access Publishing and The Future of Legal Scholarship: Foreword: Why Open Access to Scholarship Matters”, 10 *Lewis & Clark L. Rev.* 733, 734 - 735.

③ http://www.socolar.com/，访问日期：2016 - 06 - 21。

一、共享协议为基础的著作权保护模式的理论基础

共享协议运动是在著作权保护日益强化的背景下产生的。它以作品的自由使用和传播为目标，以促进作品的创新和文化的繁荣为宗旨，防止著作权的过强保护损害社会创新能力。那么，以共享协议为基础的著作权保护模式的理论基础是什么呢？它与传统著作权保护模式的理论基础相比，又有何区别呢？

有学者指出，“创作共用”这类机制的价值观主要可以归纳为：“创新依赖于对现有作品的接触和使用。版权法对于作品的接触设置了障碍，阻碍了创新性作品的分享和再使用。版权体系的高成本限制了人们接触和使用创新性作品的能力。因此，版权法应当用以促进分享和再使用。”① 无论是莱斯格教授发起的“创作共用”，还是学术领域的“开放获取”，它们共同的目标都在于通过对著作权法实践方式的改变，使他人能够以较低的成本接触和使用作品，使著作权人和社会公众之间形成良性的互动关系，促进作品的后续创新，继而建立一个正义、民主，富有创新精神、互助互惠精神的理想社会，实现知识资源分配的公平与正义。这个理想社会的核心要素包括：富有活力的知识创作环境、正义而高效的知识分配模式、畅通的民主沟通和言论自由平台。“自由共享”运动的价值观也蕴含在这些构成要素之中。“自由共享”运动倡导的价值理念在学界并无固定称谓，但是其基本特征是一致的，借用美国学者奈特尼尔教授的观点，可将这些价值观称之为“民主范式理念”，国内也有学者称之为“社会规划论”或“社会权利论”②。

数字网络技术具有改变社会生活方式的潜能。数字技术将信息数字化，带来信息传递成本的极大降低；然后通过互联通信技术，构筑出信息的交互式环境。在这种环境下，信息能够以较低的成本传递，人们可以借助于这种交互式环境完成模拟技术环境下所不可能达到的对作品的使用和传播的程度。亦即，多样化的作品传播方式和使用方式、畅通的民主沟通、充分的话语自由等民主社会的构成元素，借助于数字网络技术，都可以以较低的成本实现。许多学者正是考虑到数字网络技术所蕴含的创新潜

---

① Niva Elkin-Koren, “What Contracts Cannot Do: The Limits of Private Ordering in Facilitating a Creative Commons”, 74 *Fordham L. Rev.* 375, 379.

② 饶明辉：《当代西方知识产权理论的哲学反思》，北京，科学出版社，2008，第91页。

能，希望将著作权制度和数字网络技术相结合，通过著作权法实践方式的转变，构建一个公正的有吸引力的理想社会。

目前，持社会规划论的代表性学者主要有“创作共用”的创始人劳伦斯·莱斯格教授、提出著作权“民主范式”理论的奈特尼尔教授、倡导建立网络环境下著作权补偿金制度的威廉·W.费舍尔教授。这些学者秉持自由主义和理想主义信念，他们认为网络技术蕴含无限的创新潜能，认为在未来数字网络时代，人们能够以较低的成本使用作品，一个言论自由和民主的市民社会能够在著作权法的支撑下变为实现。正如莱斯格教授在其《思想的未来》一书中所言：因特网是一个开放型的“端对端”架构，它秉承的是自由和开放的精神。任何应用软件和系统，都无须许可即可与因特网相连，因特网扮演的是一种数据传输者的中立角色，它不进行控制。[①]“公共资源能够带来利益，因特网就是最好的证明。因特网孕育了一种创新的公共资源，这一资源的出现不仅要归因于社会规范，还要归因于特定的技术架构。具有这些创作规范与架构的网络让创作得以繁荣。”[②]据此，莱斯格教授提出了互联网上的知识公域理论。他反对版权法目前在互联网环境下的严密控制形态，主张版权法应尊重互联网早期自由和开放的传统，增强个人对作品的接触能力，促进知识的广泛传播和社会的文化创新。另一位持社会规划论的美国版权法学者奈特尼尔教授在其《版权和民主的市民社会》一文中指出，版权法有两项重要的功能：一是生产性功能，二是结构性功能。生产性功能是为了激励创作，即赋予创作者产权，利用市场化的手段使创作者获得收益，鼓励作品的创作；结构性功能则主要是关于版权法对民主的市民社会的构建意义，它一方面使创作者摆脱特定的创作赞助体系，使创作者获得独立的社会地位，创作不再受制于人；另一方面又限制版权的过分扩张，使之关注于言论自由和公共教育，繁荣后续创作和智识文化。版权法这两项功能的配置说明版权法并不仅仅是为了使创作者获得独立的地位，为版权人谋求更多的经济利益。版权法更重要的目标是构建富有创造力和创新性的社会。奈特尼尔教授将这种版权法的建构思路称为“民主范式”（the Democratic Paradigm）理论。他指出：“版权在本质上是用市场制度来增进市民社会民主特质的国家措

---

① 关于互联网最初自由和开放的设计理念及发展历程，参见〔美〕劳伦斯·莱斯格：《思想的未来》，李旭译，北京，中信出版社，2004，第27～41页。

② 同上书，第23页。

施。”版权的重要功能是促进言论自由和文化发展。然而，“版权法和市民社会许多制度一样，处于市场之中，但不属于市场”。版权法在数字时代的扩张和过度的控制“会限制民主自治所依赖的活跃的言论”①。“版权对创作、传播和再创作的促进或者禁止的程度，对于市民社会民主的、共享的特征而言十分重要。”② 显然，在奈特尼尔教授看来，版权不仅是克服市场失灵、为创作者提供经济激励的工具，版权还是构建市民社会民主特质的重要措施，版权的过度强化将不利于构建民主自由社会这一目标的实现。

威廉·W. 费舍尔教授也是持社会规划论的代表性学者，他在《说话算数——技术、法律以及娱乐的未来》一书中详细描绘了其理想中的未来版权保护模式的图景。费舍尔教授首先对知识产权的财产权性质进行了质疑。他认为版权和专利一样，更多地被称为“垄断权”，而非财产权。版权在很多方面与财产权不同，两者的社会目标存在巨大差异。③ 随后，费舍尔教授进一步表达了对传统版权财产权模式的担忧，他认为财产权模式还具有更严重的问题，其最明显的一个缺陷是无法保障在新的法律和技术环境下用户合理使用版权作品的权利。由此，费舍尔教授更关注社会公众在版权制度中的地位，甚至质疑目前的知识产权财产权体系是否过于强化。在该书中，费舍尔进一步提出了未来版权保护模式的构想，即将目前的版权排他性财产权降格为报酬获取权，建立一种补偿金制度，通过技术措施计算社会公众对作品的使用数量和使用程度，以之为标准，将收取的作品使用税金分配给版权人。费舍尔的这种版权法改革构想试图克服目前版权保护模式的弊端，扩大社会公共领域，实现社会创造知识和分享知识成果的理想世界。这实质上与莱斯格教授和奈特尼尔教授的改革思路不谋而合。④

综上，自由共享协议模式在一些学者的推动之下，在实践中得到了广泛的运用。它有助于抵制著作权的扩张，防止著作权强化保护损害社会创

① Neil Weinstock Netanel, “Copyright and a Democratic Civil Society”, 106 *Yale L. J*. 283, 288.

② Ibid., 348.

③ 参见〔美〕威廉·W. 费舍尔：《说话算数：技术、法律以及娱乐的未来》，李旭译，上海，上海三联出版社，2008，第122页。

④ 但是值得注意的是，他构建的这种版权保护模式由于取消了版权人的排他性财产权，可能滑向了彻底的平均主义和“大锅饭主义”，导致更为严重的作品资源分配的不公正。关于这一问题，后文还将予以论述。

新能力，有助于作品的传播和共享。自由共享协议模式的价值观基础在于其认为著作权法并不仅是为了保护创作者的独立地位和著作权人的产业资本，相反，著作权有更为重要的社会治理目标，即有助于社会文化的繁荣、创新能力的提升、言论的自由和民主。

二、共享协议为基础的著作权保护模式的法律策略

共享协议为基础的著作权保护模式的运作机制主要是借助作品使用协议，使著作权人放弃或让渡一部分著作权法上的权利。社会公众按照标示于作品之上的作品使用协议来使用作品，不必承担侵权责任。例如，在创作共用中，基本的创作共用许可协议包括四项：（1）署名。（2）非商业性使用。（3）禁止演绎。（4）相同方式共享。这四项要素构成了作品使用过程中著作权人和作品使用者之间所可能形成的权利义务关系。著作权人可以选择不同的要素予以组合，将要素对应的图案符号标示在作品之上，作为其作品的共享使用协议发布。通常而言，这四项要素可以组合成六种不同的许可协议，即署名、署名—禁止演绎、署名—非商业性使用、署名—非商业性使用—禁止演绎、署名—非商业性使用—相同方式共享、署名—相同方式共享。例如，当著作权人选择署名—非商业性使用，在其作品上标示署名—非商业性使用的图案符号时，就表明他人可以在尊重著作权人署名权的前提下，以非商业性的方式使用著作权人的作品。同理，如果著作权人选择署名—非商业性使用—禁止演绎，则表明他人可以以非商业性的方式使用著作权人的作品，但是不得对作品作出演绎。这样，通过在创作共用协议之中不同许可条件的任意组合，著作权人就可以根据实际情况形成符合自身要求的作品许可使用协议，作品的使用者也可以了解著作权人的具体许可条件，依照该协议规定的权利、义务对著作权人的作品进行使用，免除构成著作权侵权的后顾之忧。

根据前述“创作共用”的运作机制，“创作共用”实际上是将著作权人与社会公众之间缔结的有关作品的许可使用协议作为其实施的基础。当然，与通常的许可协议不同，创作共用协议采取了模块化、标准化的合同形式。通过该协议，著作权人将其著作权中重要的使用权能分解，通过许可协议的形式授权社会公众以特定方式使用其作品。亦即，著作权人依照实际情况，选择创作共用协议中不同的许可条件，组成符合其意愿的著作权许可协议，使用者则根据该许可协议使用相关的作品。“我们的工具给了从个人到大型企业和机构这些主体一个简单的、标准化的创造性作品版

权许可方式。CC许可证使得人们能够方便地把他们的作品版权项从默认的'所有权利保留'转变为'部分权利保留'。"[①] 由此可见，以共享协议为基础的著作权保护模式，其共同特征在于通过许可协议安排著作权的许可方式。从著作权法的角度看，这是著作权保护模式的私人创制。"通过合同来确定使用内容，有时也通过技术手段帮助，被学者称之为'私人秩序'（private ordering）。"[②]

根据知识产权法的基本理论，知识产权立法以法定主义为原则。知识产权法定主义是指，知识产权的种类、权利以及诸如权利的要件及保护期限等关键内容必须由成文法确定，除立法者在法律中特别授权外，任何机构不得在法律之外创设知识产权。[③] 亦即，只有著作权、商标权、专利权等知识产权法明确确定的权利类型和权利内容才能受到知识产权法的保护，而未被知识产权法确定的一些基于知识的利益形态并不是知识产权法上的法定权利，不受知识产权法的保护。权利乃是法律上之力，系通过法律的制定，赋予主体法律上之力，使之能够享受特定的利益，并于反面课相对人以相当的拘束，以确保此利益之享受。[④] 正是由于法律上之力给相对人施加了相当的拘束，对其他人利益影响甚大，法律需要将特定主体所享有的利益法定化，明确权利的类型和权利的内容，以使其他不特定的第三方能够知晓权利的存在和范围，防止动辄得咎。法律将某些利益明确化后，法官在司法审判中就能够依据法律的明确规定，对类型化的权利进行保护，防止司法裁量权的滥用。同理，之所以要坚持知识产权法定主义，是因为知识产权与物权一样，是排他性财产权，必须明确其权利的类型和内容、划定权利的边界，以维护交易安全，防止权利界限的不明确损害他人和社会公众的利益。而知识产权的客体是无体性的知识，不具有物理边界，他人无从得知权利的范围，因此更有必要通过制定法的形式明确知识之上的权利类型和权利边界，确保交易安全，防止他人因知识产权范围的不明确而受到损害。著作权作为知识产权的重要权利类型，也需要在立法中坚持法定主义原则。正如立法所表现的，各国都将著作权的各项权能法

---

① Creative Commons Home Page，at http：//creativecommons. org/about/what-is-cc/，访问日期：2016－05－16。

② Séverine Dusollier，"The Master's Tools v. The Master's House：Creative Commons v. Copyright"，29 *Colum. J. L. & Arts*. 271，282.

③ 参见郑胜利：《论知识产权法定主义》，载郑胜利主编：《北大知识产权评论》（第2卷），北京，法律出版社，2004，第57页。

④ 参见梁慧星：《民法总论》，北京，法律出版社，2011，第71页。

定化，规定了诸如复制权、发行权、表演权、广播权等权能，并明确各项权能的具体内容。根据著作权法的规定，在不符合合理使用、法定许可等特定规定的情况下，行为人对著作权人作品的使用只要属于著作权法规定的权能范围，均构成著作权侵权。

但是，知识产权法定主义也存在僵化的问题，主要表现在知识产权法定主义过分依赖立法者的理性认识能力和民主立法程序的正当性，导致知识产权法的僵化和封闭，一些随着科技和社会发展新出现的利益形态无法受到法律的有效保护。① 实际上，不仅是知识产权法，整个民法如果严格按照法定主义去执行，则必然有一些实践中新出现的利益形态被排除在法律保护之外，或者法律规则对利益的调整缺乏合理性，导致法律保护的僵化和封闭。著作权的法定主义虽然带来了权利范围的明确，却有僵化之嫌，这主要是因为，随着技术的进步，不断有新的知识类型和新的对作品的使用方式出现，但由于立法滞后，这些新的知识类型和新的对作品的使用方式往往并未得到著作权法的认可，从而提高了交易成本，可能导致有利于各方的交易无法达成。为了克服权利法定主义带来的弊端，一些市场主体为了交易的顺利达成，开始以私人创制的规则来改变著作权法定权利配置，克服法定权利配置的弊端。在数字网络时代，技术手段日益先进，新的知识形态和对作品的新的使用方式层出不穷，著作权人和作品的使用者通过技术保护措施和合同，能够以更低的交易成本实现合作，在一定程度上克服立法滞后和权利法定主义的弊端，有助于创设出符合市场需求的交易模式和作品使用方式，从而最大限度地发挥作品的价值。

“创作共用”“开放获取”等自由共享作品的机制，从本质上看是私主体以意思自治为基础，通过私人创制的方式达成的有关作品许可使用的著作权模式。在传统著作权保护模式下，使用作品需要得到著作权人授权许可，但是大量作品处于权属不明的状态，缺乏有效的授权渠道，交易成本过高。著作权保护范围的扩张、技术保护措施的采用，更进一步提高了公众接触和使用作品的成本，影响人们对作品的后续学习和创新。由于立法相对技术的滞后，著作权法还未能通过有效的调整来回应技术变革带来的著作权保护难题。私主体通过共享协议，以私人创制的方式改变了传统著作权保护的权利配置和运行方式，灵活调整了著作权权利的初始分配，使著作权人让渡一部分著作权给公众，作品的使用者可以按照共享协议规定

① 参见李扬：《知识产权法基本原理》，北京，中国社会科学出版社，2010，第65页。

的方式使用作品，从而降低了交易成本，避免了侵权的法律风险。这种私人创制的著作权保护模式是市场自发形成的产物，有助于克服著作权法滞后于社会发展现实的弊端，对著作权法定权利形成了有益的补充。

第三节　共享协议为基础的著作权保护模式的利弊分析

在著作权保护日益强化的背景下，共享协议运动致力于扩大作品公共领域，提倡作品的自由传播和共享。以“创作共用”“开放获取”为代表的共享协议运动，基于其价值理念、运作机制、实施效果等方面特点，形成了与传统著作权保护模式不同的著作权保护模式。然而，尽管它得到了广泛的运用，但并非没有缺陷，其对于传统著作权保护模式的改造究竟是否有效，还存在着不确定的因素。为了准确理解这一类型的著作权保护模式，探寻未来著作权法改革的有效路径，有必要先对该模式的优势和局限进行分析。

一、共享协议为基础的著作权保护模式的优势

在权利的许可和转让中，交易成本是交易双方能否达成交易的重要条件之一。交易成本过高，是阻碍市场交易顺利进行、产生市场失灵的重要原因。经济学语境下的交易成本，主要是指各方在达成协议及遵守协议过程中所发生的成本。[①] 著作权许可和交易中，由于著作权客体——作品——具有无体性，同一作品可能面对成千上万需要经过著作权人授权以使用作品的主体，相比有体物而言，更容易出现交易成本过高的现象。交易成本过高，导致著作权交易无法顺利完成，会给著作权人和使用者带来经济上的损失，使作品资源的优化配置无法达成。以共享协议为基础的著作权保护模式，乃是在著作权扩张的背景下，由私人发起创制的著作权保护模式。这种著作权保护模式以共享许可协议为基础，充分尊重私人意思自治，其最大的优势在于降低著作权交易成本。

目前著作权市场存在着交易成本过高的问题，一些使用人无法或不敢使用他人作品，造成“寒蝉效应”，作品无法充分发挥其正外部性。造成这种现象的主要的原因包括：著作权保护客体的自身属性、著作权自身的

① 〔美〕曼昆：《经济学原理》，梁小民、梁砾译，北京，北京大学出版社，2009，第227页。

制度设计和外在客观技术环境。

首先，著作权保护客体——作品——的无体性，是导致著作权市场交易成本较高的重要原因。作品具有无体性，不像物权的客体——有体物——一样具有外在的形体和边界，因此，人们只能依据著作权法的规定，大致确定著作权的权利范围。此外，在著作权法中，还有许多限制权利的制度，如思想与表达二分制度、合理使用制度。这些制度的主要目的在于划定作品之中受到著作权保护的部分和不受著作权保护的部分，维持作品的公共领域。然而这些制度试图在无体性的作品之上划定著作权的边界，本身即是艰巨的任务。不仅普通公众难以区分作品的思想与表达，难以明辨合理使用与侵权使用，就是专业的法官往往也在处理这些问题时陷入困境。正如有学者所言："实践中，合理使用的运作完全不是这么回事，法律设定的界限模糊不清，而一旦越界则后果十分严重。"① 许多国家的著作权法明确规定了若干项著作权的权能以及对著作权权能的限制，然而，由此也很难界定出作品之上著作权的权利范围和边界。在这种情况下，"法律的目标虽然明确，但是实践已经抹杀了这种目标"②。"缺乏物理边界，使（人们）难以预判财产权何时被侵犯。对这项资产规定得越抽象，收集有关这项资产权利范围的信息成本就越高。"③ 正是由于作品的无体性，权利边界缺乏清晰的界定，导致著作权的高交易成本，一些有益于著作权人和社会公众的交易便无法发生。

其次，著作权的制度设计增加了交易人的交易成本，使人们有时难以获得作品的授权。以美国版权法为例。美国版权法最初规定，作品必须经过登记且在作品之上标注"C"或"Copyright"，以及作者的姓名、出版日期等，才能获得版权保护。"直到20世纪初始，当时的规则都还要求作者必须遵行某些形式上的步骤，才能确保其著作权：向版权局登记，交存作品副本，并且在每一个已经出版的作品复制件上标注一种等同于'禁止侵入'标志的著作权声明。"④ 登记和标注义务的实施，不仅有利于版权权利状态的公示，确保交易安全，而且有利于使用者更容易地找到版权人，进行许可或转让交易。因此，这种公示手段虽然增加了一定的确权成

①② 〔美〕劳伦斯莱斯格：《免费文化》，北京，中信出版社，2009，第76页。

③ Niva Elkin-Koren, "What Contracts Cannot Do: The Limits of Private Ordering in Facilitating a Creative Commons", 74 *Fordham L. Rev.* 375, 379－380.

④ 〔美〕保罗·戈斯汀：《著作权之道：从古登堡到数字点播机》，金海军译，北京，北京大学出版社，2008，第14页。

本，但却降低了交易成本，有利于交易的进行。但是，随着版权法的修订，目前美国版权法已经不再要求这种形式要件，作品一经创作完成即取得版权，无须进行登记和标注版权标识。这与许多国家通行的做法相一致。“在欠缺标示和注册要求的情况下，版权变为了缺省规则（default rule)。”① 版权变为自创作完成时自动取得，虽然免去了登记和标示的程序性义务，但却大大增加了交易成本。“形式要件不再作为版权保护的前提条件，这使更多的作品纳入财产权体系，减少了公共领域中作品的数量。”② 无论是何种类型的处于版权保护期的作品，只要版权人没有明确申明放弃版权，都一律受到版权法的保护。由于大量作品之上没有标明版权人名称、出版日期等信息，需要取得版权人授权许可的使用者既无法联系版权人以获得许可，也无法确认哪些作品还在版权保护期内、哪些作品已经进入了公共领域。“确定所有者、决定作品的法律状态、协商使用条款，这些过程通常都有着阻碍性的高交易成本。”③ 这大大增加了交易成本，导致使用者无法或不敢使用他人作品。

最后，数字网络技术的冲击，使著作权市场本已存在的交易成本进一步升高。数字网络环境下，作品的传播和复制成本大为降低，大量作品在网络上被共享、复制和下载，作品传播的范围进一步扩大。但是由于著作权法并没有登记和标示的形式要件要求，这些数字作品往往并没有标示出著作权人以及著作权人的联系方式，大量作品存在权利状态不清晰的情况，这给使用者确立权利状态和寻求许可带来了极大的困难。使用者如果在无法联系著作权人的情况下未经许可使用，则又要承担侵权的风险。可见，数字网络环境之下的著作权交易成本不仅没有降低，反而有升高的趋势。高交易成本阻碍了数字网络技术传播优势的发挥，未经授权的使用使侵权诉讼案件大量增加。

以共享协议为基础的著作权保护模式，最大的优势正在于通过私人创制的许可合同，降低交易成本，使更多的使用者能够明确许可内容，方便地对著作权人的作品进行使用，不用担心是否会承担侵权责任。正如前文所言，以共享协议为基础的著作权保护模式主要依靠于标准化的共享协议，此举极大地方便了著作权人和作品的使用者。如在创作共用中，基本

---

① Niva Elkin-Koren, “What Contracts Cannot Do: The Limits of Private Ordering in Facilitating a Creative Commons”, 74 *Fordham L. Rev.* 375, 382.

② Ibid., 382－383.

③ Ibid., 383.

的创作共用许可协议包括：（1）署名。（2）非商业性使用。（3）禁止演绎。（4）相同方式共享。著作权人可以选择不同的要素，作为其作品的共享协议供公众使用。共享协议采取了标准化的图示和标示方式，使著作权人和作品的使用者都能够明确双方各自承受的权利、义务。使用者只要按照著作权人标示在作品上的共享协议对作品进行使用，即无须承担侵权的风险。著作权人也能增强对其作品的控制，按照其意愿选择相应的共享许可协议。例如在创作共用协议中，如果著作权人不愿意使用者对其作品进行商业性使用，则著作权人可以将“非商业性使用”作为其协议的组成元素，即明示使用者不得对其作品进行商业性使用。可见，这种图示化、标准化的共享协议，便于著作权人和使用者理解协议内容，明确了使用的范围和边界，使著作权人和使用者都无须探究著作权的权利构成和权利范围，不用去探讨作品思想与表达的分界线，也无须分辨到底何种使用行为构成侵权使用、何种使用行为构成合理使用。这大大降低了交易成本，提高了著作权的保护效率，增强了使用者对信息的获取能力。正如有学者所言：“实现许可的高交易成本成为了其他人使用和再使用（reuse）作品的阻碍，通过降低使用创造性内容相关的法律成本，个人投入创造性事业将会变得容易。（创作共用）的许可平台意在降低再使用的许可和获得许可的交易成本。”①

交易成本的降低，使著作权人可以借助于互联网广泛地传播其作品。社会公众也能够以较低的成本获得作品的使用许可，便捷地使用作品或进行后续创新，这使作品的正外部性能够借助于新技术得到充分的发挥。尤为值得一提的是，“创作共用”等共享协议模式更加有利于个体创作者等非职业创作主体的后续创作。著作权是一种激励创作的产权机制，对于专业生产音乐、电影等娱乐产品的公司来说，作品的生产、传播被纳入了专业化的轨道，通过公司的投资和专业化的创作团队来获得作品创作的素材，进行作品的产业化生产和销售。对于这些版权产业主体来说，由于借助于集中化的作品生产传播模式，其运营成本相对可控，公司能够承担相当的交易成本，受传统著作权保护模式所造成的交易成本较高的影响较小。但是对于个体的创作者来说，由于其创作行为可能只是一种自发性的创作活动，不是基于市场的考虑，其承担交易成本的能力就较差。在数字

① Niva Elkin-Koren，“What Contracts Cannot Do：The Limits of Private Ordering in Facilitating a Creative Commons”，74 *Fordham L. Rev.* 375，382－383.

网络环境下，作品的创作和传播成本进一步降低。对于个体创作者而言，借助于网络技术，相比较模拟技术时代更有助于其使用作品和进行后续创作。但是，由于海量作品权属状态的不明确，个体创作者承担交易成本和法律风险的能力较差，数字网络技术在作品创作和传播方面的优势反而不能得到有效的发挥。个体创作者面临着无法使用他人作品或使用作品成本过高的问题，可能阻碍其后续创作。“创作共用”等共享协议为基础著作权保护模式，通过许可协议释放著作权的部分权能，明确了使用作品的权利义务关系，有利于个体创作者获得和使用作品。那些由于权属状况不明或者授权价格过高而无法使用版权作品的个体创作者，将能够借助于共享协议获得其需要的作品。这使共享协议著作权保护模式一定程度上克服了传统著作权保护模式关注于著作权产业主体和作品职业化生产传播主体、忽略个体创作者的弊端，使得个体创作者能够有效地获得作品进行创作。正如有学者所言：“创作共用关注个体创作者的需求，可以帮助那些想要积极参与创作过程，然而又面临版权所造成的高额交易成本的个体创作者和小的团体。”①

综上，相对于传统著作权保护模式，共享协议为基础的著作权保护模式有着更低的制度实施成本，其共享协议的明确性和简便性能够显著降低交易成本，克服法定著作权制度给权利交易带来的不确定，促进作品的使用和传播，增强公众的创新能力。

二、共享协议为基础的著作权保护模式的局限

以“创作共用”“开放获取”为代表的共享协议机制有助于作品的传播和后续创作。通过共享协议，著作权人放弃其作品上的部分著作权，可以弱化著作权保护强度。自由协议机制凭借其预先设定的多层次的、可以自由组合的许可条款，能够营造出更为自由的作品使用环境。然而，囿于共享协议自身存在的问题，以共享协议为基础的著作权保护模式并不能完全解决目前著作权保护面临的问题。

首先，以共享协议为基础的著作权保护模式是一种私人创制，受制于其运作原理与机制，这种制度发挥作用的范围是有限的。应当说，“创作共用”和“开放获取”等共享协议运动倡导的共享理念以及共享协议的标

---

① Niva Elkin-Koren, “What Contracts Cannot Do: The Limits of Private Ordering in Facilitating a Creative Commons”, 74 *Fordham L. Rev.* 375, 386.

准化设计都具有积极的意义，在实际运作中获得了良好的社会反响。但是共享协议运动毕竟是一种私人创制，著作权人是否放弃或者让渡其著作权，完全是由著作权人自己决定的。因此，共享协议运动同公共领域理论一样，具有浪漫主义色彩，其有益于非功利性、非职业性的自发性创作主体，但是却不适合作品的产业化生产主体。根据合同法理论，合同法的立法宗旨是尊重当事人意思自治，奉行契约自由的原则。亦即，无论是合同的订立时间或地点、签约对象还是合同的具体内容，合同法上的法律关系都是基于当事人意思表示一致所达成，“契约是当事人相互同意的结果”①。共享协议为基础的著作权保护模式的运作基础在于共享许可协议，著作权人选择了不同的共享许可协议，相当于其授权许可使用者以著作权人允许的方式使用其作品。只有著作权人同意采用共享许可协议，将其权利许可给社会公众，社会公众才能在共享协议具体许可条款之下使用其作品。既然著作权人享有其作品的独占权，那么著作权人可以选择采用共享许可协议，当然也可以保留其著作权法上的所有权利。共享协议为基础的著作权保护模式虽然试图通过许可协议形成一种对抗现行著作权保护模式的作品流通体系，即“通过私人调整手段推翻版权”②，但是作为一种私人创制模式，要想顺利发展，它在策略上就不得不倚重于传统著作权体系，并且只能以合同法作为实现其目的的工具，这表明尊重财产权和契约自由依然是指导共享协议运动的基本原则。

实际上，传统著作权保护模式下的创作过程和共享协议为基础的著作权保护模式下的创作过程并不相同。“创作共用”之类的共享协议模式，更加有利于个体创作者之间传播和分享作品。③ 对于版权公司而言，作品的创作、发行和传播，都以市场需求为导向，被纳入了经济利益最大化的轨道。大量作品掌握在以公司为主体的著作权人手中，形成了“创造性职业”④。这些著作权人可以接受共享协议，也可以不予接受。而这些著作权人决定的作出主要基于公司利益最大化和获得市场竞争优势的考量。这样，共享协议的效力在这些职业化和产业化的著作权人面前十分薄弱，它

① 李永军：《合同法》，北京，法律出版社，2005，第44页。

② Severine Dusollier, “The Master's Tools v. The Master's House: Creative Commons v. Copyright”, 29 *Colum. J. L. & Arts*. 271, 282.

③ See Niva Elkin-Koren, “What Contracts Cannot Do: The Limits of Private Ordering in Facilitating a Creative Commons”, 74 *Fordham L. Rev*. 375, 385–386.

④ Robert P. Merges, “The Concept of Property in the Digital Era”, 45 *Hous. L. Rev*. 1239, 1250.

的发展和壮大更多的是依靠其制度理念在道德上的感染力。亦即通过宣传，让越来越多的著作权人尤其是其中的个人创作者受其道德感召，自愿将他们的作品授权许可人们使用。

实践表明，接受共享协议的创作者以个体创作人员居多，其创作动机呈多样化。很多人并不以营利为目的，而是出于个人爱好、个人声誉、教育学习等目的。为了更容易地进行创作，个体创作者希望有一个宽松的作品使用环境，这样，共享协议为基础的著作权保护模式的存在和发展便有了一定的空间。“接受创作共用的人其动机是不同的，有的人强烈地反对版权，有的是为作品的授权使用和共享寻找一个实践版权的道路，还有一些人想要通过在创作共用的成功使其作品为更广泛的公众所知，从而获得利益。”① 正因为部分个体创作者的创作动机不全是为了经济利益，这样便具有接受共享协议、将其作品贡献给公共领域的可能性。但是在目前，法人创作、集体创作已经司空见惯，著作权产业已经形成强大的利益集团，大量作品受控于著作权产业主体。著作权的产业化发展使作品的创造和传播更多地受到了产业资本的驱动。生产的作品的类型、作品的供给和传播，都被纳入了市场的轨道，以市场利益的最大化为核心。让著作权产业主体放弃自己的著作权、接受共享协议而将其作品投入公共领域，似乎并不太现实。即便有的著作权人接受共享协议，可能也是为了市场的考虑。正如有学者所言：“创作共用很难说服迪斯尼、微软或者美国唱片业协会在合理的CC许可协议条款下许可他们的作品。”② 因而，共享协议为基础的著作权保护模式虽然是以合同法来实践著作权法的新型路径，但在著作权已经高度产业化的今天，它适用的范围和发挥的作用是受到限制的，它对个体创作者和非职业化的著作权人影响更大，它没有也不会对著作权产业对其作品的控制力造成影响。

其次，共享协议为基础的著作权保护模式依靠于著作权法，以尊重著作权人的权利为前提，这可能强化“著作权是一种绝对性财产权”的观念，产生与其目的相背离的实际效果。“创作共用的许可平台是受到限制的，它严重地依赖于财产所有权和合同法，这个平台有可能导致一些意料

① Severine Dusollier, “The Master's Tools v. The Master's House: Creative Commons v. Copyright”, 29 *Colum. J. L. & Arts*. 271, 279.

② Ibid., 288.

之外的后果。”[①] 亦即，它会影响到人们对作品的观念。

通说认为，共享协议为基础的著作权保护模式和传统著作权保护模式的运作机制存在差异。传统著作权法对著作权人的作品采用保留所有权利的模式，由著作权人与社会公众进行作品权利的授权许可或者转让；而共享协议为基础的著作权保护模式则采取保留部分权利模式，著作权人只能选择保留部分作品权利的许可协议。但是，共享协议为基础的著作权保护模式和传统著作权保护模式都使用合同作为授权许可的工具，奉行意思自治原则，在这一方面两者并无区别。共享协议为基础的著作权保护模式以自愿订立的合同为基础，以尊重著作权人的著作权为前提，完全尊重著作权人的意思自治。这从反面强化了“著作权是一种绝对性财产权”的观念。长期践行，会使社会公众产生这样一种观念：作品的所有权利是属于著作权人的，如果没有著作权人的授权许可，任何使用其作品的行为都是非法的。亦即，著作权人将其作品许可给公众使用是著作权人的某种“恩惠”，而经过著作权人授权或付费的使用，才是正常的和符合常理的。显然，这种结果是发起“创作共用”等共享协议运动的人士所不愿意看到的。正如有学者所言：“在创造性作品中主张财产权传递了这样一种信息，即信息是一种财产权，它总是有其所有者。创作共用强化了信息作为一种有着排他性权利的商品的观念，它强化了这样一种观念，即许可总是必须的，未经授权的共享都是应当禁止的。”[②] 共享协议为基础的著作权保护模式在实践中不断强化著作权人合同法上的授权许可对社会公众能否使用作品的决定性意义，这在数字网络时代更为明显。“合同条款和作品或者软件捆绑在一起传播。合同与数字化作品是一体的，许可证被嵌入它要控制的作品之中，这在创作共用中也是事实。作者选择许可证的基本条款，创造出许可证，然后完全自动地生成许可证的数字化代码，附着在作品之上。许可证产品随着作品的生产而产生出来。产品与合同相伴的观念使合同法上的权利在一定程度上接近于财产权利。这种模式不需要缔结合同的一方当事人（即社会公众）的同意，合同法上的权利几乎可以对抗所有人。这是具有讽刺意味的，谁会想到版权产业能从‘反对版权’运动中获得益处？通过使用合同条款来强化作者的意志，创作共用正在做着它所反

① Niva Elkin-Koren，“What Contracts Cannot Do：The Limits of Private Ordering in Facilitating a Creative Commons”，74 *Fordham L. Rev.* 375，377.

② Severine Dusollier，“The Master's Tools v. The Master's House：Creative Commons v. Copyright”，29 *Colum. J. L. & Arts.* 271，283.

对的事。”① 由此可见，共享协议为基础的著作权保护模式的优势来源于它利用合同构建了一个对抗现行著作权法的机制，而它最大的局限也来源于这种许可模式。“合同法能产生作用吗？反对版权者能够使用合同法来增强公共领域吗？”② 这确实是有疑问的。就“创作共用”来看，“作为一种私人解决方式，创作共用机制并不是没有问题的，这些问题在很大程度上在于其对合同法的依赖”③。“CC 使用的工具和它所要达到的目的之间是一种模糊的关系。”④

再次，共享协议为基础的著作权保护模式依赖于共享许可协议，其稳定性和可持续性有待检验。正如前文所述，共享协议为基础的著作权保护模式主要通过许可合同构建其运作机制，因此，共享协议为基础的著作权保护模式是在承认著作权人权利的前提下，让著作权人接受共享协议，让渡其著作权权能的一部分。由于共享协议为基础的著作权保护模式完全依赖于著作权人和使用者之间的共享协议条款，因而是一种契约模式。在稳定性和可持续上存在问题。例如，当著作权人接受共享协议，选择“署名—非商业性使用—相同方式共享”发布其作品时，其他人就可以按照协议规定非商业性地使用该作品，只要尊重著作权人的署名权，同时在创作该作品的衍生作品时接受该共享协议将作品发布。但是，这种靠协议维系的作品使用机制十分脆弱，一旦其中某个环节的主体不再愿意遵守共享协议条款，后续使用者便无法对作品进行相应的使用，最初接受共享协议的著作权人只能选择著作权维权。比如，A 选择“署名—非商业性使用—相同方式共享”发布其作品，B 在 A 之作品的基础上创作出了衍生作品，并同样遵守该共享协议发布其作品，C 在 B 之作品的基础上继续创作出新的衍生作品。但是，C 改变了主意，不再接受共享协议，而是以非共享协议方式发布其作品，于是，后续使用者由于在其作品上看不到共享协议，便无法在共享协议下使用 C 的作品。显然，依据共享协议，C 存在违约行为，但是，依据合同相对性的原理，能够追究 C 违约责任的仅仅是 B，而

---

① Severine Dusollier, “The Master's Tools v. The Master's House: Creative Commons v. Copyright”, 29 *Colum. J. L. & Arts*. 271, 283－284.

② Niva Elkin-Koren, “What Contracts Cannot Do: The Limits of Private Ordering in Facilitating a Creative Commons”, 74 *Fordham L. Rev*. 375, 376.

③ Adrienne K. Goss, “Codifying A Commons: Copyright, Copyleft, and the Creative Commons Project”, 82 *Chi.-Kent L. Rev*. 963, 964.

④ Severine Dusollier, “The Master's Tools v. The Master's House: Creative Commons v. Copyright”, 29 *Colum. J. L. & Arts*. 271, 273.

A 实际上只是与 B 而并没有与 C 直接达成共享协议，A 是无法以 C 违约为由来起诉 C 的，而只能依托于著作权，以 C 的著作权侵权来追究其责任。“如果创作者不能确定在其作品上的这些限制是能够得到执行的，则他们可能就不愿意采用这些（共享）协议了。”① 由此可见，共享协议之下产生的作品，随着时间的流逝，其著作权人可能就不再愿意接受共享协议。共享协议模式仅仅依靠协议来维持其运转，稳定性和可持续存在问题。不仅如此，现在很多作品的著作权人是法人，即便这些法人接受了共享协议发布其作品，但是当这些法人破产、合并，或者其作品的著作权转让给了其他主体之后，新的获得这些作品的著作权人就可能不再遵守共享协议。共享协议是否可以约束这些作品的新的权利人？此时应如何认定这些作品的权利范围？这些都将成为棘手的问题。由此可见，共享协议为基础的著作权保护模式面临着合同机制的稳定性和可持续性的问题，这使它无法完全替代传统著作权保护模式，而只能成为传统著作权保护模式的补充。

最后，不同的共享协议为基础的著作权保护模式基于不同的共享理念，有着内容各异的许可协议和使用要求，缺乏兼容性和互用性，这使用户的信息成本大幅增加，限制了作品的使用范围。目前，社会上存在很多共享协议为基础的著作权保护模式，包括“创作共用”、学术界各种类型的“开放获取”、软件领域的 GNU 公共许可，这些共享协议有着自身的特色和不同的协议内容，用户不仅需要了解各个共享协议的基本内容，还要考虑接受哪一种共享协议，明确其作品上的权利义务关系。同时，有的共享协议为基础的著作权保护模式排斥其他的共享协议，某部作品接受了一种共享协议，并不为其他共享协议所认可，无法在其他共享协议下使用。“标准化的缺失导致不同自由内容协议的非连续性和不兼容性，结果，想要分享其作品的创作者可能无法使用其他人的内容。”②

综上，共享协议为基础的著作权保护模式，囿于其依赖于著作权和许可合同的运作机制，有着适用主体和范围有限、适用效果有限、稳定性和可持续性不足、信息成本较高等缺陷，由此无法完全替代传统著作权保护模式，而只能在一定范围内发挥其作用，为那些愿意共享作品的著作权人

① Adrienne K. Goss, “Codifying a Commons: Copyright, Copyleft, and the Creative Commons Projet”, 82 *Chi.-Kent L. Rev.* 963, 983.

② Niva Elkin Koren, “What Contracts Cannot Do: The Limits of Private Ordering in Facilitating a Creative Commons”, 74 *Fordham L. Rev.* 375, 412.

和非职业化的创作者提供保护途径。

第四节 共享协议为基础的著作权保护模式的展望

共享协议为基础的著作权保护模式作为实践著作权法的新的尝试，有利于社会公众合理使用作品和进行后续创作，维系和扩大作品的公共领域。但是，该模式运行的基础在于对著作权的尊重和对合同法契约自由原则的维护，这决定了该模式的建立和推行主要依靠私人自治，它无法改变传统的产业化的作品生产模式，无力说服作品创作的职业化阶层接受该模式。因此，该模式虽然致力于促进作品的传播与共享，但是私人自治力量的有限性使其功能的发挥受到了很大的限制。未来立法应当对该模式进行确认和完善，以使其在未来网络时代发挥更大的作用。

一、共享协议为基础的著作权保护模式的定位

以共享协议为基础的著作权保护模式，具有其自身无法克服的弊端，对于抵御著作权扩张、扩大公共领域，只具有有限的作用。这也决定了共享协议模式在整个著作权法中的地位和其发挥作用的方式。

共享协议为基础的著作权保护模式要发展壮大，需要著作权人将自己的作品贡献出来，接受共享协议，供他人使用。这与著作权的产业化发展趋势不相符合。目前的著作权体系是为激励作品的商业化创作和传播所设。亦即，形成于 19 世纪的著作权法，“是商业游说的结果，是为商业文化的利益服务的”①。其基本目的在于激励商人投资于作品的创作和传播，通过商人的市场运作扩大作品的产量和传播范围，以此带动社会文化的发展。就此而言，如果著作权人的作品具有较大的商业价值，或者著作权人是以营利为目的的企业，则其决策主要是基于市场需求。即便其接受共享协议，其允许公众使用其作品的程度和范围也会有所保留。有学者就曾归纳出著作权人接受共享协议、将作品贡献给公共领域的不同动机，其中重要的一种是作为竞争手段或营利手段。② 亦即，著作权人接受共享协议，

---

① Adrienne K. Goss, “Codifying a Commons: Copyright, Copyleft, and the Creative Commons Project”, 82 *Chi.-Kent L. Rev.* 963, 972.

② 参见熊琦：《著作权激励机制的法律构造》，北京，中国人民大学出版社，2011，第 224～225 页。

可能并不是出于对自由共享理念的认同，而是为了打击竞争对手、赢得市场优势、实施其商业战略；抑或让公众免费使用一段时间，先尝试后购买，形成网络效应之后再加以收费。由此可见，共享协议为基础的著作权保护模式对于这些商业主体来说并不具有很大的吸引力。

正如前文所言，共享协议为基础的著作权保护模式的这种处境实际上凸显传统著作权保护模式下的作品创作、传播机制与共享协议为基础的著作权保护模式下的作品创作、传播机制的不同。在传统著作权体系下，作品的创作和传播都被纳入了市场利益最大化的轨道之中，承担作品创作和传播的主体主要是拥有资本的企业。这些企业为了节约生产成本，在市场上大量购入作品，或雇用个体创作者为其创作作品。而作品产出之后，企业继续投入资本，将这些作品包装上市，推向市场。在此过程中，资本起到决定性的作用。资本是否投资于作品的创作和传播，投资于哪些作品的创作和传播，都以市场需求为导向。亦即，企业生产模式下的作品创作和传播，已经深深地打上了市场的烙印。正如有学者所言：“比起人力资源与开发成本上的优势，市场需要专业化、稳定性的作品供应机制。著作财产权的存在，能够保证权利人的收益预期，进而产生对作品生产的持续投资。”①

共享协议模式下的作品创作和传播机制则与此不同。共享协议为基础的著作权保护模式下的作品创作是一种“平行创作模式”，即不同的人将各自的作品贡献出来，接受共享协议，以此作为后续创作的基础和源泉。创作者之间通过互助合作来实现作品的创作和传播。与传统模式相比，这种平行创作模式不再强调对创作者著作权的保护，而是提倡创作者将作品“捐献”出来，作为后续创作的资源供他人使用。随着能够共享的资源的扩大，创作者在使用他人作品时不再需要向著作权人寻求许可，从而使交易成本大幅降低，任何创作者都能在后续的创作中受益。“正是权利人放弃主张著作权，才使得因著作权而存在的搜寻成本、协商成本与执行成本等被排除在创作成本之外。”② 由此可见，共享协议为基础的著作权保护模式下的作品创作和传播机制秉持共享原则，淡化商业利益，强调创新的共享性和协作性。

传统著作权保护模式下的作品创作、传播机制与共享协议为基础的著

---

① 熊琦：《著作权激励机制的法律构造》，北京，中国人民大学出版社，2011，第231页。

② 同上书，第227页。

作权保护模式下的作品创作、传播机制的区别，决定了两者在著作权保护体系中的不同地位。传统著作权保护模式具有著作权保护强度高、市场导向性强、重视商业利益的特点，强调通过保护著作权人的权利来维系作品创作和传播的激励机制。而共享协议为基础的著作权保护模式具有交易成本低、重视协同创作、淡化商业利益的特点，强调作品创作的合作性，弱化著作权保护的强度。两者相比较，传统著作权保护模式更有利于著作权产业的发展，有利于著作权市场的繁荣，能够为消费者带来稳定的、专业化程度较高的作品。亦即，著作财产权的设置为著作权人带来稳定的收益预期，职业创作者阶层和著作权企业能够计算出作品创作和传播的成本与收益，通过市场准确地掌握消费者对作品的需求，按照市场需求来进行作品的生产和传播。不仅如此，著作权人追求的是利润的最大化，为了维系其在市场中的竞争力，著作权人需要提升其服务内容和品质，完善其所提供的作品的质量，以赢得消费者和市场。而共享协议为基础的著作权保护模式下更多的是个体创作者的参与。由于创作并非为了商业利益，这些创作没有或者很少以消费者的市场需求为导向，并不是通过市场需求来调整作品的创作和传播，因此，这种创作更多地表现出松散性、非职业性和个性化的特点。这种模式下的作品提供机制，也就不会以消费者的需求为导向，为消费者提供与作品相关的各种服务，从而使作品的类型、数量和品质都无法得到保障。

就此而言，传统著作权保护模式能够促使著作权人持续提供具有相当品质和水准的作品，激励著作权人构建各种作品使用机制和授权模式，降低交易成本，最大限度地满足消费者的需求，因而是市场经济条件下占主导地位的著作权保护模式。因此，未来数字网络环境下，以排他性财产权为基础的传统著作权保护模式，仍然是著作权保护体系中的主要制度构成。而共享协议为基础的著作权保护模式，是新技术条件下著作权的私人创制，有利于个体创作者之间的协同创作，有利于公众获得和使用作品，因而是著作权保护体系的组成部分，在未来数字网络环境中需要加以完善，以作为传统著作权保护模式的补充。

二、共享协议为基础的著作权保护模式的发展

尽管共享协议为基础的著作权保护模式存在其局限性，然而在数字网络时代，该模式却能够较好地与新型技术结合，促进作品的传播和共享。因此，未来著作权保护模式的构建，应充分借鉴这一模式的理念，发挥私

人意思自治在作品传播和共享中的作用。

首先，传统著作权保护模式和共享协议为基础的著作权保护模式各自具有不同的优势和特点，在未来数字网络时代，这两种著作权保护模式可以互为补充，形成以排他性财产权为基础、以共享协议为补充的著作权保护模式。

著作权制度一直随技术的发展不断变迁，新技术的出现导致作品传播和使用的方式有了新的变化，著作权法需要及时作出改变以适应新的技术环境。“如果信息流通的状态产生了变化，版权制度的历史使命决定了版权制度不得不随之变化。”① 在数字网络技术的冲击之下，作品的传播和利用方式发生了变化。社会公众不经著作权人的许可即可借助于网络交流和共享作品。在著作权法滞后的情况下，著作权人开始采取各种措施来维护其权益，包括直接起诉未经授权下载和使用作品的个人用户、利用著作权间接侵权规则起诉信息服务提供者、开发各种技术保护措施来保护其作品、游说立法机关通过对其有利的法案等。著作权人采取的这些措施使著作权保护进一步强化，使公众对作品的合理使用受到了限制，使社会创新的潜能受到了影响。尽管从著作权人的角度来看，其所采取的措施都是为了维护自身利益，是技术冲击之下不得不作的选择。但是，著作权的强化往往会扼杀新的商业模式或新型的作品复制和传播技术，使著作权人丧失开拓新兴市场的良机。例如，著作权人采用技术保护措施保护其作品，立法也禁止他人任意破解或帮助他人破解著作权人的技术保护措施，而且，相关的规避例外极为有限，并未给合理使用留下充足的空间。这并不利于人们对作品的合理使用和进行后续创作。共享协议为基础的著作权保护模式的建立和推广，正是为了避免著作权的扩张损害社会的创新潜能。它与新技术实现了较好的结合，使数字网络技术能够极大地发挥在作品创作和传播中的作用。凡是接受共享协议的作品，都可以在互联网上自由传播。全球范围内的用户都可以利用数字网络技术对纳入共享协议效力范围的作品进行使用和再创作。由此，作品借助于先进的技术实现了自身价值的最大化，在保证创作者权益的前提下最大限度地促进了社会创新，推动社会科技、文化的进步。

以这样的视角观察共享协议为基础的著作权保护模式，不能不说它代

---

① 〔日〕中山信弘：《多媒体与著作权》，张玉瑞译，北京，专利文献出版社，1997，第40—42页。

表了网络时代著作权保护模式的新的发展趋势，即：一方面，坚持传统的财产权保护取向，以排他性产权来激励著作权人对作品创作和传播的投资。另一方面，建立新的以私人创制为主的作品共享协议机制，并与传统著作权保护模式相结合，形成网络环境下的著作权保护模式。具言之，传统著作权保护体系下，作品的创作和传播被纳入市场的轨道，著作权产业不断发展，消费者的需求也很大程度上得到满足。这表明传统著作权保护模式能够有效地激励作品的创作和传播，不宜轻易加以否定，以减损对著作权人的激励。在未来新技术出现之时，立法应秉持“技术中立”的原则。当出现新的作品传播模式时，应原则上采取赋权的方式，将对新的作品传播方式的控制权交给著作权人。“当作品转移到任何新的传播媒介中，通过新的技术传播时，著作权的保护程度应等同于传统媒介下的保护。”① 同时，鼓励私人创制的著作权许可模式，以共享协议为基础的著作权保护模式作为传统著作权保护模式的有益补充，克服传统著作权保护模式固定僵化、控制过严的弊端。可见，共享协议为基础的著作权保护模式为构建未来的著作权保护模式提供了广阔的空间，使对现有的著作权制度不必进行大规模的变革，避免伤及法律的稳定性。以传统著作权保护模式结合共享协议为基础的著作权保护模式来构建未来的著作权保护模式，符合网络技术的特点和发展方向，一定程度上能缓和网络环境下多重权利冲突的现状，较好地协调著作权人和社会公众之间的关系，使传统著作权保护模式可以在共享协议的“软化”之下变得更有弹性。

其次，立法应当正视共享协议为基础的著作权保护模式的局限性，在制度设计上予以完善，促使这一制度更好地与传统财产权保护制度融合。尽管共享协议为基础的著作权保护模式有利于作品的使用和传播，但是该模式的运作机制过于理想化，它不能从根本上改变著作权的扩张趋势，不能从根本上扭转作品公共领域日益受到挤压的局面。著作权的强势扩张是由著作权产业主体所推动，它们拥有强大的经济实力，可以采取集体行动，游说立法机关将它们所期望的著作权保护模式付诸实现，而共享协议为基础的著作权保护模式仅仅依靠私人力量推动，其力量分散而薄弱。共享协议为基础的著作权保护模式具有局限性的根源在于其以著作权为基础、以合同法为依托的运作机制。亦即，在实践中它仅仅依靠部分著作权人的道德觉悟来推进共享协议的落实，依靠私人力量维系自身的运作和发展，这

① 熊琦：《著作权激励机制的法律构造》，北京，中国人民大学出版社，2011，第198页。

样的结果是该模式所提倡的奉献和共享的精神理念停留在著作权保护体系之外，没有融入著作权制度之中，无法对著作权扩张的趋势形成有效的牵制。

那么，应当如何完善共享协议为基础的著作权保护模式，使之在数字网络环境下发挥更大的效用呢？有学者认为，“作为一种私人解决方式，创作共用机制并不是没有问题的，这些问题在很大程度上在于其对合同法的依赖。建议将限制性使用许可证通过制定法的形式纳入联邦版权法，使这个机制正面的优势可以得到保留，许多负面的东西可以避免。应当建立一个更加简单的制定法机制，使版权人选择一种更加受到限制的版权法”①。该学者实际上是主张建立一个限制型的版权法，将限制性使用的许可模式法定化。这对于完善共享协议为基础的著作权保护模式具有启发意义。从根本上说，该模式要想发挥更大的作用，需要通过著作权法的认可，融入著作权法，而不仅仅是作为存在于著作权法之外的私立规则。立法对共享协议为基础的著作权保护模式的态度，将向外界表明立法所持的价值取向，引导人们的行为。这将使那些不太了解著作权法、对该模式抱有疑惑或偏见的人打消顾虑，促使更多的人接受该模式，将作品贡献给公共领域。

据此，著作权法可以对共享协议为基础的著作权保护模式进行回应。从本质上看，该模式是著作权授权许可协议的具体表现形态，属于著作权许可范畴。因而可以在著作权许可相关制度中，单独对该模式加以认可。当然，考虑到一国的著作权法是立法层级较高的立法，著作权法之中可以不对该模式作出特别详细的规定，立法机关可以通过实施条例、政府规章等，颁布相应的细则。第一，规定著作权人和作品的使用者达成共享许可协议的条件，明确著作权人可以在其作品之上标示共享许可，表明许可的范围和种类。作品的使用者一旦使用该作品，则表明其接受著作权人的许可条件，与著作权人达成了共享许可协议。这样，就在立法上明确了著作权人提供共享许可协议的性质和达成共享许可协议的条件。使用者一旦使用了作品，就不能够否定与著作权人达成了作品共享的协议，其在后续行为中就要符合共享协议的有关约定，否则需要承担违约责任。第二，立法上需要明确，著作权人在其作品上标示共享许可协议，其在著作权法上享有的各项人身权利和财产权利不受影响。他人对作品的使用，必须遵守著

① Adrienne K. Goss, “Codifying a Commons: Copyright, Copyleft, and the Creative Commons Project”, 82 *Chi.-Kent L. Rev.* 963, 964, 965.

作权法的规定，不得侵犯著作权人的人身权利和其他各项财产权利。这样，就表明了立法对共享协议与著作权之间关系的态度，使著作权人更加明确其接受共享协议并不表明放弃作品之上的著作权，相反，著作权人对其作品还是拥有完全的著作权。立法的态度将使著作权人消除顾虑，更愿意接受共享协议。第三，立法需要协调不同的共享协议，以降低交易成本，便利作品的使用。正如前文所言，各种共享协议很多，有软件领域的GNU 公共许可制度，有莱斯格教授发起的“创作共用”协议，有学术领域的各种“开放获取”模式。不同共享协议有着不同的许可要求和协议内容，需要释放著作权的权利人要分别了解这些许可要求和协议内容，面临一定的信息成本。同时，不同共享协议也存在彼此协调的问题，往往一种类型的共享协议下的作品和另一种类型的共享协议下的作品无法兼容和通用，权利人只能选择其中之一的共享协议来释放其作品著作权权能，该作品就无法根据其他类型的共享协议予以使用，这给著作权人和作品使用者增加了负担，使共享协议为基础的著作权保护模式的作用范围受到极大限制。为此，立法上应当作出回应，以一种共享协议为主，向社会公布该共享协议的示范文本，号召和提倡各个共享协议采取更为标准化的许可机制，相互之间能够兼容和通用。这样，不同的共享协议就可以最大限度地求同存异，避免彼此的冲突和矛盾，降低著作权人和作品使用者的交易成本。第四，共享协议为基础的著作权保护模式面临着不稳定、可持续性不强的问题。著作权人是否接受共享协议，需要遵从著作权人的真实意愿。著作权人改变共享协议的内容、撤销共享协议，或者将接受了共享协议的作品的著作权转让给他人，而新的著作权人并不愿意接受共享协议，这些问题都使共享协议下的作品很有可能随时变为所有使用行为都需要经过授权的作品，表明共享协议为基础的著作权保护模式面临着稳定性的挑战。但是，共享协议为基础的著作权保护模式也需要维持其稳定性，如果一部作品开始接受了共享协议，但是一段时间之后又不再接受共享协议，那么作品的权利状态是不稳定的，这会对作品的使用者造成很大的负担，使作品的使用者不清楚自己按照共享协议使用作品究竟是不是一项合法的行为。如果因此发生法律争议，则共享协议为基础的著作权保护模式反而容易造成作品使用的“寒蝉效应”，增加交易成本。据此，立法可以规定，著作权人可以就其作品接受共享协议，也可以撤销或改变共享协议。但是，著作权人撤销或改变共享协议，是一种违约行为，除了承担合同法上应有的违约责任外，还应当履行相应的义务，否则即应承担不利的法律后果。其一，为了维护作品许可状态的稳定性，降低交易成本，著作权人如果要撤销共享协议，就有义务在享有著作权的所有作品之上去除共享协议的授权许可标识或共享协议授权内容，并明确表明本作品不再受共享协议约束。假如著作权人不愿再接受共享协议，但是在其作品之上还标有共享许可标识或授权内容，没有明示作品不再接受共享协议，则作品的使用者依据该共享协议对作品进行使用的行为不被视为侵权。亦即，只有著作权人履行了公告义务和标识去除义务之后，该作品才不再在共享协议适用范畴。其二，为了保证创作的连续性和法律关系的稳定性，防止过多的溯及既往情形影响交易秩序，在著作权人撤销共享协议之前所有已经形成的、以共享协议下的作品为基础创作的衍生作品，还可以继续依据“创作共用”协议被使用和传播，使用者不承担侵权责任，不受著作权人控制。通过上述规定，一方面维护了著作权人对其作品的控制权，另一方面也有助于共享协议为基础的著作权保护模式和作品上法律关系的稳定性，使使用者能够明确作品目前所处的权利状态，以较低的成本使用著作权人的作品，不用担心动辄得咎。

通过上述立法完善，共享协议为基础的著作权保护模式将能够更好地融入著作权法，成为著作权保护体系的有机组成。这样，在未来数字网络环境之下，该模式将能够与传统的著作权保护模式相互呼应、密切配合，在作品的创作和传播上发挥更大的价值。

第五章 “补偿路径”：补偿为基础的著作权保护模式

引 言

技术的发展使得未经授权复制和传播作品的行为广泛存在。为了应对私人复制行为，有学者还提出了著作权补偿金保护模式，许多国家的立法也规定了著作权补偿金制度。

在模拟技术时代，由于复制和传播技术的落后，公众复制他人作品的成本较高，著作权人只需要控制传播作品的中间主体的行为即能够有效地控制其作品。但是，数字网络技术改变了一切，它赋予了公众超强的复制和传播作品的能力。由此，使用者在私人生活领域内可以大量复制和传播著作权人的作品。著作权人仅仅控制作品的商业性复制和传播行为已经无法确保其收益，著作权人和社会公众之间的利益平衡被打破。为了协调著作权人和社会公众之间的关系，有学者提出了著作权补偿金保护模式，一些国家的立法也对之加以规定，希望通过这项制度补偿著作权人因私人复制造成的损失，同时也使公众能够自由复制他人作品，避免动辄得咎。

著作权补偿金制度模式是复制技术发展的产物。它完全不同于其他几种著作权模式，在价值目标、制度理念、运作机制上都自成一体。其突出特点在于，将著作权人的排他性著作权变为获得报酬权，将存在争议的私人复制完全合法化。在制度理念上，体现了政府对市场机制进行调控和干预的理念；在立法目的上，意在通过著作权法的强制性制度变迁弥补著作权市场调节功能之不足，缓和不同主体的矛盾，促进作品的传播和利用。

然而，著作权补偿金模式自推出伊始，即饱受争议，赞赏者有之，批评者亦有之。在具体表现形式上，补偿金制度在各国的立法规定也不完全一样，因而必要探讨著作权补偿金保护模式是否具有法律实施上的正当性、是否能够激励作品的供给和传播，未来的著作权保护模式的改革，是否要建立这种以补偿为基础的著作权保护模式。

第一节 著作权补偿金制度的引入及发展

一、私人复制与著作权补偿金制度的引入

随着产业革命的深入，照相机、打印机、录音机、录像机等复制设备层出不穷。社会公众拥有这些设备之后，可以在私人场所不受控制地复制作品。作品复印件与原件相比，质量并无显著的减损，可以有效地加以使用。由此，很多人选择不再购买著作权人的作品，转而通过私人复制获取作品，导致著作权人的商业利益受损。在这一背景之下，私人复制开始变得不受著作权人的欢迎，甚至有著作权人起诉了以个人使用为目的的复制了大量作品的个人。① 但是，面对分散在世界各地的私人复制者，著作权人又断无可能一一诉讼维权，或者与这些私人复制者达成有关作品使用的授权许可协议。在这种情况下，著作权补偿金制度被提出，并得到了许多国家立法的认可。在制度形态上，著作权补偿金制度乃是将著作权人的著作权降格为法定报酬权，公众可以自由使用著作权人的作品而不需要预先得到授权许可。同时，法律确定与作品复制有关的特定设备为收费对象，按制造、销售的特定设备征收一定比例的税费，将所收款项分配给著作权人，补偿其因为私人复制所受的损失。

随着技术的进步，私人复制正日益对著作权人的利益构成严重威胁。所谓“私人复制”（Private Copying），是个人在私人生活领域利用复制技术对受著作权保护的作品进行复制的统称。有学者认为，私人复制“仅指复制一件受著作权保护并包括在某个材料中的作品的简短片断或某些孤立

---

① 著作权产业曾经针对典型的大量复制或下载作品的个人提起诉讼，试图遏制私人复制的势头，但是收效并不大。关于著作权产业起诉个人的情况，see Neil Weinstock Netanel, “Impose a Noncommercial Use Levy to Allow Free Peer-to-Peer File Sharing”, 17 *Harv. J. Law & Tec*. 1, 8。

的作品，仅供复制者个人使用（例如研究、教学或娱乐）”①。也有学者认为，私人复制是“自然人为私人使用所进行的复制，这种复制没有直接或间接的商业目的”②。由联合国教科文组织亚洲文化中心编撰的《亚洲著作权手册》则认为：“以个人或在家庭等有限的范围内使用为目的时，允许进行私人用途的复制。”③ 由上述定义可知，私人复制具有目的上的限制，即限制在为私人在其个人或家庭内部进行使用的目的，不具有商业性。如果私人在私人生活范围内以商业传播为目的大量复制受著作权保护的作品，则自然不构成私人复制，而是以公开传播作品为目的的著作权侵权行为。当然，根据合理使用和权利穷竭的规定，如果私人对于其通过合法渠道购买的作品，在其私人生活范围内为个人学习、研究、欣赏的需要而进行的使用，是一种正当的行为，因此，私人复制并非严格的法律术语，而是一种对特定作品使用行为的笼统的称谓，既包括那些属于合理使用的行为，也包括一些超出合理使用范畴，但是属于私人为其个人或家庭内部使用而进行的复制。这一类复制行为由于不涉及商业性质，一般不认定其为著作权侵权行为，但是又由于其很可能替代著作权人的作品销售市场，因而会对著作权人的利益造成损害，其侵权与否目前还存在争议。

著作权人对私人复制的态度随着技术的发展而逐步转变，这种转变最终使著作权人和私人复制者双方的矛盾进一步尖锐，著作权补偿金制度由此作为协调双方矛盾的产物而出现。在著作权制度产生之后的很长一段时间内，囿于复制技术的落后，作品复制件的效果较差，加之复制设备昂贵，人们无法或很难对作品进行复制。著作权人无须顾及私人复制行为，只需要控制商业性的复制和传播行为，即可获得作品之利益。此时的著作权制度设计注重于控制印刷商、发行商等作品传播的“中间主体”，对于私人复制，由于对著作权人的利益不构成威胁，著作权人并未予以关注，著作权法也不予调整。“书籍和其他印刷物的购买者和阅读者很少被认为是版权人利益潜在的竞争对象或威胁。早期的著作权法并不关注于小规模

---

① 〔西〕德利娅·利普希克：《著作权与邻接权》，联合国教科文组织译，北京，中国对外翻译出版公司，2000，第169页。

② Prof. P. Bernt Hugenholtz，Dr. Lucie Guibault，Mr. Sjoerd van Geffen，final report of “The Future of Levies in a Digital Environment”，Institute for Information Law，Amsterdam，March 2003，p. 12，at http：//www. ivir. nl/publications/other/DRM&levies-report. pdf，访问日期：2016－05－24。

③ 《亚洲著作权手册》，载 http：//www. accu. or. jp/appreb/10copyr/hb _ pdf/hbchines. pdf，访问日期：2016－05－05。

的发生在家里或工作场所的手工复制。”①

情况随技术的发展而发生了变化。及至20世纪，科技飞速发展，能够复制作品的静电复印机、录音录像机、照相机等先进的复制设备陆续出现，价格也降低到社会公众能够承担的水平，许多人选择购买复制设备，在家庭之中进行作品的复制以供个人使用。于是，私人复制以几何倍数递增。这些私人复制的目的各异，有的是出于学习、研究、教学之目的，有些是为了节约购买作品的资金。后一种目的的私人复制行为愈加普遍，使越来越多的人不再通过著作权人授权的渠道购买作品。这产生了市场替代的效果，使著作权人的利益受到了损害。著作权人开始转变对私人复制的态度，主张私人复制行为不再属于合法行为。

著作权人虽然对私人复制的态度发生了转变，但是却无法对私人复制实施有效的控制。这主要是由两方面原因造成的：一是私人复制行为的性质难以确定。关于私人复制行为是否是侵权行为，存在很大争议。从历史上看，这种行为长期存在，且多发生在私人生活领域，并且，一些私人复制行为是出于个人学习、研究、欣赏之目的，被认为是人们对其所拥有的作品所进行的合理使用，因而著作权法在漫长的发展历程中并未对其加以调整，而将其认定为合法行为，这使著作权人很难利用著作权法对私人复制进行规制。正如有学者所言：“从历史上看，欧洲的私人复制在版权保护范围之外，因为私人复制并不被认为是将作品传播给公众的手段。”②在复制技术发达之后，虽然很多私人复制难逃侵权之嫌疑，但由于复制目的的非商业性特点，立法依然难以将私人复制明确认定为侵权行为，著作权人尚无法依据著作权法对私人复制进行有效控制。二是著作权人规制私人复制行为还面临着宪法所规定的公众隐私权的保护问题。由于私人复制多发生于个人或其家庭范围之内，即便私人复制涉嫌侵权，著作权人也很难采取有效的措施对这种私人生活领域的行为进行干预，否则将发生著作权与作为基本人权的隐私权的冲突。正如有学者所言：“私人复制例外的合理性部分是出于保护最终用户私人空间的考虑。基于类似原因，现代欧洲著作权法已经通过豁免私人领域内的行为限制了一些对公众表演或传播进行禁止的行径。这些限制反映了这种隐私权利，它被认为是1950年

① Natali Helberger & P. Bernt Hugenholtz, *Copyright, Digital Rights Management Technology, and Consumer Protection*; “No Place Like Home for Making a Copy: Private Copying in European Copyright Law and Consumer Law”, 22 *Berkeley Tech. L. J.* 1061, 1065.

② Ibid., 1068.

《欧洲人权公约》签订以来的一项基本权利或自由。"①

由于对私人复制行为的性质存在争议，加之公众隐私权的阻隔，尽管私人复制给著作权人的经济利益带来了损害，但是著作权人也无法采取有效的措施加以制止。为了补偿著作权人因私人复制遭受的损失，同时避免对私人复制行为产生的争议，一些国家开始采取著作权补偿金制度。不仅大陆法系，英美法系的美国、加拿大等国家也都在立法中采纳了著作权补偿金制度，以之作为传统著作权保护模式的补充。"许多国家，包括加拿大和大部分欧洲国家，都允许私人自由地制作作品复制件，同时对私人复制设备和媒介征税，作为对著作权人的补偿。"② 著作权补偿金制度并无固定统一的法律称谓，不同国家的著作权补偿金制度在具体规则设计上也有所区别③，但是其内涵和制度形态基本一致，都是指在大规模私人复制出现以后，对复制设备或媒介征收一定税费，分配给著作权人，以补偿著作权人因私人复制所遭受的损失。通说认为，著作权补偿金制度的实施一方面使社会公众可以继续在一定范围内私人复制作品，避免了私人复制定性的争议，另一方面也使著作权人可以获得一定的经济补偿，使双方的矛盾暂时缓和。

二、著作权补偿金制度在各国的确立

随着私人复制的兴起，许多国家建立起著作权补偿金制度，试图调和著作权人和社会公众之间的矛盾。德国是世界上最早采用著作权补偿金制度的国家之一。德国著作权补偿金制度的建立，源于著作权人与复制设备制造商之间的诉讼。

由于私人复制的性质难以确定，加之私人复制多发生于私人生活领域，涉及隐私权等人权，著作权人遂将矛头对准为公众提供复制设备的供应商或制造商，要求复制设备的供应商制造商为公众的私人复制行为承担

---

① Natali Helberger & P. Bernt Hugenholtz, *Copyright, Digital Rights Management Technology, and Consumer Protection*; "No Place Like Home for Making a Copy: Private Copying in European Copyright Law and Consumer Law", 22 *Berkeley Tech. L. J.* 1061, 1068.

② Neil Weinstock Netanel, "Impose a Noncommercial Use Levy to Allow Free Peer-to-Peer File Sharing", 17 *Harv. J. Law & Tec.* 1, 32.

③ 在西方国家有的文献称之为私人复制税（Private Copying Levy），也有的称之为空白媒介税（Blank Media Levy）或者私人复制补偿金（Compensation for Private Copying）。

间接侵权责任。1955 年，在 Grunding Reporter 案①中，德国著作权集体管理组织 GEMA 将录音设备制造商告上法庭，要求法院判决录音设备制造商停止销售录音设备，除非制造商能让消费者意识到消费者在著作权法之下所承担的义务，并赔偿因过去的侵权给著作权人造成的损失。法院经审理认为，立法者在 1901 年著作权法的制定中，无法预见到家庭录音的问题，因此有必要对法律进行解释。法院认为，使用作品的使用者与创作者之间直接存在利益冲突，而创作者应当得到保护，但是，在著作权法之中并没有一般性的原则不允许作者对个人的私人领域主张权利，因此作者有权禁止这种私人录音，在现实中无法执行这种权利与法律上承认这种权利是无关的。基于此，法院判决录音设备制造商停止销售这种设备，但是并没有提及可能的著作权侵权，因而拒绝了 GEMA 的赔偿要求。1964 年，Personalausweise 案②再度将私人复制推至风口浪尖。该案中，GEMA 要求录音设备的制造商在将录音设备销售给批发商或零售商后，必须将购买其录音设备的消费者的身份告诉 GEMA。德国最高法院认为，录音设备的制造商确实利用私人家庭录音获利，但 GEMA 不能够强迫销售者公布购买设备的消费者的身份以鉴别这些消费者是否从事了非法的行为。法院认为，尽管家庭录音构成了著作权侵权，但这些控制措施也无疑会与个人隐私权利不受打扰相冲突。通过上述两个案件可知，德国的法院认为，尽管著作权应当受到保护，私人复制的合法性存在疑问，但由于隐私权等基本人权的存在，在对待著作权人是否可以直接规制私人复制的问题上还是应持谨慎态度。在 1964 年的 Personalausweise 案中，德国最高法院认为家庭录音缺乏合理性，但是依然认为著作权人不能够干涉个人在私人领域内的行为。

基于著作权人和社会公众在私人复制问题上利益冲突的复杂性，德国创新性地采取了著作权补偿金制度。一方面承认私人复制不受干涉，系属合法；另一方面对能够进行复制的录音、录像设备按其售价征收补偿金，对著作权人因私人复制所遭受的损失进行补偿。“著作权补偿金制度首见于 1965 年的德国著作权法，其初衷是通过从极有可能被用以侵害复制权的录音、录像设备或空白录音、录像带上，收取一定金额，以解决私人复

① See BGH，decision of 24 June 1955 - Aktz.：I ZR 88/54 (Mikrokopien) in GRUR 11/1955，p. 546.

② See BGH，29 May 1964 - Aktz.：Ib ZR 4/63 (Personalausweise)，in GRUR 02/1965，p. 104；Bygrave and Koelman 2000，p. 101，and Visser 1996，p. 50.

制对影音著作权人的不合理损害。"① 1985 年，德国著作权补偿金制度的征收范围扩展到了录音、录像的空白存储媒介。"德国的版税条款涉及最为广泛，他们不认为私人复制是侵权行为，但是对音频和视频设备，以及录音设备空白磁带和卡带的销售额进行征税。同样的，征税对象还包括复制设备（包括复印机、扫描仪和新近出现的 CD 刻录机），以及一些拥有这些设备（主要是使用复印机）的主体，包括大学、图书馆和复印店。德国（和法国）政府还对通常用途的家用电脑征税，但是饱受非议。"②

除了德国以外，很多欧洲国家也都确立了著作权补偿金制度。"自 1965 年开始，12 个欧盟成员国都设置了因复制和家庭录音活动的版税制度来补偿作者，按时间顺序排列分别为：德国（1965），奥地利（1980），芬兰（1984），法国（1985），荷兰（1990），西班牙（1992），丹麦（1992），意大利（1992），比利时（1994），希腊（1994），葡萄牙（1998），瑞典（1999）。目前，只有三个欧盟成员国未确立因复制和家庭录音活动的版税制度：爱尔兰，卢森堡和英国。"③ 尽管欧洲的许多国家都设立了著作权补偿金制度，但是制度的具体内容并不一样，在征税的对象、征税额度的确定、税费的分配等环节都具有本国特色。例如，在征税额度的确定上，一些北欧国家是由集体管理组织和作品的使用者通过协商的方式确立征税的额度，而大多数欧洲国家都是由政府通过法定方式确定征税额度。④

不仅大陆法系许多国家建立了著作权补偿金制度，英美法系的美国也确立了补偿金制度来补偿因复制技术发展而受到损害的版权人。与德国相类似的是，美国版权法中的私人复制版税制度也源于版权人对复制设备提供商的诉讼，这就是美国著名的 Sony 案。在该案中，被告 Sony 公司开发并销售了一种录像机，可用于家庭电视节目的录制。大量用户使用其来录制受版权法保护的节目。版权人认为此举违反版权法的规定，损害其经

---

① 曹世华：《论数字时代的版权补偿金制度及其导入》，《法律科学》2006 年第 6 期。

② Neil Weinstock Netanel, "Impose a Noncommercial Use Levy to Allow Free Peer-to-Peer File Sharing", 17 *Harv. J. Law & Tec.* 1, 32.

③ Prof. P. Bernt Hugenholtz, Dr. Lucie Guibault, Mr. Sjoerd van Geffen, final report of "The Future of Levies in a Digital Environment", Institute for Information Law, Amsterdam, March2003, p. 12, at http://www.ivir.nl/publications/other/DRM&levies-report.pdf, p. 12, 访问日期：2016-05-20。

④ 欧洲各个国家著作权补偿金制度的具体不同之处，See Prof. P. Bernt Hugenholtz, Dr. Lucie Guibault, Mr. Sjoerd van Geffen, final report of "The Future of Levies in a Digital Environment", Institute for Information, Law, Amsterdam, March 2003, p. 12, at http://www.ivir.nl/publications/other/DRM&levies-report.pdf, p. 14, 访问日期：2016-05-20。

济利益，于是起诉Sony公司，要求其为用户的私人复制行为承担间接侵权责任。此案经过3年诉讼，一审法院判决版权人败诉，二审法院却认为Sony公司构成了间接侵权，但美国最高法院最终认定Sony公司无须为其用户的直接侵权行为负责。美国最高法院认为：用户使用Sony公司的录像机录制节目，以便日后有时间的时候观看，是一种对作品基于“时间转换”的使用行为，属于合理使用，因此，Sony公司的录像机具有“实质性非侵权用途”。亦即，录像机本身既能用于合法行为，也能用于版权侵权行为。Sony公司仅仅向用户提供录像机，并没有办法区分用户对作品的合理使用行为和非法使用行为①，因此不构成版权侵权。美国最高法院在Sony案中支持了社会公众在家庭空间录制电视节目的合法性，引发了美国各界对私人复制的大讨论。“在Sony案促动之下，国会表态拒绝对盒式磁带录像机的销售征税，但同时，Sony案给家庭录制音乐是否构成合理使用留下了探讨的空间。唱片业游说国会，要求国会采取行动禁止数字复制设备的生产和进口。”② 20世纪80年代，美国公司推出了数码录音带，这种录音带可重复对作品进行录制，录音质量较好。这引起了音乐产业界的恐慌。音乐版权人游说国会，要求国会采取措施，通过立法限制录音带在美国的销售和使用。最终，美国出台了《1992年家庭录音法案》(The Audio Home Recording Act of 1992)，作为协调版权人、复制设备生产和销售商以及社会公众各方利益的法律机制。《1992年家庭录音法案》规定，对美国境内制造和销售的数字录音设备以及用来存储音乐的数字录音带征收私人复制税。根据该法案的规定，“制造或输入数字录音设备或数字录音储存媒介物的从业者均须缴交一笔法定授权金。其中，制造或输入数字录音设备的从业者，每卖出一台数字录音设备，须缴交该设备销售价2%的法定授权金给美国版权局，但每一数字录音设备的授权金数额，最低不得低于1美元，原则上，最高不得高于授权金上限（授权金上限为每一设备8美元）；制造或输入数字录音储存媒介物（如DAT、DCC、Mini Disc）的从业者，每卖出一件数字录音储存媒介物须缴交该媒介物销售价3%的法定授权金给美国版权局”③。值得注意的是，美国版权补偿金制度的适用范围极其狭窄，仅适用于当时出现的数字录音设备和

① Sony Corp. of Am. v. Universal City Studios, Inc., 464 U.S. 417, 438, 442 (1984).

② Neil Weinstock Netanel, “Impose a Noncommercial Use Levy to Allow Free Peer-to-Peer File Sharing”, 17 *Harv. J. Law & Tec.* 1, 32.

③ 黄晓：《国外著作权补偿金制度施行情况》，《人民法院报》2014年10月29日。

录音媒介。随着数字技术的进步，该种数字录音设备和录音媒介已经过时，许多设备退出了商业流通领域。“目前仅三种具有商业价值的设备落入了该法的规制范围：数字录音机、迷你磁盘（MD），CD刻录机。还包括机器使用的存储媒介。”① 由此可见，美国的版权补偿金制度已经日趋式微，适用范围不仅狭窄，所发挥的作用也极为有限。与美国毗邻的加拿大也于1997年引入版权补偿金制度。加拿大的版权补偿金的适用范围也较为有限，仅仅适用于录音媒介、录音设备、录像媒介。

在亚洲的日本，政府为应对复制技术的挑战，在1992年引入著作权补偿金制度，补偿金征税对象是数字录音磁带、数字小型盒带和迷你唱片。② 关于日本著作权补偿金制度的分配办法，“根据日本私人录音补偿金管理协会（SARAH）所公布的资料，录音机器的补偿金比例为定价的1.3%，但上限为一千日圆（单录音座的录音机器）或两千日圆（双录音座的录音机器）；录音储存媒介物的补偿金比例则为定价的1.5%。私人录音补偿金管理协会自数字录音机（带）的制造商（贩卖商）取得补偿金，并提拨一定比例的共同基金用以进行与保护著作权等相关事务等的公益活动后，即分配给加盟的中介团体。其中，该补偿金的36%分配给日本音乐著作权协会，32%分配给日本艺能实演家团体协议会，其余32%则分配给日本唱片协会”③。

据澳大利亚版权委员会的统计，目前世界上至少有42个国家采用了著作权补偿金制度。④

虽然各国著作权补偿金制度在征税对象、征税税额、分配方式上存在区别，但是其制度的基本理念和规则设计原理是一致的。著作权补偿金制度是复制技术发展的产物，是为了协调著作权人和私人复制者之间的矛盾而引入。在进入数字时代之后，著作权补偿金制度有了新的发展，主要表现在各国将数字媒介纳入著作权补偿金的征收对象中，例如德国把扫描

① 〔美〕威廉·W. 费舍尔：《说话算数：技术、法律以及娱乐的未来》，李旭译，上海，上海三联出版社，2008，第75页。

② 参见〔日〕木棚照一：《世界贸易组织成立后日本知识产权法的发展》，载 http：//www.japanlawinfo.sdu.edu.cn/html/minshangfa/20071202/326.html，访问日期：2016-05-26。

③ 黄晓，《国外著作权补偿金制度施行情况》，《人民法院报》2014年10月29日。

④ Prof. P. Bernt Hugenholtz，Dr. Lucie Guibault，Mr. Sjoerd van Geffen，final report of “The Future of Levies in a Digital Environment”，Institute for Information Law，Amsterdam，March，2003，p.12，at http：//www.ivir.nl/publications/other/DRM&levies-report.pdf，p.13，访问日期：2016-05-26。

仪、CD刻录机纳入征税范围，美国和日本也对销售数字录音储存媒介物的业者进行征税。这说明，它并没有随着数字技术的发展而逐渐消亡。相反，数字技术的发展使私人复制越来越普遍，著作权补偿金模式也成为各国政府应对私人复制的措施之一。

三、补偿为基础的著作权保护模式的构想

在模拟技术时代，著作权补偿金制度随着技术的发展应运而生。网络技术兴起之后，私人领域内对著作权人作品的复制变得更为普遍，著作权人难以控制。在这种情况之下，有学者提出，在网络环境之下可以采取著作权补偿金制度，以避免私人复制面临的争议。美国学者奈特尼尔和威廉·W. 费舍尔教授都提出了数字网络环境下的著作权补偿金制度构想。

数字网络技术的发展使著作权人和社会公众之间的矛盾日益尖锐，在这种情况下，著作权人主要采取了四种方法来应对数字网络技术的挑战。一是采取技术保护措施以及权利管理系统，阻止用户接触或使用作品。二是通过诉讼方式打击网络服务提供商等为用户服务的第三方主体。三是加强对P2P文件交换以及为P2P文件交换提供帮助行为的厂商的刑事犯罪打击。四是放置错误的或损坏的文件在P2P系统上，干扰P2P软件的分享功能。① 上述措施的一个共同特点在于“压制”，即著作权人通过技术手段、诉讼手段等打击私人复制和共享行为。尽管著作权人“多管齐下”，效果却并不理想，网民们习惯于免费下载和使用作品，著作权人依然无法有效地控制他人对其作品的使用。“无论版权人的动机和他们的目的如何，版权工业的努力看起来收效甚微。有些时候，他们还抑制了有价值的、非侵权性质的表达；有些时候，他们没能抑制住任何事。”②

美国学者奈特尼尔教授认为，数字网络环境下，著作权人和社会公众之间已经形成了“僵局”，需要对版权法进行改革，以应对新兴技术的冲击。据此，他构建了一整套数字网络环境下实施的补偿金制度模式。由于网络时代，公众主要借助于P2P技术下载和分享作品，因而奈特尼尔教授的关注点集中在P2P共享技术。他指出：“版权财产权体系的缺点在P2P环境下被扩大了。在P2P文件交换中适用版权法，会施加不合理的

---

① See Neil Weinstock Netanel, “Impose a Noncommercial Use Levy to Allow Free Peer-to-Peer File Sharing”, 17 *Harv. J. Law & Tec.* 1, 9.

② Ibid., 19.

执行成本和消费者福利成本，也会损害技术的革新，阻碍市场进入，以及很大程度上抑制 P2P 网络系统赋予的完全的自我表达。”① 因此，可以对 P2P 文件共享系统实施“非商业性使用税”（Noncommercial Use Levy, NUL）。“我提出一种想法，这种想法我认为是最佳的：允许不受限制的非商业性 P2P 文件交换，同时对与 P2P 相关的服务和产品征税。NUL 将会使个人获得非商业性复制和传播任何表达内容的版权豁免，而在此之前，这些表达内容由版权人许可给公众。NUL 将会同时建立两个完善的机制，一方面允许受版权保护的作品无限制地被使用，另一方面仍能补偿版权人。”②

在征税对象上，奈特尼尔教授提出的 NUL 补偿金制度将主要对与 P2P 文件共享有关的设备和媒介征税，包括互联网接入设备、P2P 软件与服务、电脑硬件，以及消费电子产品如 CD 刻录机、MP3 播放机、数字录音机。税费计算上，将主要评估版权人在网络环境下因私人复制和共享所遭受到的损失，以此作为税费征收的参考。版权局特别法庭将会决定 NUL 的征税额，在特别法庭裁决之前利益相关方还可以协商税率。在决定 NUL 的征税额方面，特别法庭将会适用版权法就特定法定许可设置的“合理返还”标准。奈特尼尔教授认为以相关设备、媒介销售额的大概 3%作为征税额是比较合理的。在税费的分配上，奈特尼尔教授指出可以利用数字追踪技术和水印技术来测算著作权人的作品以及其衍生作品被使用的次数，以作为税额分配的依据。“当税额征收后，补偿金将根据他们各自的作品和他们作品的衍生版本的使用程度来分配。”③

除了奈特尼尔教授，费舍尔教授也提出了数字网络时代的著作权补偿金模式。他指出：数字网络技术对传统唱片和电影产业形成了冲击，“会破坏艺术工作者因创作而获益的传统模式”④。面对挑战，有三种可供参考的版权法改革方案。一是坚持传统的财产权保护路径，强化版权保护。即在数字网络环境下，严格执法，广泛采取技术措施保护作品。随着市场授权机制的完善和交易成本的降低，缩小法定许可等非自愿许可的适用范围。二是政府监管模式。借鉴传统被监管行业的理论及实践经验，加强对

①② Neil Weinstock Netanel, “Impose a Noncommercial Use Levy to Allow Free Peer-to-Peer File Sharing”, 17 *Harv. J. Law & Tec.* 1, 5-6.

③ Ibid., 4.

④ 〔美〕威廉·W. 费舍尔：《说话算数：技术、法律以及娱乐的未来》，李旭译，上海，上海三联出版社，2008，第 6 页。

版权产业的监管，强制唱片和电影公司向传播者授权，对许可费进行规范，并预先拟订收益分配方案。三是行政补偿体系。实施补偿金制度，对能够进行私人复制的设备和媒介进行征税，将所征税费按作品使用的程度分配给相关著作权人。[①] 费舍尔教授指出，这三种方案在现实中都是可以实施的，都具有其自身优点，同时不可避免地存在一些缺陷：传统财产权保护路径可以有效遏制作品的非法复制和传播，确保版权人获取利益；可以激励版权人形塑各种在线授权机制，降低交易成本；能够实现价格区分，丰富消费者选择，增进版权人收益。但是，可能存在的负面效果包括：产业更加集中；消费者对作品改编、借鉴的权能受到限制；创新的领域将缩小。政府监管模式实施起来也会带来一定的积极效果，例如，以互联网方式传播在线作品将更为便利，版权人的收入更为稳定，创作者和表演者的收入会增加，但是缺陷在于可能导致交易成本过高，政府监管企业常常会导致市场扭曲等。[②] 与这些改革方案相比，费舍尔教授更为推崇行政补偿模式。费舍尔教授指出，传统版权法体系是一种类似于不动产法的封闭的财产权体系，它没有遵循作品具有的公共产品属性，与互联网技术的特点背道而驰。而版权补偿金模式则能够较好地契合数字网络技术，提升作品的传播效率，同时还能给予版权人充分的补偿。该补偿金模式的基本实施方案是：如果版权人要获得版权补偿金报酬，需要登记其作品，每个作品会获得独一无二的注册码，以便跟踪作品数字化版本的使用情况。政府需要评估版权人因数字网络技术的冲击所遭受的损失，以该损失额作为征税依据，向主要用来复制和传播作品的设备与服务进行征税，将税费分配给登记了作品的版权人。为了保证税费分配的合理性，政府可以利用技术手段将注册码嵌入作品数字化文件之中，对作品的数字化版本的下载、复制和在线使用次数进行统计，然后根据这些使用情况来决定税额的分配。[③] 费舍尔教授认为，该补偿体系的社会效果将会很明显：消费者获得便利；创作群体可以更方便地对作品进行再创作；作品的交易成本将大为降低；娱乐产业过度集中的状况会得到缓解。综合不同的版权法改革方

---

① 参见〔美〕威廉·W. 费舍尔：《说话算数：技术、法律以及娱乐的未来》，李旭译，上海，上海三联出版社，2008，第7～9页。

② 参见上书，第8页。

③ 参见上书，第184页。

案，“权衡利弊得失，（行政补偿体系）仍是三种解决思路中最可取的”①。

数字网络时代著作权保护的困境，促使一些学者考虑传统著作权保护模式的替代方案，这些方案的共同特点在于以补偿模式代替传统的著作财产权保护模式，充分利用网络技术提高作品传播的效率、释放作品的正外部性。学理上可以将之归类为以补偿为基础的著作权保护模式。尽管奈特尼尔和费舍尔教授的著作权补偿金方案还仅仅是一种构想，并未在立法中得到实现，但是这些方案为改革传统的著作权保护模式提供了参考。它至少告诉我们，传统著作权保护模式并非唯一可供选择的制度形态，不同的著作权保护模式都有其自身的优势和缺陷。认清这些优势和缺陷，采取恰当的制度设计，避免或减少制度的负面效果，以较小的成本实现作品创作和使用效率的最大化，是未来著作权保护模式改革的基本方向。

第二节　补偿为基础的著作权保护模式的理论基础

以补偿为基础的著作权保护模式，在理论基础、运作机理、制度设计上，迥然有别于传统的以财产权为中心的著作权保护模式。为了更准确地理解补偿为基础的著作权保护模式的特点，需要首先探究其理论基础，明确其价值取向和理论依据。

一、补偿为基础的著作权保护模式的价值取向

补偿为基础的著作权保护模式，是为应对数字技术挑战而产生的，其主要目的在于平衡著作权人和社会公众之间的利益关系。在价值取向上，补偿为基础的著作权保护模式在保护著作权人的利益的同时，更为关注使用者对他人作品的合理使用、借鉴和再创作，以期最大限度地发挥作品的正外部性，释放新技术的能量。

模拟技术时代的著作权保护模式是以权利人为中心构建的制度，他人对著作权作品进行使用，除法定情形之外，都需要经过权利人的许可。这使作品的创作、传播都被纳入了著作权人控制的轨道。尽管这种排他性财产权保护模式促进了著作权产业的发展，使得市场上的作品越来越丰富，

① 〔美〕威廉·W. 费舍尔：《说话算数：技术、法律以及娱乐的未来》，李旭译，上海，上海三联出版社，2008，第9页。

但这些作品是标准化流水线生产的商品，一些不易得到市场青睐或缺乏市场盈利空间的个性化作品，在这种产业利益最大化的模式中无法得到发展。由于缺乏发行和传播渠道，一些创作者、艺人无法脱离产业资本雄厚的版权产业公司而从事独立的创作，给文化的多样化带来了不利影响。在数字网络技术的帮助下，人们可以更为方便地对作品进行使用。一方面，对他人作品未经许可的使用可能导致著作权侵权，但是另一方面，技术也极大降低了对他人作品进行学习、借鉴和创作的成本。费舍尔教授就指出，新技术将会给人类社会带来巨大的变化。借助于新兴技术，作品能更有效率地传播，极大地降低发行成本，更多的小型公司或个体将能够传播其作品；众多的艺人可以摆脱大型公司的控制，独立地与社会公众建立联系；文化产品将更为丰富，满足消费者的多样化需求，促进文化的多样性。最为重要的是，创作衍生作品的民主和自由即符号民主将得到极大的体现，人们可以对作品进行便捷的再加工和再传播，对作品进行评论、批评与反思，并形成个体之间基于合作和共享而形成的新的创作模式。① 可以说，数字网络技术在创作和传播作品方面的低成本，赋予了创新以新的方式，有利于创作自由和符号民主。

新技术给社会带来的这种变化，主要得益于数字网络环境的特点。与传统模拟技术环境相比，数字网络环境在信息流通上具有离散性、交互性的特点。社会公众可以利用互联网直接交换大量信息和资讯，不需要借助于传统的“中间主体”。个体之间可以互通信息、交流合作、共享作品资源，共同协作进行作品的创作。作品创作的灵感来自于相互的沟通和信息交流。因此，目前的技术革命带来了文化的多样性，它有助于更准确地满足消费者的欣赏品位，消费者更加主动，更具有鉴别力以及更加充满活力。这有助于发展成员个人的“心理和道德能力”，从而使整个社会文化更加“丰富、多样和活跃。它鼓励并且能使娱乐产品的接受者进行再加工和再传播，使消费者参加到作品的创作过程中来”②。

支持著作权补偿金制度的学者认为，由于私人复制大量发生，著作权人无法有效地控制其作品。面对技术的变迁，著作权法没有采取适时的措施进行自身的调整完善。因此著作权人只能通过技术保护措施和进行法律

① 参见〔美〕威廉·W. 费舍尔：《说话算数：技术、法律以及娱乐的未来》，李旭译，上海，上海三联出版社，2008，第8～20页。

② 同上书，第15、17、18页。

诉讼的方式保护其财产权。在这一过程之中，有可能其行为侵害到社会公众合理使用作品的权益，损害到文化的交流和创新。在这种情况下，著作权制度处于两难的境地，迫切需要进行新的制度革新。继续强化著作财产权保护、打击私人复制、允许著作权人加强对消费者的控制和干涉虽然是可选的制度方案之一，但却容易造成著作权人与公众之间关系的禁止，不利于后续创新。而如果任由公众自由使用著作权人的作品，也会严重削弱著作权人投资于作品的积极性，最终导致作品供给的不足。基于此，一些学者认为可以建立著作权补偿金保护模式，弱化财产权，改排他性财产权为获得报酬权。这种保护模式利用了非自愿许可机制，通过改革传统的排他性财产权保护模式，调和著作权人和社会公众的矛盾，使著作权人和社会公众重新回到利益平衡的轨道。赞同著作权补偿金模式的学者认为，在未来著作权保护模式的改革中，在制度的选择和设计上应当让技术的潜在优势得到最大限度的发挥，促进知识的传播和创新，同时注意保护著作权人的商业利益，给予著作权人一定的补偿，将新技术产生的损害降至最低。① 学者相信，著作权补偿金制度满足这些要求，能够充分释放新技术的能量，增进创作自由和符号民主。

补偿为基础的著作权保护模式意在调和著作权人和社会公众的矛盾，从以著作权保护为中心转移到促进作品的使用和传播为中心，充分释放新技术的能量。但是，在具体制度的构建方面，哪些情况下可以采用著作权补偿金模式？著作权补偿金模式的适用范围又应如何确定？这些都是理论与实践面临的重要问题。为此，需要首先明确补偿为基础的著作权保护模式的理论依据。

二、补偿为基础的著作权保护模式的理论依据

著作权的设立是为克服作品这种公共产品供给的市场失灵，以赋予特定主体排他性财产权的方式，构建著作权交易的市场，激励人们进行作品的创作和传播。“版权法构建出作品自由交易的市场，使得知识产权的市场得以发挥功能。”② 从不同的角度来分析，以补偿为基础的著作权保护模式的理论依据都在于克服著作权市场存在的市场失灵，以政府的强制性

① 参见〔美〕威廉·W. 费舍尔：《说话算数：技术、法律以及娱乐的未来》，李旭译，上海，上海三联出版社，2008，第 27 页。

② Wendy J. Gordon, “Fair Use as Market Failure: A Structural and Economic Analysis of the Betamax Case and Its Predecessors”, 82 *Colum. L. Rev.* 1600, 1612.

制度安排克服著作权的高交易成本，实现作品资源利用的效率。

首先，从著作权补偿金制度建立的历史源流来看，它是为克服私人复制无法控制的问题所采取的补救性措施，避免过度干涉私人生活领域。正如前文所言，私人复制技术的发达使个人在其私人空间内复制作品的行为日益增多，这给著作权人维权带来了困难。著作权人以著作权侵权追究使用者的责任，必然将诉讼的矛头指向分散在各地的数量庞大的个人，这不仅意味着高昂的诉讼成本，而且容易引发个人对著作权保护的反感。“（起诉个人）这种策略存在重大的公共关系和市场风险。”① 从著作权补偿金制度的最早发源地德国来看，促使著作权补偿金立法产生的两个案例 Grunding Reporter 案和 Personalausweise 案都是著作权人与复制设备制造商之间的诉讼。当时的著作权人没有选择直接起诉进行私人复制的个人，而是转变策略，起诉为个人提供私人复制设备的制造商，试图让复制设备制造商承担侵权责任，禁止或限制其生产、销售具有私人复制功能的设备。显然，根据宪法的规定，个人私人生活领域属于隐私权保护的范围。即便认定某人行为涉嫌侵权，著作权人或者政府也无法对私人生活领域实施实时的监控，通过法律途径对私人复制进行干预。这不仅将导致宪法上隐私权保护的问题，而且将引发公众对著作权人干涉私人生活的不满。著作权人考虑到了起诉个人所需要承担的诉讼成本和面临的公共关系风险，才将目标转向拥有更大财力、主体更少、更为集中的复制设备制造商。从深层次的原因来看，私人复制无法控制的根源在于著作权人无法通过构建有效的、低交易成本的授权机制，达成与私人复制者之间的许可协议。由于交易成本较高，缺乏有效的授权渠道，私人即便想要为其个人或家庭领域的某些复制行为寻求著作权人的许可，也根本无法实现。于是，有关私人复制的市场实际上处于失灵的状态，面临市场和法律均无法予以调整的困境。在这种情况下，德国立法才通过了著作权补偿金制度，将处于争议之中的私人复制合法化，同时给予著作权人经济补偿。这样，著作权人无须与使用者进行交易，无须对使用者的行为予以干涉，避免了高昂的交易成本和维权成本。使用者也可以直接对作品进行私人复制，不必担心侵权的问题。市场和法律在私人领域均发生失灵的问题得到克服。

其次，从著作权法的基本原理来看，以补偿为基础的著作权保护模式

① Neil Weinstock Netanel, “Impose a Noncommercial Use Levy to Allow Free Peer-to-Peer File Sharing”, 17 *Harv. J. Law & Tec.* 1, 8.

的主要功能也在于克服交易成本过高导致的市场失灵。著作权的保护客体是作品，从经济学角度来看，在完全自由放任的市场环境下，基于作品具有的公共产品属性和外部性，作品市场将不可避免地出现市场失灵。“搭便车”者将乐于免费使用他人作品。而由于收不回创作的成本，人们将不会有向市场提供作品的激励，作品的创作和供给将出现不足。为了克服市场存在的失灵，国家通过制定著作权法，赋予著作权人以排他性财产权，使著作权人可以依据法律排除他人对其作品的“搭便车”，将作品的正外部性内部化，激励著作权人投资于作品的创作和传播。自著作权法诞生以来，正是凭借着排他性的财产权，著作权人得以借助国家力量打击侵权盗版行为，在市场中推出作品并获得利益，消费者也能够获得其需要的作品。

在著作权市场不存在失灵的情况下，市场的自发调节能够作出资源的有效配置，著作权人能够根据市场中作品的价格信号进行作品的生产和传播。而当存在高交易成本等阻碍市场交易正常进行的市场失灵时，著作权人和作品的使用人通过交易所获得的利益将低于交易成本。由于无法获利，市场自发的交易就不会发生，作品的利用效率将降低。这时便需要立法调整相应的权利配置，降低交易成本，提高作品资源的分配效率。当大量的私人复制发生在私人生活范围之内时，著作权人无法与分散在各地的不计其数的个人进行有关私人复制的协商并达成使用协议。在这种情况之下，如果依然坚持传统的财产权保护路径，则著作权人的排他性财产权无异于“空中楼阁”，既无法通过交易有效实现，也无法进行法律规制。与其维持一种无法实现的“纸面上的权利”，不如考虑设置著作权补偿金制度，允许人们进行私人复制，将著作权人的财产权在私人复制领域降格为获得报酬权。这样便克服了市场存在的失灵，让原本无法自发发生的权利使用许可交易直接经由法律强制规定而实现。由此可见，著作权补偿金制度是在著作权市场出现失灵、传统著作权保护模式无法正常运转的状态下作为替代性机制而出现的。

最后，从法经济学基本原理看，著作权补偿金制度体现出法经济学上从“财产规则”到“责任规则”的转变，表明著作权补偿金制度意在克服著作权市场中的高昂的交易成本。著名经济学家科斯（Coase）曾经以交易成本为研究对象，提出了著名的科斯定理。科斯定理认为，在交易成本为零的情况下，无论如何配置财产权利，当事人之间的协商都能够使资源的利用效率达至最优。[①] 而当交易成本不为零时，财产权利的初始配置就会影响到资源的利用效率。某种权利的配置方式有可能会比其他权利的配置方式产生更大的资源利用效率。[②] 而在现实生活中，交易成本为零几乎是不可能存在的，因此，立法对财产权利的初始配置就显得尤为重要。尤其是在交易成本较高的情况下，由于当事人双方在交易成本较高时无从达成交易，或交易的代价过于高昂，财产权利的初始决定将决定资源的利用效率。耶鲁大学法学院的克莱布利斯（Calabresi）和麦勒米德（Melamed）认为，在对财产权利的保护上，法律制度可以分为财产规则和责任规则。财产规则授予权利的所有者以禁止权，使权利人可以排除他人对其财产的干涉。只有经过权利人的许可，他人才能够利用权利人的财产。而责任规则并不赋予权利的所有者以禁止权，权利的所有者只享有损害赔偿权。亦即，他人可以不经权利人的许可，以法律规定的方式使用权利人的财产，但是权利人可以请求他人予以补偿。由此可见，财产规则和责任规则的区别，主要体现在两者排他性的不同。财产规则之下，权利人可以决定交易的对象和交易的价格，排除他人对其财产的干涉；而在责任规则之下，权利人无法决定交易对象和交易价格，仅可以事后要求使用其财产的主体按照法定金额进行补偿。

那么，在财产法律制度的具体构造上，应当如何加以选择呢？克莱布利斯和麦勒米德认为，交易成本是选择财产规则还是选择责任规则的基本标准[③]，亦即，根据交易成本的高低，决定在财产法律制度的构造上是选择财产规则还是选择责任规则。在交易成本较低时，权利的初始配置对资源利用效率的影响并不大，当事人之间可以通过相互协商和交易完成权利的再分配，使资源转移到能够更有效率地利用该项资源的主体；当交易成本较高时，财产权利的初始分配可能导致无效率，如果使资源利用效率提高的交易需要付出高昂的交易成本，则交易可能不会发生，导致资源利用效率的损失。由此，在交易成本较高的地方，可以以责任规则替代财产规则，由政府代替当事人确定法定价格，他人可以利用权利人的财产，同时向权利人支付预先确定的法定价格即可，由此避免交易成本过高所带来的

---

① See R. H. Coase, *The Firm, the Market, and the Law*, the University of Chicago Press, 1988, p. 14.

② See R. H. Coase, “The Problem of Social Cost”, 3 *Journal of Law and Economics* 1, 15 - 16.

③ See Guido Calabresi and A. Douglas Melamed, “Property Rules, Liability Rules, and Inalienability: One View of the Cathedral”, 85 *Harvard Law Review* 1089, 1106 - 1109.

损失。“责任规则通过第三方确定交易条件，降低了本应由交易双方承担的各种交易成本。”[①]

根据上述法经济学基本理论，著作权补偿金制度的采用，显然是以责任规则替代财产规则：在交易成本较高的领域实施法定价格，将著作权人的财产权降格为获得报酬权，克服交易成本过高导致资源配置失灵的弊端。亦即，在私人复制领域，交易成本过高的现象普遍存在，著作权人无法通过有效途径与作品的使用者达成授权许可协议，即便在财产权利的初始配置中赋予著作权人控制某些私人复制行为的权利，著作权人面对私人复制领域高昂的交易成本，也无法有效地实现其权利。由此，在私人复制领域，在权利配置上可以实行责任规则，将著作权人的财产权降格为获得报酬权，克服交易成本过高的弊端，实现作品资源利用效率的最大化。

综上，著作权补偿金制度的理论基础在于通过强制性制度变迁克服著作权市场存在的市场失灵。亦即，通过法定权利的配置替代市场授权许可交易的机制，克服交易成本过高的市场失灵，促使作品更有效率地传播。因此，以补偿为基础的著作权保护模式的适用应当以市场是否存在失灵为判断的基本依据。

第三节 补偿为基础的著作权保护模式的利弊评析

以补偿为基础的著作权保护模式已在全世界四十多个国家和地区实施，充分说明了这一制度的可适性和生命力。为应对著作权保护的困境，亦有许多学者主张在网络环境下适用著作权补偿金制度，以使社会公众利用网络技术使用著作权作品的行为合法化。这就有必要明确以补偿为基础的著作权保护模式的优势与缺陷，给予其恰当定位，探讨其在网络环境下是否更有利于作品资源的优化配置。

一、补偿为基础的著作权保护模式的优势

与注重保护财产权、通过市场来调节作品资源配置的“法律路径”、“技术路径”和“共享路径”不同，以补偿为基础的著作权保护模式是以责任规则代替财产规则，通过政府的强制性权利配置和法定价格建立起来

① 熊琦：《著作权激励机制的法律构造》，北京，中国人民大学出版社，2011，第122页。

的利益分配机制。将著作权人的财产权降格为获得报酬权，能够克服交易成本所导致的市场失灵，那么，在未来著作权保护模式的构建中，应当如何对待补偿型著作权保护模式，在网络环境下促进作品的创作和传播?

首先，补偿为基础的著作权保护模式可以使私人领域内的私人复制合法化，人们无须再担心著作权侵权的问题，能够以更低的成本接触和使用作品，从而充分释放作品的正外部性。

在目前的网络环境中，私人复制大量存在，其行为的性质一直以来就是著作权法之中悬而未决的问题。有一些私人复制实际上是对作品的合理使用，不应构成著作权侵权；而很多私人复制并不是为了对作品进行合理使用，而是为了节约购买著作权人作品的资金。后一种私人复制替代了著作权人的市场销售体系，对著作权人作品的市场销售有不利的影响，难以排除著作权侵权的嫌疑。补偿为基础的著作权保护模式，允许个人在私人空间之内进行作品复制，使对私人复制性质的探讨变得无关紧要，人们可以放心地对作品进行私人复制而不用担心侵权问题。这一方面使人们节省了大量的开支，可以接触和使用更多的作品，另一方面也使得著作权侵权诉讼大为减少，著作权人不必再将矛头指向使用其作品的个人或者为私人复制提供便利的各种设备制造商和供应商，从而降低著作权法的制度成本，增进社会福利。

其次，补偿为基础的著作权保护模式能够显著降低著作权的交易成本，避免著作权权属状况不明造成的“寒蝉效应”，使作品的使用和传播成本降低。

在网络环境下，有电影、音乐、图片、小说等种类繁多的海量作品。由于转载摘编、衍生创作的现象十分普遍，大量网站、博客、微博、论坛、空间等都有各种转载、原创或衍生的作品。很多作品之上并未标示出该作品目前的著作权权属状态，即该作品是否享有著作权、著作权人的姓名或名称、联系方式、许可条件等。由于著作权权属状态不明，社会公众难以确定作品是否享有著作权以及具体权利的内容。即便社会公众想要寻求著作权人的许可，由于缺乏权利归属信息，也面临较高的交易成本，难以寻找到著作权人并取得许可。这可能导致两种情况：一些人由于联系不上著作权人，便放弃使用特定的作品，一些有益于社会的作品使用行为无法发生，造成作品的正外部性无法发挥。还有一些人在联系未果的情况下未经授权使用作品，这就需要承担著作权侵权的风险。在使用过程中如果被著作权人发现，就有可能被诉为著作权侵权，从而付出不必要的法律成本。互联网环境下，著作权状态不明的作品普遍存在，由于交易成本过高、缺乏有效的许可机制，不仅使大量作品在未经授权的情况下被使用，造成“全民违法”的不正常现象，也使著作权诉讼大量发生，侵权纠纷不断，法律实施成本高昂。补偿为基础的著作权保护模式，直接将著作财产权降格为获得报酬权，使著作权人和社会公众无须就私人复制和使用作品达成许可协议，而这显著降低了交易成本。人们出于私人使用目的，在私生活领域内使用作品，将无须费时费力地去寻求著作权人的许可，这一领域存在的高交易成本将不再成为作品使用的阻碍。

再次，补偿为基础的著作权保护模式能够极大地促进有关作品的后续创作，使人们可以充分利用现代技术对作品进行改编和创作，共享作品信息，共同合作创作作品。

在传统著作权保护模式之下，作品的改编受到了著作权中“改编权”的控制。由于这一权利控制的行为针对作品的后续改编，没有区分商业性使用和非商业性使用，因此即便个人以非商业性的目的对作品进行改编并上传到互联网上，也很可能构成著作权侵权。在新技术条件下，人们相互之间合作进行作品的创作，也面临着这一问题。可见，传统著作权保护模式以授权许可作为利用作品的先决条件，限制了公众对作品进行的后续创作，不利于新技术优势的发挥。

数字技术赋予了公众超强的作品改编和创作能力，人们可以利用数字技术对已有的作品进行截取、编辑、加工等，创作出个性化的新作品。同时，网络技术的发达也使人们可以共享作品信息，交流创作心得，共同合作创作作品。正如有学者所言：“新技术鼓励并且能够使娱乐产品的接受者对作品进行再加工和再传播。”① 补偿为基础的著作权保护模式，使后续创作彻底摆脱了著作权侵权的困扰，人们可以借助于先进技术，对作品进行评论、改编、后续创作，不必担心著作权侵权问题。费舍尔教授认为，这将使消费者更多地参与创作过程，更多地利用既有作品创作新作品，促进符号民主。②

最后，从社会整体看，由于补偿金制度的实施，著作权人与社会公众、设备制造商、网络服务提供商的法律纠纷和诉讼都将减少，可以降低

① 〔美〕威廉·W. 费舍尔：《说话算数：技术、法律以及娱乐的未来》，李旭译，上海，上海三联出版社，2008，第 18 页。

② 参见上书，第 224 页。

著作权法的实施成本，消除“全民违法”的不正常现象。

在目前的网络时代，著作权人与社会公众、设备制造商、网络服务提供商之间的关系较为紧张，讼争不断。这既给著作权人增加了沉重的诉讼负担，又给新兴科技的发展蒙上了阴影。不仅如此，网络环境下著作财产权的维权成本较高，私人复制极为普遍，导致“全民违法”的不正常现象，人们对知识产权的不信任感增强，知识产权难以得到人们的认可，成为普遍的行为准则。在一项调查中，甚至40%至56%的被访者都不认为从互联网下载音乐是不光彩的事。① 补偿金制度实施之后，著作权人将无须采取激进的法律策略，去起诉私人复制其作品的个人、各种复制设备的制造商以及网络服务提供商。相反，根据作品的使用情况，著作权人还能够得到一定的金钱补偿，弥补其因私人复制所遭受的损害。这样，著作权法的实施成本将大为降低，各种复制设备制造商、网络服务提供商将可以放心地进行科技研发，向市场推出各种便利于消费者的设备和平台。更为重要的是，“全民违法”的现象将得到极大缓解，私人复制是否侵权的争议将得以搁置，这将使著作权保护得到更多公众内心的认同，符合公众的道德感。

综上，著作权补偿金制度是复制技术发达的背景之下，政府为应对私人复制行为而建立起来的制度，用以补偿著作权人因私人复制遭受的损失，同时使私人复制的行为合法化。从经济学角度看，它最显著的优势在于充分利用新兴技术的特点，能够克服交易成本过高引发的市场失灵，最大限度地提高作品的传播和使用效率。

二、补偿为基础的著作权保护模式的缺陷

在模拟技术环境中，著作权补偿金制度在许多国家得到了运用，发挥了一定的作用，有学者根据著作权补偿金制度的特点，提出在数字网络环境下也应当采取著作权补偿金模式。然而，作为一种法定补偿机制，著作权补偿金制度将著作权人的财产权降格为获得报酬权，有可能遮蔽市场价格信号，不能及时反映市场供求状况，损害市场对作品创作和传播的调节功能，从而减损著作权的激励效果。就此而言，以补偿为基础的著作权保护模式在作品资源的配置上具有难以克服的缺陷。

---

① 参见〔美〕威廉·W. 费舍尔：《说话算数：技术、法律以及娱乐的未来》，李旭译，上海，上海三联出版社，2008，第3页。

根据法经济学原理，财产权是“使用某一资源而在法律上可以被强制执行的权利”①。拥有财产权的主体，可以排除他人对其财产的干涉，并依据其意愿将财产转让给其他人。财产权保护模式可以带来静态收益和动态收益。静态收益与“公地悲剧”有关。例如，在一块天然草场之上，如果不设置财产权，没有人可以排除其他人利用草场，则任何人都会将自己的牲口放养在草场上，由此形成过度放牧，导致“公地悲剧”。避免这种“公地悲剧”产生的方法之一就是设置财产权，将草场的产权赋予私人。这样，草场将能够以更高的效率被利用。财产权的动态收益即指财产权能够给予财产权人以稳定的预期，使其可以投资于某一资源的创造或改进。就著作权法来看，由于著作权的保护客体——作品——具有非竞争性，就著作权的静态收益而言，作品之上并不存在“公地悲剧”，作品无法被过度耗损，而是可以同时供多人使用。由此，著作权更为重要的价值是动态收益。

从经济学原理看，作品作为一种公共产品，具有非竞争性、非排他性的特点。作品的权利人很难排除他人对其作品的“搭便车”。由于作品上的利益无法得到保护，作品的正外部性随意被他人“搭便车”，在完全自由放任的市场环境下，作品的供给将会出现困难，出现人们不愿意提供作品的局面。为了克服著作权市场存在的市场失灵，政府通过立法构建以排他性著作财产权为中心的著作权保护机制。在这一保护机制之下，作品被视为著作权人的财产权客体，在作品之上产生排他性的著作权。与针对有体物的物权相类似，著作权人享有对其作品的排他性支配权，可以依照其意志对作品进行利用。根据著作权法的规定，他人如以受著作权权能控制的方式使用著作权人的作品，必须经过著作权人的许可。由此，著作权人将可以排除他人的“搭便车”行为，收回作品上的投资，著作权自由交易的市场得以形成。

著作权的设置和著作权市场的形成，最重要的功能就是产生“动态收益”，即著作权使具有非竞争性、非排他性的作品，在法律上实现了排他性，具备了法律上成为私人产品的可能。在著作权私有产权设定之后，作品的外部性不再可以被随意“搭便车”，著作权人可以借助于国家力量排除人们对其作品的“干涉”，并通过市场运作“出售他们作品的复制件，

① 〔美〕威廉·M. 兰德斯、理查德·A. 波斯纳：《知识产权法的经济结构》，金海军译，北京，北京大学出版社，2005，第15页。

同时在法律上控制体现于这些复制件中的作品的复制和其他使用方式”①，将其作品的正外部性予以内部化。作品正外部性的内部化给予了创作者和投资人以充分的激励，使他们可以放心投资于作品的创作和传播，通过作品的市场运作实现收益的最大化。也正是借助于著作权的市场化运作，源源不断的符合消费者需求的作品得以问世，形成了庞大的著作权产业，推动了社会文化科技的发展。正如有学者所言：“拥有这样一种权利就说明，考虑到没有任何人可能侵占该资源，就可以投资于某一资源的创造或改进。”“如果没有这种预期前景，就会降低播种的激励。”②

与传统著作权保护模式相比，补偿金为基础的著作权保护模式尽管将私人复制行为合法化，通过法定补偿的方式大幅降低了交易成本，扩大了作品传播的范围，但是却可能带来过分干预市场、导致著作权激励效果减损的负面效果。亦即，作为一种私权机制的替代性方案，著作权补偿金保护模式将以市场自发交易为基础的著作权授权许可模式变成了法定的报酬分配模式，可能损害市场的资源配置功能。著作权补偿金制度一旦全面实施，会遮蔽市场供求信号，使著作权人无法根据市场供求来调整作品的供给，从而打击著作权人投资于作品的积极性。

首先，著作权补偿金模式的“去财产权化”路径排除了著作权人对其作品的支配权，必然降低对作品创作和传播的激励，减损著作权制度的激励效果。正如前文所述，传统著作权保护模式是以设立私权的方式，将作品的外部性予以内部化，使著作权人愿意投资于作品的创作和传播，不必担心他人“搭便车”。正是借助于著作财产权，市场上才有着源源不断的作品供给，出现专业的和职业的创作家阶层和提供作品的各类公司、专门进行作品传播的“中间主体”，以及为作品的复制、传播提供服务的第三方主体。著作权的存在，已经促成了庞大的著作权产业集群，创作者、作品创作和传播的投资者、各种设备和服务的提供商，都围绕著作财产权的拥有、许可和使用，在市场中进行交易和博弈。有学者就指出，传统著作权保护模式是一种著作权的激励机制、一种激励信息生产和传播的法律机制，这种机制“乃是通过权利配置来激励对信息生产与传播的投资，也正

① Wendy J. Gordon, “Fair Use as Market Failure: A Structural and Economic Analysis of the Betamax Case and Its Predecessors”, 82 *Colum. L. Rev.* 1600, 1612.

② 〔美〕威廉·M. 兰德斯、理查德·A. 波斯纳：《知识产权法的经济结构》，金海军译，北京，北京大学出版社，2005，第14页。

是这种对投资的激励，拉近了著作权与传统财产权的距离”①。可以预见，如果补偿金为基础的著作权保护模式大面积地予以运用和推广，甚至如奈特尼尔和费舍尔教授所建议的在网络环境下全面推行，则这种对信息生产和传播进行投资的激励将大为减弱，投资于著作权的产业投资者、职业创作家阶层将会因为著作财产权的取消而转移投资，不再将资金投入作品的创作和传播之中。尽管补偿金为基础的著作权保护模式也会将征收的费用补偿给著作权人，然而与市场蕴含的无限商机和获利机会相比，给予著作权人的补偿数额显然无法满足那些具有进取心、意在开拓市场和赢得消费者的投资者的需求，也无法准确反映作品在市场上的真实价值。毫无疑问，目前世界上大型和主流的唱片公司和电影公司所拥有的版权作品的价值和版权许可费收入，要远远要超过补偿金为基础的著作权保护模式所能够提供的补偿。有学者就做过统计，华纳兄弟用于购买属于 Chappell Music 出版的 50 万歌曲的版权费高达 2.5 亿美元，百代音乐购买“辣妹”组合全部歌曲版权的费用达到 1 亿多英镑，而迈克尔·杰克逊仅用于购买“披头士”乐队的歌曲版权费也达到了 1 亿美元。② 由此可见，著作权的市场化使一些作品“价值连城”。在现代音乐、电影、动画等产业之中，著作权已经是产业发展的基础。尽管这些公司是否涉嫌垄断经营和垄断定价不无争议，但是它们显然也为消费者提供了具有竞争力的作品，赢得了市场的认可，消费者愿意付费使用这些作品。

与之相反，补偿金为基础的著作权保护模式的推行，实际上是一种“去产权化”“去市场化”的制度设计，这种制度尽管会给作品的使用带来便利，却是以政府强制性法定权利配置取代著作权市场交易。由于补偿金无法反映特定作品在市场上的真实价值，必然会给著作权制度带来激励效果的减损。

其次，补偿金为基础的著作权保护模式遮蔽了著作权市场以价格为基础的供求信号，导致著作权市场运转不畅，可能出现作品短缺或作品供给过度的现象。著作权激励效果的减损是对补偿金为基础的著作权保护模式实施后所可能导致的负面效果的总体概括。著作权激励效果的减损，首当其冲的是，价格信号将不对市场供求和作品的创作与传播提供指引，这可

① 熊琦：《著作权法中投资者视为作者的制度安排》，《法学》2010 年第 9 期；熊琦：《著作权激励机制的法律构造》，北京，中国人民大学出版社，2011，第 236 页。

② 参见黄虚峰：《美国版权法与音乐产业》，北京，法律出版社，2012，第 38 页。

能导致著作权市场供需的混乱，出现作品短缺或供应过度。根据经济学原理，在市场经济中，价格是市场资源配置的指引，价格对物品的生产和供给、消费和需求起到重要的调节作用。价格决定了由谁生产物品、生产何种物品以及生产该种物品的数量。随着一种物品价格的下降，生产量将减少，需求量将上升；而随着物品价格的上升，生产量将增加，需求量将减少。在价格信号的指引之下，生产者和消费者都会调整自己的市场行为，以适应市场的变化。最终，买者与卖者的行为会使市场趋向于平衡。由此，“价格是引导经济决策，从而配置稀缺资源的信号。对于经济中的每一种物品来说，价格确保供给与需求达到平衡。”① 著作权市场也不例外，在著作权市场上，有音乐、电影、美术、歌舞等种类繁多的作品，作品的供给主要需要考虑消费者的需求。② 而作品的价格是消费者市场需求的真实反映。因此，消费者的需求和作品的市场价格信号决定了出版公司、唱片公司、电影公司、广播电台、电视台、网络服务提供商生产或传播的作品类型和数量。然而，补偿金为基础的著作权保护模式的实施，却取消了价格这一市场资源配置的信号，改为由政府或第三方主体进行法定定价，著作权人只能收取法定补偿金额。价格信号的缺失使著作权人无法根据市场需求调整自己的行为，无法了解到消费者真实的需求，从而无法生产出满足市场需求的作品类型和数量。无论政府或第三方设定何种价格标准，如果无法真实地反映市场的供需状况，则相当于为著作权市场设定了“最高限价”。这一“最高限价”如果不符合市场供求的真实状况，则会为著作权人提供误导性导向，使著作权人无法向市场供应或向市场过度供应作品。例如，“最高限价”远远低于市场定价，不符合著作权人的预期，则著作权人就失去了进行作品创作和传播的激励，不愿意再向市场推出新的作品，导致作品供给不足。“最高限价”远远高于市场定价，则会导致著作权人投资的扭曲，使某些类型的作品的生产过剩，超过市场需求，浪费社会资源。正如有学者所言，在著作权补偿金制度等责任规则之下，“我们无法获得关于使用者数量的准确信息，因而也无法根据经济学中的需求

---

① 〔美〕曼昆：《经济学原理》，梁小民、梁砾译，北京，北京大学出版社，2009，第 94 页。

② 不容否认的是，有些创作是基于爱好、声望、知名度等非经济因素。然而，这部分创作主要是基于自发而形成的，无论著作权法和著作权市场是否存在，这部分创作行为都很可能会发生，因此不纳入讨论的范围。参见〔美〕威廉·M. 兰德斯、理查德·A. 波斯纳：《知识产权法的经济结构》，金海军译，北京，北京大学出版社，2005，第 60 页。

定律来确定交易价格”①。

不仅如此，由政府或第三方定价，还存在着政府或第三方“寻租”的问题。在补偿金为基础的著作权保护模式下，价格的确定不依赖于市场供求状况，有些主体为自身利益就会通过各种方式游说政府或第三方，以使其通过对自己有利的定价方案。从著作权人角度来看，著作权人会倾向于说服政府或第三方对补偿设定较高的价格。从作品的使用者角度看，使用者会倾向于游说政府降低补偿价格，扩大补偿范围。无论何种主体，其寻租行为不仅会浪费社会资源，同时也会进一步加剧作品定价相对于市场供求的失真状态。因此与实时反映市场供求状况的价格信号相比，政府或第三方定价显然存在定价效率和与市场供求状况脱节的问题，并进一步导致作品不合理的生产和投资。

那么，在数字网络时代，通过数字技术追踪和统计作品的使用率以作为市场需求的判断依据，补偿金为基础的著作权保护模式中的作品定价问题是否能够得到改善呢？费舍尔教授就提出，数字网络技术实际上有利于评估不同作品的使用量，以此作为补偿金分配的基本依据，而且著作权人可以根据作品的使用程度来推测消费者的需求。“这个体系设计的关键是设计一种对数字歌曲和电影作品使用情况进行跟踪记录的方法。可能的实现手段是在作品原件中加入唯一的、持久的数字指纹，复制时数字指纹也能够跟随到复制件中。”② 费舍尔教授认为，当采取这种技术措施之后，著作权人就可以根据其作品被使用的频率而推测出消费者的需求信息，从而调整自己的市场行为，向市场供应符合消费者需求的作品。奈特尼尔教授也认为，著作权补偿金制度借助于先进科技如数字水印和数字采样，已经可以精确地追踪作品的使用情况，克服模拟技术时代著作权补偿金无法反映市场需求和作品真实价值的问题。数字网络环境下的补偿金制度，应当按照作品的 P2P 的下载量、数据流（Streams）以及作品的后续使用量等向著作权人支付补偿金，这样，“给予著作权人的回报与作品的私有价值相符，同时也避免了著作权人对作品的财产权控制（proprietary control）”③。

尽管如有学者所言，技术措施的采用会对评估作品的使用率有所帮

① 熊琦：《著作权激励机制的法律构造》，北京，中国人民大学出版社，2011，第 132 页。

② 〔美〕威廉·M. 兰德斯、理查德·A. 波斯纳：《知识产权法的经济结构》，金海军译，北京，北京大学出版社，2005，第 185 页。

③ Neil Weinstock Netanel, “Impose a Noncommercial Use Levy to Allow Free Peer-to-Peer File Sharing”, 17 *Harv. J. Law & Tec.* 1, 53.

助，从而给著作权人市场需求信号，便于其采取后续的市场决策，然而，这种作品使用情况的评估也仅仅是一种大致的测算，它无法也不可能精确地反映市场供求的状况。

其一，这种手段在本质上是“去市场化”的、由政府或第三方机构借助于技术手段来评估市场供需状况的方式。与市场中瞬息万变的价格信号相比，政府或第三方机构对市场供求状况所作的评估不可能实时更新，同市场供求状况相比将始终处于滞后状态，无法即时反映市场需求，也就无法给著作权人提供准确的市场信号。

其二，市场之中消费者的需求具有多样性，技术措施所作出的作品使用程度的估算并不能够准确地反映出市场中消费者的需求。例如，著作权补偿金制度实施之后，消费者对某些作品的下载量可能会有较大程度的增幅。这是因为，消费者下载某部作品，无须再经过著作权人许可并支付费用。这样，一些消费者就会仅仅抱着试听或试看的态度批量下载许多音乐或电影作品。很多作品下载完之后仅仅存储在电脑中，实际上并没有被收听或观看。有些消费者大量下载音乐或者电影，也可能并不是为了收听或观看，而只是为了后续创作的方便加以借鉴或截取其中的片段。这样，一部作品的下载量可能就无法反映该作品的真实市场需求。由此可见，关于作品使用程度的估算，只能估计出作品的大致使用情况，远远无法反映真实的市场需求和消费者对作品的使用情况。这些估算只能作为著作权人补偿金分配的基本依据，而无法作为著作权人根据市场供需实时调整作品供给行为的指引。无论技术如何进步，补偿金制度始终面临着合理定价的问题，这种定价机制缺乏市场价格信号的准确性和实时性，将始终滞后于市场供求，无法指导作品的供给和传播。

最后，补偿金为基础的著作权保护模式无法以合理的标准确定征收补偿金的设备的范围、征收费用的额度和补偿金分配的方案，导致补偿金的征收对象不明、交叉补贴、补偿金征收额度和费用分配的不公平等诸多问题，会进一步减损著作权的激励效果。由于是一种通过向特定复制设备征收补偿金，将征收所得用于补偿著作权人的制度，著作权补偿金制度首先面临的是确定补偿金征收对象的问题。在不同的国家，征收费用的对象有所不同，但大致都是以能够进行复制和存储的设备或媒介为主，并且征收对象的范围呈现扩大的趋势。以德国为例，支付补偿金的对象主要是录音、录像设备、空白存储媒介，包括 MP3 播放器、录音机、DVD、CD 刻录机、存储数据的 CD 光盘等。各国补偿金制度主要针对的是复制设备和空白媒介，因此，无论这些设备和媒介的基本功能和用途是什么，只要其具备一定的复制功能，就有可能成为补偿金征收的对象。在 1965 年最初制定著作权补偿金制度时，由于复印机尚未在德国普及，德国著作权法并未规定对复印机征收补偿金。随着复印机的广泛使用，德国著作权法才将其确定为征税对象。随着技术进步，很多设备能够用于作品的复制，纳入补偿金征收范围的设备和媒介不断增多。录音机、录像机、空白录像带、空白 CD 光盘、CD 刻录机等能够用于复制和存储的设备都被陆续纳入德国著作权法之中。在德国和法国，一些人士还建议将家用的电脑纳入补偿金征收范围，但引发很大争议。① 有学者就提出疑问："将补偿金制度适用于所有的数字媒介和设备将会产生管理和税金分配这样棘手的实践问题，哪些作者有权利主张数字税？哪些集体组织有权收集税金？"② 为应对复制设备和媒介不断增多的趋势，德国参议院 2007 年通过的《规范信息社会著作权的第二部法律》之中，明确规定负有缴纳补偿金义务的是所有通常被用来制作合法复制件的机器和存储介质。③ 然而，在数字网络环境下，所有的设备皆具有复制或存储功能，德国立法之中所谓"通常被用来制作合法复制件的机器和存储介质"的规定根本无法用于判断哪些设备和媒介应被纳入征收补偿金的范围之中。既然空白 CD 光盘、CD 刻录机都被纳入了征收费用的范围之内，那么硬盘、移动硬盘、扫描仪、电脑，也都应被纳入征费范围。如果所有的设备仅仅因为包含复制功能就成为了征税对象，那么可以预计，未来所有的数字多媒体设备都要成为著作权补偿金制度的适用对象。"这样的趋势势必会导致数字作品权利人全面放弃授权制度，转而全部依据补偿金制度，这样岂不是又回到所有文化人皆吃大锅饭的时代?"④ 数字网络技术的发展使各种设备和媒介的部分功能相重合，对这些设备和媒介全面征收补偿金，不但会使科技产业和设备制造商承担税费负担，也使征收补偿金的范围不断扩大，最终导致数字网络环境下所有设备都需要缴纳补偿金。而补偿金征收范围的不断扩大，意味着能够用于私人复制的设备和媒介不断增多，意味着公众的私人复制范

① See Neil Weinstock Netanel, "Impose a Noncommercial Use Levy to Allow Free Peer-to-Peer File Sharing", 17 *Harv. J. Law & Tec*. 1, 32.

② Prof. P. Bernt Hugenholtz, Dr. Lucie Guibault, Mr. Sjoerd van Geffen, *final report of* "*The Future of Levies in a Digital Environment*", Institute for Information Law, Amsterdam, March 2003, p. 41, http://www.ivir.nl/publications/other/DRM&levies-report.pdf, 访问日期：2016－06－24.

③ 参见张今：《数字环境下的版权补偿金制度》，《政法论坛》2010 年第 1 期。

④ 曹世华：《论数字时代的版权补偿金制度及其导入》，《法律科学》2006 年第 6 期。

围不断扩大，这最终会导致著作权授权市场范围的缩小乃至彻底消亡，减损著作权对作品创作和传播的激励效果，著作权法也就没有了在网络环境下存在的必要性了。

补偿金为基础的著作权保护模式不仅存在征收对象无法确定的问题，而且面临交叉补贴的难题。由于很多的复制设备和存储介质既可以用来进行作品的合理使用，或复制和存储已经进入公共领域的作品，也可以未经授权复制和存储著作权作品，所以著作权补偿金制度一视同仁地对所有设备和媒介征收补偿金，就导致对作品进行合理和合法使用的消费者向对作品进行未经授权使用的消费者进行补贴的问题。亦即，在补偿金为基础的著作权保护模式之下，所有消费者皆需要等额分担著作权补偿金，这对于利用设备进行非授权性复制较多的消费者，相对于非授权性复制较少甚至没有的消费者，就更为有利。这显然是一种不公平的制度设计，即便采用数字技术对作品的使用情况进行追踪，也难以针对个别使用者对作品的使用情况征收补偿金，所以交叉补贴的问题是补偿金为基础的著作权保护模式难以解决的。

除征收对象和交叉补贴外，著作权补偿金制度在征收补偿金的数额和补偿金的分配上也面临难题。征收补偿金的数额方面，目前各国往往是依据复制设备和空白媒介销售额的比例或按固定费用进行征收，如德国著作权法规定，CD刻录机每台征收7.5欧元，空白CD光盘每片征收0.072欧元，录音机或MP3播放器每台征收1.28欧元，录像机每台征收9.21欧元。[①] 但是，这种按比例或固定数额征收补偿金的模式，难以反映市场供求变化，难以反映不同的作品在市场上受欢迎的程度、被使用的程度。因此，按比例或固定数额征收补偿金实际上是“一刀切”式的费用征收体制，完全没有考虑到不同作品真实的市场价值，对于著作权的激励效果会有很大损害。在补偿金的具体分配上也是一样：目前各国往往是按一定的比例分配补偿金。如美国《家庭录音法案》中规定，补偿金的1/3应分配给音乐著作基金，2/3分配给录音基金。音乐著作基金再将之分配给版权团体，音乐出版人占其中的50%，作者分得剩余的50%。如果版权团体就授权金的分配无法达成合意，则由国会图书馆会商版权补偿金仲裁庭，决定补偿金的分配。[②] 从这种分配方式看，补偿金的分配并没有考虑到不同作品在市场上的真实价格，即便某部作品在市场上很受欢迎，该作品的

①② 参见曹世华：《论数字时代的版权补偿金制度及其导入》，《法律科学》2006年第6期。

著作权人也仅能按照法定价格收取补偿金，而作品不受欢迎，没有市场的著作权人也能按照法定价格收取补偿金，这显然会大大降低著作权人投资于作品创作和传播的积极性。即便按照费舍尔教授和奈特尼尔教授的建议，在数字网络环境下采用技术手段追踪作品的使用情况以作为补偿金分配的基本依据，也还是会存在着分配不公平的问题。市场中的消费者使用作品的目的并不相同，作品被下载或复制的次数，不一定表明该作品在市场中被使用的程度。甚至，如果以作品的使用情况作为补偿金分配依据，会导致一些权利人通过各种欺骗手段“寻租”，如设计自动下载或复制作品的软件，通过设定程序不断让软件下载或复制作品，以增加某一作品使用的次数，骗取更多的补偿金。① 因此，以作品的使用情况作为补偿金分配的基本标准，难以反映市场中作品的真实价值，这种分配注定会厚此薄彼，招致一些著作权人的不满，影响著作权人投资于作品创作和传播的积极性。

综上，著作权补偿金制度放弃了排他性著作财产权模式，本质上是以强制性的利益分配机制代替市场的资源配置机制。这一制度实施之后，市场供求和价格信号完全无法发挥作用，作品的供给将失去价格信号的指引，这将产生严重的市场失灵问题。亦即，在著作权补偿金机制下，税金的征收、税费的分配都是按照法律的强制性规定，很难根据不同作品在市场上的使用情况确定税金分配比例。市场对资源优化配置的功能将丧失殆尽，导致利益分配的不公平。这种不公平架空了著作权法具有的通过市场调节作品生产和供需的功能，使补偿金为基础的著作权保护模式不具有实行上的正当性和可行性。这也是“去财产权化”“去市场化”指导理念下的制度所共有的弊病，是补偿金为基础的著作权保护模式采取法定资源配置代替市场资源配置所必然产生的结果。如果补偿金为基础的著作权保护模式在著作权领域全面应用，将使市场对资源的调节配置功能无法发挥，著作权这一私权也将形同虚设，整个社会有关作品生产和传播的行为将重新回到政府指令性管理的轨道。

第四节　补偿为基础的著作权保护模式的展望

数字网络时代，由于私人复制行为日渐普遍，著作权保护面临着很大

① 费舍尔教授尽管倡议建议网络环境下的补偿金制度，但是也对著作权人可能利用软件虚构作品使用情况表示了担心，并提出了各种应对措施。参见〔美〕威廉·W. 费舍尔：《说话算数：技术、法律以及娱乐的未来》，李旭译，上海，上海三联出版社，2008，第 206 页。

的困难。许多人从不同的价值立场出发，对未来著作权法的改革提出了建议。以技术保护措施为基础的著作权保护模式和以补偿金为基础的著作权保护模式是目前被学界强调最多，也是均在立法上有所体现的两种著作权模式。前者以加强著作权保护为主要目的，偏重于对著作权人利益的保护；而后者意在提高作品的使用和传播效率，偏向于对社会公众利益的保护。为了更准确地理解以补偿为基础的著作权保护模式，明确著作权保护模式的改革方向，我们首先需要明确这两种保护模式的不同之处。

一、著作权保护模式的“技术路径”与“补偿路径”之争

关于网络时代著作权保护模式应当如何改革，学界存在不同观点。有人支持构建以技术保护措施为基础的著作权保护模式，也有人主张将著作权人的财产权降格为获得报酬权，在网络环境中实施补偿金制度。

数字网络技术具有极强的可塑性。决定互联网运作的代码不同，互联网的控制性就有所不同。代码实际上决定了网络上内容和应用程序的运转方式。[①] 正是因为互联网环境控制性的强弱可以人为塑造，在网络环境下技术保护措施乃至 DRM 权利管理系统被著作权人所推崇。著作权人的目的就在于加强对其作品的控制，排除他人未经许可对其作品进行使用。与之相反，以补偿金为基础的著作权保护模式是一种“去产权化”的制度安排，它使用户的私人复制行为完全合法化，著作权人无法再授权许可他人使用其作品，只能按法定税率获得补偿金。技术保护措施为基础的著作权保护模式，由于其“终端控制性”的特点，与补偿金为基础的著作权保护模式在互联网环境下互不兼容。这就提出了一个问题：在网络环境下，著作权人已经可以以较低的成本形塑各种著作权授权机制，显著降低交易成本，将以前著作权人无法控制的人们对作品的使用行为纳入著作权授权许可的轨道，那么，还有必要实施著作权补偿金制度吗？在网络环境下，应当如何处理补偿金为基础的著作权保护模式与技术保护措施为基础的著作权保护模式的关系？实际上，“技术路径”与“补偿路径”之争，不仅涉及对补偿金为基础的著作权保护模式的定位问题，更关系到著作权保护模式的未来发展走向，在本质上涉及在网络环境下到底是坚持采取排他性著

① 代码是指为计算机运行所需要的程序文件，用于指导计算机的运作。在网络环境的构建中，既可以通过代码加强对网络的控制，也可以通过代码创造出一个相对自由宽松的互联网环境。关于代码对互联网的影响，参见〔美〕劳伦斯·莱斯格：《思想的未来》，北京，中信出版社，2004，第 149～225 页。

作财产权的制度模式，还是转而实施“去产权化”的制度模式。

实践中，已经有区域性的立法对“技术路径”与“补偿路径”的争议作出了初步回应。欧盟《指令》第 5 条之 2 明确规定：在下列情况下，成员国可以对第 2 条规定的复制权规定例外或限制：(a) 除乐谱外，使用任何照相技术或其他有类似效应的手段，在纸质或任何其他类似的介质上进行复制，但权利人应获得合理补偿；(b) 自然人为私人使用并无论是否有直接或间接的商业目的在任何介质上进行复制，权利人应获得合理补偿，条件是第 6 条所指的技术保护措施是否适用于作品或相关客体。① 根据该条款 (a) 项的有关规定，对于采用模拟技术，在纸质和其他类似介质上的复制行为，欧盟允许成员国实施著作权补偿金制度，给予著作权人补偿。该条文并没有明确私人复制的行为是否不得具有直接或间接的商业目的。该条款 (b) 项的规定与 (a) 项不同，其规范的是数字环境下的私人复制行为，例外条件设定得更为严格。根据 (b) 项的规定，自然人为个人使用而复制他人作品，才可能构成著作权例外。由此，该项规定排除了法人机构、非法人组织对作品的复制例外，实际上排除了任何具有商业性目的的复制例外。针对自然人为个人使用目的非商业性的复制，欧盟允许成员国实施补偿金制度，给予著作权人补偿，但是规定了一个重要的前提条件：要考虑技术保护措施是否适用于作品或相关客体。亦即，如果在当时的条件下技术保护措施还没有运用于作品或相关载体，则可以以补偿金措施代替，给予著作权人补偿。如果技术保护措施已经可以较为成熟地运用于作品或相关载体，则表明交易成本显著降低，著作权人已经形塑出有效的授权机制，这时可以考虑减少或者不再适用补偿金措施。欧盟认为，随着数字技术的发展，著作权人将可以采取各种技术保护措施来保护其作品，在这种情况下，“私人复制将得到有效的控制，目前以电子版权保护为背景而正在发展的，至少在网络环境之下存在的私人授权机制将会替代补偿模式”②。有学者在对欧盟《指令》中的这一条文进行解释时也认为，这一条款实际上是指导成员国立法。当成员国采取补偿金措施时，

---

① 参见《欧盟信息社会版权指令》，载 http://www.coapu.org/coapu/coapulaw/2008/0602/content_541_4.htm，访问日期：2016-06-22。

② Prof. P. Bernt Hugenholtz，Dr. Lucie Guibault，Mr. Sjoerd van Geffen，final report of “The Future of Levies in a Digital Environment”，Institute for Information Law，Amsterdam，March 2003，p. 42，at http://www.ivir.nl/publications/other/DRM&levies-report.pdf，访问日期：2016-06-24。

需要考虑私人复制涉及的作品是否采取了技术保护措施。成员国需要关注其市场的发展，评估技术保护措施在市场中被真实使用的程度。当技术保护措施的使用范围增加时，合理补偿就要相应缩小。[①] 由此可见，欧盟更青睐于技术保护措施为基础的著作权保护模式，强调排他性著作财产权模式应当在网络环境下予以坚持，而补偿金为基础的著作权保护模式仅仅是在授权机制无法形成的情况下的替代性选择。亦即，在能够实施技术保护措施的情况下，鼓励著作权人采取技术保护措施，降低交易成本，建构各种在线授权机制。一旦技术保护措施运用得较为成熟，可以考虑取消补偿金措施。欧盟试图通过《指令》的政策引导，建构适合网络环境的著作权授权机制。“欧盟有明显的倾向来鼓励 DRM 权利管理系统的发展，以便促进更为个性化的‘按需付款’(Pay as you go) 的商业模式的发展。”[②]

欧盟的上述表态表明其更加支持互联网环境下著作权授权许可机制的发展。亦即，为了鼓励网络环境著作权市场的形成，确保著作权激励机制的有效运作，不轻易采取“去产权化”的制度措施。欧盟认为，网络环境下交易成本的变化主要是由新技术发展所引起的，但并不意味着著作权人无法在网络环境形成新的商业模式和授权机制，克服交易成本过高的市场失灵。技术虽然导致了网络环境下某些领域著作权人对作品控制难度的加大，但亦给予了著作权人利用新技术形成新商业模式、创新作品传播机制的机会和空间。网络环境同样意味着作品创新和传播机制的新的增长点。因此，应当保留著作财产权的激励机制，对著作权人开拓市场的努力予以认可，而不能轻易否定著作权人对新市场的控制权。

二、补偿为基础的著作权保护模式的发展走向

关于数字网络时代应当采取何种著作权保护模式，目前仍存在着争议，但是欧盟在《指令》中的态度似乎是更支持以排他性财产权为基础的著作权保护模式。“补偿路径”与“技术路径”之争，看似是不同利益主体的博弈，实际上代表着两种价值观的碰撞，这两种价值观主要是政府干预理论与市场调节理论。在选择著作权保护模式时，考量的主要标准是何

---

① See Prof. P. Bernt Hugenholtz, Dr. Lucie Guibault, Mr. Sjoerd van Geffen, final report of “The Future of Levies in a Digital Environment”, Institute for Information Law, Amsterdam, March 2003, p. 42, at http: //www. ivir. nl/publications/other/DRM&levies-report. pdf，访问日期：2016－06－24。

② 吴伟光：《数字技术环境下的版权法危机与对策》，北京，知识产权出版社，2008。

种模式能够降低交易成本，有利于作品的创作和传播，取得更大的经济效益。

以补偿为基础的著作权保护模式，不同于“法律路径”、“技术路径”和“共享路径”这些尊重市场机制、以排他性著作财产权为核心的模式。著作权补偿金制度放弃市场机制，改采利益的强制性分配机制，是政府干预和调控观点的体现。这种观点认为，市场的资源配置功能是起基础性作用的，但是市场并非万能，市场也存在着低效率的情况，如交易成本过高、垄断、正外部性无法有效地内部化等市场失灵，这就需要政府在市场出现问题的时候予以宏观调控。主张政府干预的代表性学者是凯恩斯。1936年，凯恩斯提出要建立一个政府干预为中心的解决资本主义经济危机和就业问题的理论体系。他认为，市场机制存在着不完善的地方，政府应当对市场有效需求进行调节。在市场存在失灵的情况下，政府的强制性制度安排有可能产生极高的效率，因为不同的利益主体在某些情况下很难自发达成一致而选择一种共同遵守的利益协调机制。在这些利益主体无法通过市场机制达成新的利益分配方案的情况下，政府的强制性制度安排不必取得各利益团体一致同意，可以克服利益主体间的谈判成本，节约新制度的制定和实施周期，取得预期效果。

支持政府干预理论的学者就认为，著作权法虽然归属私法领域，但是政府公共权力在特定条件下的调控是必要的，尤其是在出现交易成本过高、垄断、正外部性无法有效地内部化等市场失灵的情形时。在数字网络时代，因私人复制所导致的著作权保护难题，已经使市场的资源配置能力受到严重损害，著作权人和使用者之间无法达成有关作品使用的授权许可。在这种情况下，作品将有可能变为完全的公共产品，使著作权市场无法正常运行，政府通过设立著作权这一私权来构建著作权交易市场以促进作品供给和传播的目的将落空。因此，可以视情况采取著作权补偿金机制，通过必要的宏观调控对作品资源予以法定分配。

政府干预理论与市场调节理论孰优孰劣，历来为各方争议焦点，直至今日也并无确定答案，但是有一点是明确的，即政府强制性的制度安排虽然有可能产生极高的效率，在某些情况下能够克服市场失灵，提升利益分配的效率，但是相对于市场的自发调节而言，又具有较高的危险性，如果使用不慎，将会造成极为严重的后果。这主要是因为，政府强制性的制度安排是自上而下的由一个集中、统一的中心来配置资源，这种资源配置模式在收集市场信息方面具有很大的局限性，往往无法切实反映市场的状况，不能够根据市场的实际供需情况进行资源配置。历史上政府干预造成经济危机乃至社会动荡的事例数不胜数，而依靠市场自发调节，以市场功能之发挥作为制度建构基础和目标的国家，其经济与社会发展的可持续性较强，波动性较小。因此，政府调控虽然有其优势，但必须限制在极为特定的情况之下，以避免公权力过度干预私人自治领域，阻止市场资源配置功能的发挥。

观之著作权补偿金制度，它是克服私人复制难题的可选之策，在模拟技术环境下依然发挥着重要的作用。但是，它是对市场配置资源机制的替代，带有相当程度的危险性。亦即，在法律性质上，它是强制性的制度安排代替市场选择和私立规则，是一种政策导向性极强的利益分配机制，有可能导致自由市场调节功能的丧失，减损著作权的激励效果。在实施方案上，补偿金这种“去市场化”的制度方案，一劳永逸地将著作权市场交易排除出去，短期内的利益分配效率可能较为明显，但它具有不可避免和不可克服的缺陷。在征收补偿金的设备范围、征收补偿金费用的额度、补偿金分配的方案等方面，由政府或第三方机构在市场之外进行确定，由于信息收集能力有限，存在作品价值不易确定、利益群体寻租、自身决策失误等多种因素影响，与市场状态下的资源配置结果相比必然失真。

由此可见，补偿金制度的适用应该慎之又慎，在市场自发调节能够解决市场失灵问题的领域不应当适用，且不适宜在网络环境下全面适用。将补偿金制度在网络环境下全面实施，更可能导致著作权法彻底“死亡”，作品资源的配置纳入政府政策性分配的轨道。

综上，以著作财产权为基础，依赖市场自发调节、鼓励著作权人利用新兴科技形塑各种商业模式，是较为稳妥的推进著作权制度改革的方案。一遇到著作权保护的难题，就激进地限制乃至取消著作财产权，放弃市场所具有的资源调配功能，可能会给著作权产业的发展和科技文化的进步带来极为严重的负面影响。欧盟《指令》在技术保护措施和补偿金制度两者之间关系的看法，也表明在未来网络环境之下，著作权人授权许可的模式依然应当占据主导地位，通过市场而非通过政府强制性地进行利益分配是最好的激励著作权人投资于作品的方法。

第六章　数字网络时代著作权保护模式的建构

引　言

“法律路径”、“技术路径”、“共享路径”、“补偿路径”是数字网络时代人们为应对著作权保护的困境所采取的制度对策，形成了具有不同理论依据和价值目标的著作权保护模式。著作权人和产业界倚重于“技术路径”和“法律路径”，希望立法能够切实保障其技术保护措施，使其能够通过技术手段解决技术引发的作品保护问题，保证著作权人能够形塑各种网络交易平台，降低交易成本，促进商业模式的更新。同时，著作权人强调间接侵权责任制度在网络著作权保护中的重要性，试图通过间接侵权责任或替代责任制度要求提供技术、设备或平台的第三方主体承担间接责任，以间接侵权责任制度配合网络环境下的著作权保护。而关注于作品传播和后续创新，主张作品资源自由传播和共享的人士则对著作权的扩张表示了担忧，他们认为促进作品的使用和传播才能够最大限度地发挥数字网络技术的价值。这些人士构建了诸如“创作共用”和“开放获取”的共享协议，这是一种与传统著作权保护模式截然不同的以促进作品共享和创新为目标的共享型著作权保护模式。除上述模式之外，一些国家面对私人复制的兴起，出于隐私权保护和交易成本的考虑，设置了著作权补偿金机制，取消著作权人的排他性财产权，代之以获得报酬权，并且希望其能够在数字网络环境下发挥作用。一些学者也提出了网络环境下实施著作权补偿金制度的构想。这是以补偿为基础的著作权保护模式。

不同的著作权保护模式代表着不同的理论基础和价值取向，由此形成制度设计上的不同特点。它们在网络环境下的适用会产生不同的效果，从而影响和形塑未来社会的作品创作和文化创新环境。著作权法属于上层建筑中的法律制度层面，而制度的选择和设计方案多种多样，无论是规则的选择、权利的界定、责任的确定，都存在着竞争性的方案。不同的制度选择，会产生不同的经济效益和社会调控效果。以著作权间接侵权责任为基础的著作权保护模式（“法律路径”）、以技术保护措施为基础的著作权保护模式（“技术路径”）、以共享协议为基础的著作权保护模式（“共享路径”）、以非自愿许可为特征的著作权保护模式（“补偿路径”）代表着不同的价值取向，是从不同立场和角度出发提出的著作权保护方案。问题就在于，我们应如何加以选择、建构适应网络环境的著作权保护模式，最大限度地通过著作权制度促进作品的创作和传播。

法律制度作为上层建筑，与其所调控的社会背景和调控对象密不可分，法律制度的设计，要联系其所要调控的社会关系的实际情况和调整对象的具体特点。同时，人们在设计法律制度时，莫不对法律制度有所期待，在所设计的法律制度中融入特定的价值取向，预设相应的法律调控效果和目标。因此，处在制度选择的十字路口时，应当联系法律制度最初形成、确立的理论背景、价值观基础与制度调控目标。未来网络环境下的著作权制度设计中，需要贯彻这些基本的制度设计理念，通过寻找与客观实际相符合、与价值预设和调控目标相统一的制度形态，实现著作权制度在新技术环境下的调控功能。

本章将联系前文内容，论述数字网络时代著作权保护模式的构建依据以及基本的制度构成。对于不同的著作权保护模式，由于各自具有其优势和不足，因而不存在非此即彼的选择。在未来著作权保护模式的构建中，应考虑在制度设计中如何借鉴不同模式各自的优势，同时通过体系化的制度设计，克服原有著作权保护模式的不足，促使著作权制度最大限度地发挥其功能。

为保证著作权保护模式构建的科学性和合理性，本章将首先归纳未来著作权保护模式构建所要遵循的基本理论依据，这些基本理论依据主要包括：数字网络环境的特点、著作权法的正当性理论、著作权制度调整对象的经济学属性、著作权法的经济学原理、著作权法的功能定位。在明确著作权保护模式构建的基本理论依据之后，本章将研究著作权保护模式的主要制度组成，提出各主要制度构成相关规则的立法完善建议，最后归纳出未来数字网络时代应当具有的著作财产权观念。

第一节 数字网络时代著作权保护模式的建构依据

数字网络时代著作权保护模式的构建需要遵循基本的理论依据，这些理论依据是著作权保护模式制度设计的原则和出发点。总体上看，制度建构的具体环境、制度建构的客体、制度的正当性基础和功能定位、制度的经济学原理是制度建构的基本依据，决定了制度的基本面貌。未来著作权保护模式的建构在数字网络环境下进行，脱离不了数字网络这一客观环境。著作权保护模式建构的对象是作品，作品的客观属性不容忽视。著作权保护有其正当性基础和预设的价值目标，著作权保护模式的建构应符合正当性理论的要求和著作权法的功能定位，产生预设的调整效果。著作权法作为上层建筑中的法律制度，应符合经济学的基本原理，不能违反经济学规律。因此，数字网络环境的特点、著作权法的正当性、著作权保护客体的属性、著作权法的经济学原理、著作权法的功能定位是未来著作权保护模式构建的五项理论依据。

一、数字网络环境的特点

未来著作权保护模式的构建，需要关注的首要问题是制度构建的客观技术条件。未来的著作权保护模式存在于数字网络环境之下，其必然要契合数字网络技术的特点，通过制度设计最大限度地发挥数字网络技术在作品创作和传播中的作用。数字网络环境的重要特点是复制、传播和共享的便捷性。未来著作权保护模式的构建，必须要考虑到数字网络技术在复制、传播和共享上的优势，通过具体的制度设计，使这一技术能够有效地促进作品的创作和传播，提升作品的许可效率和传播效率。

技术的不断发展推动着著作权法的更新。一部著作权法的发展史，即是技术发展和变迁深刻影响著作权法，著作权法随技术进步而调整、完善自身的历史。无论是创作技术、复制技术的进步还是传播技术的更新，都对著作权法产生了深远的影响。著作权人对新技术在态度上既欣喜又担心。之所以欣喜，是因为新技术所可能带来作品创作或传播的新的市场，这赋予了著作权人开发新兴市场的无限可能。之所以担心，是因为新技术可能使著作权人无法有效地控制其作品，破坏著作权人已经建立起来的著作权保护模式。所以从历史上看，著作权人面对新技术时，态度截然区分为两类：对于能为其所用的技术，著作权人大力欢迎之，并采取新技术创作或传播其作品，更新商业模式，扩展商业市场；而对于超出其控制范围，导致其原有作品传播体系受到影响的技术，则通过各种手段予以阻止，防止新技术威胁其已经建立的作品流通体系。后者即体现为著作权人对网络个人用户和网络服务提供商的一系列诉讼，以及对技术保护措施的推崇。但是实践表明，著作权人与新技术的提供者、作品的使用者之间相互对抗的做法不仅没有提升作品的创作品质和传播效率，反而造成了社会资源的极大浪费，使大量成本耗费在著作权法的维护和执行上，并不利于数字网络技术发挥其优势。例如，以技术保护措施为基础的著作权保护模式在数字网络时代得到了著作权人的支持，但由于利益偏向性的问题，技术保护措施可能存在对用户使用作品的行为控制过严的弊端，不利于网络技术潜能的发挥。它忽略了网络环境最大的特点——交互性——所可能给作品的传播和后续创新带来的机会。因而，单纯地依靠技术控制作品的使用和传播仅仅是传统模拟技术时代著作权保护模式在网络之上的移植，是著作权人维护传统作品保护体系，抵制新技术运用的表现。

如果从网络技术架构设计的历史来看，当初互联网的发明设计者在设计网络时有两种不同的选择：一种是终端严密控制的网络架构，另一种是“端对端”的开放性网络架构。前者严格控制终端用户的行为，控制各种应用软件的开发和在网络上的使用，严格限制网络终端的技术开发和创新。后者则与之相反：终端用户的行为并不受限制，可以在网络终端上开发各种应用软件并加以使用。互联网最初的发明者选择了“端对端”的开放性网络架构。他们认为，网络是一个自由和开放的构架，对网络终端处的控制程度较弱对于互联网功能的发挥有极大的价值。在自由和开放的架构之下，任何人都可以在网络上实施创新，开发新的软件和新的技术，实现自己的使用目的。“‘端对端’原则的基本理念是：最合适的保护者是系统程序或应用程序，而非网络本身。创新者可将开发出的新应用软件或内容置于网上，而无须任何人的许可。‘端对端’原则意味着，要在设计上保证网络无法决定自身的创新，所建造的系统要对所有的创新开放。”①从当今的视角予以观察，虽然这样的网络架构可能会带来一定的负面效果，即一些恶意软件或垃圾软件会出现在网络，但是显然，正是网络最初技术构架的开放性和自由性塑造了今日互联网的辉煌，使互联网终端处的

① 〔美〕劳伦斯·莱斯格：《思想的未来》，李旭译，北京，中信出版社，2004，第41页。

技术创新持续进行，网络用户获得了大量的应用软件，便利了彼此的信息沟通和联系。

著作权领域的数字网络技术同样赋予了作品创新和传播以新的可能，问题是我们选择严密控制的架构还是自由开放的架构。数字网络技术的优势在于其精确、便利的数字化复制以及瞬间传播到世界各地的信息传递优势，这使个人使用作品和传播作品的能力相较于模拟技术时代有了飞跃式地提升。借助于数字网络技术，个人开始成为作品的传播者，并在作品的后续创新中扮演更为重要的角色。概括而言，数字网络技术会给著作权保护、作品的创新和传播带来如下影响：

第一，在数字网络技术的冲击下，著作权人对其作品加以控制的难度进一步加大。传统模拟技术环境下，著作权人只需要对商业性传播作品的中间主体进行控制，即能够有效地控制作品的传播路径，而在数字网络的交互式环境下，中间主体虽然依然发挥重要的作用，但其地位已大不如前。陌生的网络用户之间可以借助于互联网相互传播作品，从而使每一名网络用户都如同模拟技术时代传播作品的中间主体，具备了大规模传播作品的能力。这使著作权人传统的作品控制模式严重失灵，未经许可的私人复制和传播作品的行为大量发生。

第二，创作者借助于数字网络技术，将更少地依赖于拥有资本和技术的著作权人和作品传播主体，更通畅地表达言论。传统模拟技术环境下，一部图书要出版，需要拥有资本和技术优势的出版商的参与，从图书的制版、印刷、装帧、宣传、发行，都要付出一定的成本，一般个体作者难以承受。音乐、电影的发行，更是需要投资人和职业传播者的参与。这使作品的生产和发行成本较高，一些市场需求较少的小众作品由于得不到市场的青睐，导致没有出版商和发行商在制作和发行上予以投资，这些作品就难以在社会上传播，为公众所知。互联网环境下，借助于技术手段，作品的制作和发行成本大大降低，表演者、作者可以通过新技术直接与社会公众联系，将作品直接在网络上传播。这将极大地丰富消费者可能获得的作品的类型和数量，使表演者、作者摆脱传统作品传播模式的束缚。

第三，数字网络技术虽然给著作权保护带来了困难，但是它却能够显著降低作品的交易成本，给未来网络在线著作权交易带来无限的空间，赋予著作权人最广阔的市场前景。数字网络的交互式环境使作品不必借助于物质载体传播，作品通过网络就可以到达千家万户。人们借助于互联网，可以在线就数字化作品进行交易，获得著作权许可。同时，通过数字网络技术，数字化作品之上可以清晰地标明著作权权利状态、联系著作权人的方式和许可费支付的方案。所有这些便利条件都大大降低了作品的交易成本。不仅如此，而且由于数字网络环境是一种“端对端”技术架构，任何人都可以在网络终端处进行创新，开发各种新型的软件和作品使用平台。这使著作权人可以形塑各种新型商业模式和交易模式，便利使用者与之达成作品使用协议。从此角度而言，数字网络技术虽然冲击了著作权人传统的作品保护方式，但却又以大幅降低交易成本和提供潜在商业机会的方式给予了著作权人开发新市场的无限空间。

第四，从网络用户和社会公众的角度看，数字网络技术给作品的后续创新带来了新的可能，提高了公众的创新能力，使作品后续创新的广度和深度进一步扩展。在传统模拟技术环境下，作品的流通领域和范围都受到了有体物传播范围的限制。人们购买了作品之后，只能在私人场所等极为有限的地域范围内使用作品，对作品的合理使用乃至于后续创新都受到了技术手段的制约。而数字网络环境则赋予了公众超强的作品使用或改编能力；在合理使用方面，人们借助于新技术，可以更为方便地对作品进行合理使用，互不相识的人们也可以借助于网络对同一部作品进行学习、以同一部作品为基础合作进行后续改编创作。因此，新技术将会使传统意义上作品的生产者、制作者与消费者之间的界限变得模糊。消费者借助于数字网络技术，能够变为作品的生产者和制作者。正如有学者所言：“新技术提供了一种崭新的创作模式——更多的合作与趣味、更少的个人主义与官僚层级。它鼓励并且能使娱乐产品的接受者对作品进行再加工和再传播，使消费者参加到作品的创作过程中来。”①

未来著作权保护模式的构建，首先需要明确数字网络技术的特点以及其在作品创作、传播上的优势。在著作权制度的设计中，要充分发挥数字网络技术在作品复制、传播和共享方面的便捷性，在维护著作权激励机制的同时促进作品的传播和使用。

具言之，数字网络技术在提升作品保护难度的同时，也赋予了著作权人无限的市场前景。在新的技术环境下，著作权人可以形塑各种网络在线授权许可平台，从而大幅降低交易成本，更新商业模式。著作权人能够充分采取新技术发现不同消费者的需求，精准定位不同收入阶层和偏好的消

---

① 〔美〕威廉·W. 费舍尔：《说话算数：技术、法律以及娱乐的未来》，李旭译，上海，上海三联出版社，2008，第18～20页。

费者，采取利益最大化的价格区分策略。在新的商业模式之下，消费者也将有更多的机会接触各类作品，在数字作品市场的充分竞争之下，能够以更为低廉的价格获取更多的有关作品的服务。显然，著作权人和消费者并非对立的两方主体，著作权人只有更好地发现消费者的需求，推出让消费者认可的作品，才能获得更多的利润。著作权人只有更新自己的商业模式，让消费者有更多的机会接触和使用作品，才能够获得更多的商业机会和利益。

因此，一方面，新的著作权保护模式需要认识到新技术所蕴含的无限商机，通过合理的制度设计，降低作品交易成本，尊重市场机制，切实保障著作权人的合法权益，在制度设计上鼓励著作权人借助于网络技术形塑各种作品在线使用平台和在线授权机制，在方便消费者使用作品的同时进一步增强著作权在作品生产和传播上的激励效果。这就要求未来的著作权保护模式需要对技术保护措施进行保护，防止技术保护措施被任意规避和破坏，以使著作权人能够有效地形塑在线商业模式。同时，立法也需要进一步完善间接责任制度，通过建立合理的间接责任制度，引导网络服务提供者的行为，发挥网络服务提供者在传播作品上的优势，激励其投资于作品的传播和商业模式的更新。

另一方面，数字网络技术给消费者带来了新的选择，增强了消费者处理信息的能力。未来的著作权保护模式必须为公众合理使用作品和进行后续创作提供充分的保障。由此，在制度设计上适宜采取一种开放的，允许作品合理使用和后续创新广泛存在的著作权保护架构，避免技术保护措施控制过严的弊端，充分容纳交互式的网络技术，维护和扩大作品的公共领域，使社会公众可以方便地利用新技术对作品进行合理使用和后续创作。

与此相对的，著作权补偿金机制相对于尊重市场机制的技术保护措施为基础的著作权保护模式和间接侵权责任为基础的著作权保护模式，就并非优先的制度选择。著作权补偿金模式尽管将用户私人复制和传播作品的行为合法化，极大地提升作品的传播效率，但是它没有考虑到新技术的特点以及其给著作权人和消费者带来的新机会。由于取消了著作权人的排他性财产权，这一制度模式并没有有效的市场激励机制来引导著作权人和网络服务提供商投资于作品。相反，这一模式弃互联网的交互性优势于不顾，不利于网络环境下著作权人商业模式的更新和作品的后续投资创作。

数字网络技术从短期看动摇了著作权人原有的作品保护体系，对著作权人的利益构成了影响，然而从长期看，它又赋予了著作权人无限的市场前景。技术是中立的，重要的是人们如何看待以及如何对其加以运用。未来著作权保护模式的建构，需要建立在对网络环境特点和技术优势充分认识的基础之上，需要设计出契合网络环境的著作权制度。它一方面要有利于对著作权人作品的保护，有利于著作权人降低交易成本和创新商业模式；另一方面也要使公众能够利用先进技术，便利其进行合理使用和后续创作。

二、著作权法的正当性理论

著作权保护模式的构建，需要处理好作品创作与传播、后续创作的关系。因此，在网络时代著作权保护模式的构建思路上，不仅要参照数字网络的技术特点，还需要结合现有著作权法的正当性理论，以包容性的价值理念指导著作权制度设计。

（一）著作权法的正当性理论

自著作权法诞生之日起，人们便在讨论著作权法的正当性，即：在作品上设立排他性财产权，建立起一整套保护作品的著作权制度，其理论上的依据和合理性是什么？其是否能够达成促进知识生产和传播的预设目标？著作权法的正当性理论，并不是纯粹的学理探讨。正当性理论能够为著作权法的存在和发展以及著作权法的权利构造和制度设计提供理论支撑。亦即，有什么样的正当性理论作为制度逻辑的基础，便会有何种面貌的著作权权利构成和制度设计。数字网络时代著作权保护模式的构建也是如此。目前著作权法的正当性理论主要有三种，即自然权利论、功利主义论和社会规划论。这三种理论学说也常被用于论证知识产权的正当性，下文逐一介绍之。

首先是自然权利论。有学者认为："知识产权客体不仅是决定知识产权法法律原则的重要因素，同时更是知识产权法学理论的理论基点。"①知识产权之所以被认为是一项自然权利，根源在于其客体具备的私人劳动性。学者认为，知识产权的客体是知识。② 知识乃是人类智慧劳动的产

① 王太平：《知识产权法法律原则理论基础与具体构造》，北京，法律出版社，2004，第136页。

② 学界关于知识产权客体的认识并不统一，本文倾向于王太平先生对知识产权客体的总结，即知识产权客体本质上是知识，即"以符号这种具体的公共性形式为存在方式的信息或形式即知识就是知识产权的客体"（同上书，第48页）。

物，是“人们在改造世界的实践中所获得的认识和经验的综合”①。由于知识具备鲜明的人类智慧劳动的色彩，如果对之不加以法律保护的话，就与人类朴素的道德观相违背。从著作权的设置看，作者无疑是著作权最为重要的原始主体。作者正是作品的创作者，是作品的劳动者。这种产权的设置方式正是对人类智慧劳动的尊重。亦即，从著作权法调整对象——作品——的私人性自然就能够推导出著作权的自然权利性以及为作者赋予私权的正当性。

从起源看，自然权利观念肇始于古希腊荷马时代，及至近代约 17、18 世纪形成完整的理论体系。一些现代社会的法制文明理念，很多都与自然权利观念有关，如私有财产神圣不可侵犯、人身自由不可侵犯、人民主权等进步思想。② 随着西方经济、政治的进一步发展，自然法所一贯强调的人的理性和道德准则重新被人们所关注。③ 在西方社会，尤其是变革或革命时期，自然法都是社会思潮的引领者，指引着社会制度和法律变革的方向。④ 自然权利观的发展史说明，社会制度的变迁不仅是一种功利主义的考量，更为重要的是符合人的理性，尊崇人类千百年来形成的道德准则和善良习惯。

在知识产权制度的发展史中，自然权利观也得到了一些人的支持。18 世纪发生于英国的米勒案和德纳森案中，有法官就对自然权利观颇为推崇。随后，人们从洛克等人的劳动财产权的论述中得到了灵感，对于知识产权的自然权利性质多从财产权劳动理论出发阐释。这种观念奠定了知识产权的正当性基础，揭示了人类自身的劳动对于划定财产权的决定性意义。凯利就认为，在知识成为财富之前，有体物的赋权与劳动密不可分。所谓所有权，实际上是通过劳动获得，这种控制权的基础在于个人的劳动和勤奋。⑤ 康德在 1793 年指出，财产制度是实践理性所规定的需要。财产的不平等可从人类天赋分布的不平等而得到解释和证成，因为相对后者来说，占有是其报偿。⑥ 洛克认为，每个人对自己的人身享有一种所有权，而每个人的身体是“所从事的劳动和他的双手所进行的工作”，“是正

① 《现代汉语词典》，2002 年增补本，北京，商务印书馆，2002，第 1613 页。

② 参见鄂振辉：《自然法学》，北京，法律出版社，2005，第 1 页。

③④ 参见上书，第 3 页。

⑤ 参见〔爱〕J. M. 凯利：《西方法律思想简史》，王笑红译，北京，法律出版社，2002，第 143～144 页。

⑥ 参见上书，第 281 页。

当的属于他的”①，因而由自身劳动所产生的产品毫无疑问应当归他所有。“人即是自己的主人，自身和自身行动或劳动的所有者，本身就还具有财产的基本基础。”②

由此可见，财产权设定的基础在于人类自身的劳动。正是人类的劳动奠定了劳动者对其劳动所得享有无可争议的所有权，这种所有权的取得不取决于任何经济体制和政治势力，它的享有是自然权利的象征，是人进行生产生活、生存于这个世界的基础性权利。后世学者认为，洛克的劳动财产权学说无论对于劳动产生的有体物还是无体的智力劳动成果都具有普适性。正是人们的知识性劳动，才诞生了无数文学艺术作品和推动生产力发展的发明创造，对于这些劳动者赋予私有产权，正是对个人劳动和勤奋的表彰，符合人类社会长久形成的道德。

具体到著作权，著作权之所以带有自然权利色彩，根本上也是由其客体的私人劳动性所决定的。作品的私人劳动性主要表现在个人的创造性劳动对作品创造的贡献。作品是人类智慧的结晶，是人类创造性智力劳动的成果。如果没有个人的创造性劳动，著作权保护客体范畴内的新知识就无法诞生。作品需要具有独创性要件，它鲜明地体现了创造者的智识和个性，使作品的私人劳动属性确定无疑。因此，作品的私人劳动属性是著作权法律制度构建的逻辑起点，对于法律赋予著作权人排他性财产权保护具有正当性的说明作用。它表明，人类的智力劳动成果之所以维护，本质上不是来自于国家的授权，而是来自于劳动。这是人类内心道德所必然作出的选择。不对这种付出巨大劳动的成果进行授权和保护，就违法了公平正义的法理，违背了人类的理性和道德。给予作者和发明者对他们的智力性贡献以私权，就是对这种劳动的奖励和对人类公平、正义等美好道德的尊崇。正如有学者所言，洛克的劳动价值学说为财产权找到了合法性基础，并确立了社会发展的核心价值。③

与自然权利论争锋相对的是功利主义论。功利主义论并不认为自然权利理论能够解释权利的配置和制度的设计，相反，功能主义论认为自然权利论无法为权利配置和制度设计提供有效的指引，而最大多数人的利益才是权利配置和制度设计需要考量的最重要的因素，亦即，法律制度的基本

---

① 〔英〕洛克：《政府论》，下篇，叶启芳等译，北京，商务印书馆，1964，第19页。

② 同上书，第29页。

③ 参见易继明：《评财产权劳动学说》，《法学研究》2000年第3期。

目的是实现利益的最大化，利益能否最大化地实现才是法律制度建构的评价标准。为此，他们对自然权利观念进行了猛烈的批判。在功利主义论看来，自然权利论极不科学，“‘自然权利’就是胡言乱语；‘自然而不可剥夺的权利’是理论上的扯淡”[①]；自然法的表达本身“就是一个暧昧不明的幽灵，他在那些追逐其踪影的人的想象中，有时表示习俗，有时表示法，表示法的场合有时是现有的法，有时则是应有的法”[②]。

在抨击自然权利理论的同时，功利主义论者认为，功利主义理论有明确的指引。功利主义论认为，在衡量一项制度或行为正确与否时，应主要考量制度或行为所能产生的效果。制度或行为能够实现利益的最大化，则这种制度或行为值得肯定。反之，如果制度或行为没有达到社会福利的最大化，则需要对之加以改进。毋宁说，制度或行为只是手段，最后实现的利益才是最终的评价标准。“它按照看来势必增大或减小利益有关者之幸福的倾向，亦即促进或妨碍此种幸福的倾向，来赞成或非难任何一项行动。”在具体评价方式上，功利主义论主要是从成本—收益的角度出发，在行为上力求以最小的社会成本获得最大化的利益，因而带有很强的目的论色彩。

功利主义论者认为，在法律制度的设计上，人的一切行为的取舍都在于功利的权衡，所以立法者制定法律不得违背这一原则，这是立法的宗旨，也是评判法律优劣的唯一标准。[③] 这种思想认为“垄断法在很多方面是一种率直的经济政策”，该法所赋予发明者的权利是“一种特权，而不是某种类型的自然权利”，“从最初就被看作是可以被恰当地塑造、限制而最终被制定法取消的”[④]。正如有学者所言：“前现代知识产权法在处理无体财产时使用了古典法理学的语言，而现代知识产权法治则趋向于更加依赖于使用政治经济学和功利主义的话语和概念。”[⑤] 以边沁为代表的功利主义法学派则建立了完整的功利主义法学理论，他们宣扬“最大幸福”的功利主义原则，认为制度的正当性在于能够最大限度地实现最大多数人的

---

① 〔爱〕J. M. 凯利：《西方法律思想简史》，王笑红译，北京，法律出版社，2002，第265页。

② 〔英〕边沁：《道德与立法原理导论》，时殷弘译，北京，商务印书馆，2000，第365页。

③ 参见杨思斌：《功利主义法学》，北京，法律出版社，2006，第4页。

④ Peter Drahos, *A Philosophy of Intellectual Property*, Dartmouth, Publishing Company Limited, 1996, pp. 32, 28.

⑤ 〔澳〕布拉德·谢尔曼、〔英〕莱昂内尔·本特利：《现代知识产权法的演进：英国的历程（1760—1911）》，金海军译，北京，北京大学出版社，2006，第207页。

利益。

在功利主义论者看来，著作权只是一项工具性权利，是政府为了实现作品创作和文化繁荣这一公共政策目标的制度性工具。既然是一种工具，那么著作权仅具有工具性的价值，可以根据实际情况的变化对之加以改变。“知识产权作为一项法定权利，可以在合适的时候以设立权利的方式激励生产者，可以以公共利益为考量标准扩大或缩小已有权利客体的保护范围，可以明确侵权的标准，给予知识产权人以周全的法律保护。对于知识产权而言，仅仅是劳动还不足以成为给予保护的绝对理由。”① 亦即，功利主义法学理论认为：著作权并不是一项自然权利，而是可由立法者依据一定价值和原则标准进行塑造的权利。立法者需要充分评估各种由人类智慧创造的知识的价值，并且考虑到社会公共利益的维护，以决定是否要在这些知识之上设置著作权、设置何种类型的著作权，以及该种著作权的权利范围、权利内容和权利限制，进而发挥著作权制度的调整效果。当然，在著作权这种私权机制存在失灵时，国家也可以通过其他制度矫正著作权私权机制的缺陷。甚至，当著作权制度耗费大量社会成本而社会效益较低时，可以依据功利主义原则对之进行改革，对私权予以严格限制或取消。在功利主义法学理论的指导之下，著作权客体的类型、权利的保护期限、权利的保护范围，以及确权和救济程序等诸多方面，都可以进行相应的制度设计和调整。正如有学者所言：“如果不把功利原则摆在你们的面前，我就时常无法清晰地、准确地说明法律的内容，以及要义。”② 例如，一些非自愿许可制度如著作权补偿金制度及著作权法定许可、强制许可制度等就是典型的国家矫正著作权制度缺陷的工具。这些制度秉承了功利主义论的观念。在著作权补偿金、法定许可和强制许可制度的支持者看来，财产权制度阻碍了作品传播效率的提升，不利于公众对作品进行使用，因此他们提倡通过非自愿许可制度来寻求社会利益的最大化，促进作品的使用，避免经济上的无效率。

与上述两种理论均有区别的是社会规划论。社会规划论是以整个社会在经过法律调整之后所应当具有的理想状态为指引，要求法律制度应当使社会生活更为公正、民主、富有吸引力和创新性。亦即，社会规划论将法律视为实现文化繁荣、言论自由、创新活跃这一理想社会的重要手段。持

① 李扬等：《知识产权基础理论和前沿问题》，北京，法律出版社，2004，第141页。

② 〔英〕奥斯丁：《法理学的范围》，刘星译，北京，中国法制出版社，2002，第75页。

这种理论的学者包括威廉·W. 费舍尔教授、劳伦斯·莱斯格教授和奈特尼尔教授。他们都是以一种综合性的社会视角来审视著作权法，试图将著作权法塑造成构建公正的和民主的智识文化社会的制度工具。费舍尔教授提出的著作权补偿金构想、莱斯格教授倡导的“创作共用”计划以及奈特尼尔教授设计的著作权民主范式理论，都从不同角度描绘了著作权法参与建构的理想社会图景和所能达致的基本目标，包括社会高度的创新能力、丰富的知识资源、正义的知识分配机制和畅通的民主对话方式。这种理论不仅试图在激励著作权人创作和促进作品传播之间达到平衡，使消费者的福利最大化，还试图追求民主政治的高度发达和言论自由。在这种理想社会之中，人们拥有表达自由、经济自由和各种政治权利，人们可以自由地创作、传播各种作品，不仅自我价值和社会价值得到实现，他们创作的作品也能广泛传播，成为他人创作的源泉。在这个理想社会之中，著作权法承担了基础性的使命和任务，它不仅要维护作者的表达自由，保证作者有独立自主的意思决定其作品的创作和作品的内容，使作者和出版社能够摆脱政府的赞助和补贴；同时它还维护知识资源的公正分配，保证社会成员享受知识增加的福利。

费舍尔就认为，经济学上单纯依靠效率进行制度设计的导向将可能使著作权趋于强化，阻碍社会创新和言论自由。著作权法更为重要的使命是建立一种公正的、有吸引力和创新性的社会。在这个社会中，消费者的福利得到保障，人们可以自由地发表言论，表达的多样性得到维持，作品资源的分配不仅符合效率原则，而且符合公平正义的精神。“知识产权法领域内多种规则的融合，将通过在激励创造与激励传播和使用这两者之间达到最优的平衡而使消费者福利实现最大化。”① 奈特尼尔教授也将民主文化的建构融入版权法的任务之中。他将这种版权法建构思路称为“民主范式”。奈特尼尔教授指出，民主社会是人们应当追求的理想目标，而版权法的主要目标是促进民主文化的发展。版权在本质上是用市场制度来增进市民社会民主特质的国家措施，版权的重要功能是赋予创作者财产权来促进言论自由，同时为人们学习和进行后续的创新创造条件，促进社会文化的发展。但是，“版权法和市民社会许多制度一样，处于市场之中，但不属于市场”。版权法在数字时代的扩张和过度的控制“会限制民主自治所

---

① 饶明辉：《当代西方知识产权理论的哲学反思》，北京，科学出版社，2008，第99页。

依赖的活跃的言论"①，给社会公众的自主学习、批评和评论、后续创作带来不利的影响。版权法的基本精神在于促进言论的多样化，构建民主社会，因而，"版权对创作、传播和再创作的促进或者禁止的程度，对于市民社会民主的、共享的特征而言十分重要"②。在奈特尼尔教授看来，版权不仅是克服市场失灵、为创作者提供经济激励的工具，还是构建市民社会民主特质的重要措施。版权的过度强化将不利于民主自由的社会目标的实现。相反，应当对版权法进行改革，扩大作品的公共领域，为人们对作品的批评、改编和后续创作提供条件。这种观点主张对著作权法施加严格的限制，认为保护作品仅仅是扩大作品公共领域、促进后续创新的一种手段。

（二）著作权正当性理论的反思与启示

著作权法的正当性理论为我们进行网络时代著作权保护模式的构建提供了启示。然而，这三种理论在论证著作权法的正当性上都存在着问题，具有一定的片面性。如果仅以某一种理论作为制度实践的指导，反而不利于著作权法的完善。在网络时代著作权保护模式的构建中，应借鉴这三种正当性理论学说的合理成分。

首先，应辩证地看待著作权自然权利论。虽然著作权自然权利理论类似于道德宣言，但是其对著作权正当性的论证具有重要的意义，是著作权初始确权分配的基础，能够使著作权得到人们内心的支持与认可。

正如前文所言，著作权之所以带有鲜明的自然权利色彩，是由其保护客体即作品的私人性所决定的。著作权保护客体的私人性决定了著作权的自然权利属性，亦即，作品是人类智力劳动创造的成果，它体现了创造者私人劳动的私人性特点。著作权制度对这种私人智力劳动结果进行保护、赋予创作者私人产权，是尊重个人智力劳动的体现。由此可见，著作权的自然权利观对著作权法律制度的具体构建起到本源性和基础性的作用，能够防止私权被不当剥夺，促进人们对财产权的尊重和信仰。正如亚当·斯密所言："改善自身状况的愿望……虽然是冷静的、沉着的，但我们从母胎出来一直到死，从没一刻放弃过这愿望。我们一直至死，对于自身地位，几乎没有一个人会有一刻觉得完全满意，不求进步，不思改进。但是

① Neil Weinstock Netanel, "Copyright and a Democratic Civil Society", 106 *Yale L. J.* 283, 288.

② Ibid., 348.

怎么改进呢？一般人都觉得，增加财产是必要的手段，这手段最通俗、最明显。”而且，“每个人改善自身境况的一致的、正常的、不断的努力是社会财富、国民财富以及私人财富所赖以产生的重大因素。这不断的努力，常常强大得足以战胜政府的浪费，足以挽救行政的大错误，使事情日趋改良”①。据此，个人是社会的基础，而个人利益则构成社会利益的基础。没有个人利益和权利，社会公共利益将成为无源之水、无本之木。② 如果不对个体通过劳动所形成的智力成果予以保护，赋予其私权，则整个作品的公共领域就无法维系，作品的创作和传播将无法满足人们日益增长的需求。对自然权利观的强调，表明著作权这种私权不能够被轻易剥夺。

强调著作权的自然权利观在目前的网络时代更显重要。由于著作权保护危机的存在和著作权保护的扩张，一些人开始质疑著作权存在的合理性，主张在网络环境下实行非产权化的作品制度，使作品能够在网络环境下自由传播。这种观点实际上是要求在网络环境下取消著作财产权。根据著作权的自然权利理论，盲目和不加选择地严格限制或取消著作财产权，将违背公平正义的自然权利法理，践踏人们通过劳动所应当获得的权益，将导致著作权人不再将精力或资本投资于作品的创作、传播以及新型商业模式的开发和推广，这最终将损害全体社会公众的利益。由此可见，在未来著作权保护模式的构建中，我们依然要吸收自然权利理论的合理内核，应当坚持赋予私主体以著作财产权，最大限度地通过财产权的激励机制促进作品的创作和传播。

然而，尽管自然权利论论证了权利设定的正当性，但这只是通常意义上的道德性论证，对于著作权的权利配置、权利内容及行使，自然权利论并不能给出明确具体的实施方案，也无法说明现有的著作权制度安排是否具有合理性。正如有学者所言，自然权利论尽管对著作权权属制度具有一定的解释力，但是不能论证“为何在作品上设权”，而某对象源自甲的劳动，至多能够论证如果要把对象设定为私权对象，甲比其他人更有理由成为权利人，而不能论证设权本身的正当性。③ 从本质上看，著作权法所调整的是一种社会关系，是社会主体之间就作品形成的权利义务关系。自然权利论只是论证了将权利赋予创作者的合理性，是简单的“谁创作谁就应

① 〔英〕亚当·斯密：《国富论》，郭大力、王亚楠译，北京，商务印书馆，1979，第314页。

② 参见王太平：《论知识产权的公共政策性》，《湘潭大学学报》2009年第1期。

③ 参见李琛：《著作权基本理论批判》，北京，知识产权出版社，2013，第9～12页。

当享有权利”的朴素逻辑。然而，现实的作品创作情况错综复杂，利益主体众多，自然权利论永远无法完成著作权制度的具体建构，无法在各个利益主体之间建立合理的利益分配机制。恰恰相反，自然权利论由于道德上极具感召力，反而容易被著作权人利用，成为其权利扩张的有力依据。从各国最近几十年的著作权立法来看，著作权处于不断的扩张之中，其理论上的重要支撑就在于著作权人对自然权利理论的推崇，即把著作权当成是天赋的不可限制的权利。

对自然权利的过分崇拜容易导致权利的扩张，对社会造成负面影响。它忽略了知识的生产过程是一个连续的后人在前人知识累积基础上进行再创造的过程，而严密的作品保护制度使人们接触作品和进行后续创作的成本大为提高，合理使用的空间被压缩，人们可能在后续的学习和创作中动辄得咎，落入侵权泥潭；它忽略了著作权最终的目的在于实现社会文化的整体进步，使著作权最终惠及社会，提高社会智识文化；它不尊重公众获得信息、言论自由的宪法性权利，使这项制度成为强势群体谋取商业利益的工具。可见，单纯的自然权利观是片面的，它不能在个人权利和公共利益之间找到平衡的机制，其带有浪漫主义的乌托邦式幻想只会使个人权利不断扩大，最终损害社会的后续创新和发展。目前网络时代，著作权人的目的是扩张其权利，通过立法游说、诉讼打击、限制相关技术的发展和应用、采取各种技术措施保护作品等手段谋求自身利益的最大化。他们借助于自然权利理论，主张著作权的保护应当是全方位和不受任何限制的。这种貌似合理的主张在实质上已经背离了自然权利论的初衷。它们为了达到作为价值的利益，就要不择手段，如果在意手段的影响，就不能成功。① 有学者指出，最近 15 年，知识产权的地位有所提高，但保护强度也大大加强，对技术保护措施的保护、著作权期限的延长，无不表明知识产权的扩张。② 这正是自然权利论两面性的体现。

与自然权利论一样，功利主义论也有其自身的优势和局限性。功利主义有其优势的一面：它偏重于著作权领域经济效率的提升，有助于按照利益最大化的原则设计著作权法律制度。亦即，著作权法的制度建构，不能仅仅依赖自然权利理论。自然权利理论并不能具体指导制度设计和实践，自然权利理论更多的是具有象征意义和道德感召力。在具体制度建构中，

① 参见李雨峰：《版权扩张：一种合法性的反思》，《现代法学》2001 年第 5 期。

② See James Boyle, “The Opposite of Property?”, 66 *Law & Contemp. Prob.* 2.

功利主义理论将发挥更重要的作用。这是因为功利主义理论以利益最大化为目标，能够有效结合成本—效益的分析，寻求何种著作权制度设计能够产生最大的效益。由于功利主义理论要求著作权制度符合最大多数人的利益，达到资源配置的最优化，因而在立法上必然表现为著作权的法定主义。如果说在著作权法发展的早期，著作权究竟是自然权利还是法定权利还不甚明朗①，那么在著作权立法走过三百余年历程之后，著作权这种带有自然权利色彩的法定权利定位已得到了越来越多的人的认可。著作权法是为了实现它的社会价值而存在，它以推动社会的文明进步为价值取向和最终归宿。在著作权法面临困境需要改革之时，要审视它追求的价值目标和历史使命。美国联邦最高法院的法官曾言："国父们的意图是希望著作权本身成为自由表达的发动机。"② 著作权法作为调整人类创造性成果的法律，承载着推动社会文明进步的重任。无论技术如何变迁，著作权法在人类社会发展中扮演的角色和所发挥的功能都不应有任何变化。对著作权法的修改和完善，其基本思路是确保著作权法价值理念和立法目标的前后一致。

首先，应尊重作品权利人的著作权。这不仅符合自然权利论的要求，也是功利主义论的内在逻辑。"尽管著作权制度是一种恶，但这种恶是必要的，它是诸多激励文学艺术创作的手段之一。"③ 只有做到对著作权权利人的尊重，知识的累积才不至于成为"无源之水"、"无本之木"。在目前私有财产权占主导地位的社会，作品应与有体物一样，被纳入产权和契约的规则体系，以发挥市场配置资源的作用，通过市场调节作品的创作和传播。正如有学者所言："著作权是国家运用市场机制增强市民社会之多元特征的一项措施。"④ 通过著作财产权的设立，可以源源不断地为作品的创作和市场交易提供激励，鼓励著作权人向公众提供符合市场需求的作品。由此可见，从功能上看，知识产权的功利主义色彩和自然权利属性二者并不矛盾，而是发挥着一种功能互补的作用。著作权的功利主义特点决定了著作权制度发挥作用的最终目标，著作权的创设、保护与限制均只能

① 在1709年英国《安妮法》通过之后，引发了一系列论争著作权是自然权利还是法定权利的案件。在1774年Donaldson案中，法院判决著作权为一项法定权利，有保护期限的限制。See Donaldson v. Beckett, 1 Eng. Rep. 837 (H. L. 1774).

② Harper&Row, Publisher Inc. v. Nation Enters., 471 U.S. 539, 558.

③ 李雨峰：《权利是如何实现的》，北京，法律出版社，2009，第219页。

④ 同上书，第222页。

有助于这种最终目标的实现，而不能产生阻碍的效果。而著作权的自然权利性则意味着要实现这一立法目标，需要通过设置著作权这种具有自然权利的私权来展开。因此，没有具有自然权利色彩的著作权的私权属性作为基础，著作权的功利性目标也将成为空中楼阁。

其次，一方面，尊重财产权和市场机制绝不意味着产权保护的绝对化。功利主义原则要求我们检视著作权法的价值追求，要求著作权法必须以丰富智识文化、提升整个社会的学习创新能力为根本目标。这表明著作权的范围和著作权人的行为并不是不受任何限制的，相反，著作权受功利主义原则的制约。它有助于立法审视著作权的效力范围，避免著作权的过强保护损害社会公共利益。正如有学者所言：著作权“存在于市场，但不属于市场”①。“在今天，版权法更为基础的隐喻仍然和将近三百年前的安妮法中首次表明的一样：创造性作品的保护应当服务于公众，而不是仅仅为了私人利益。”② 在网络时代，虽然数字网络技术给著作权保护带来了困难，但是它和以前的技术相比并没有本质的区别。它对作品的创作、传播和利用方式产生了影响，使人们能够更方便地使用作品。著作权法扩大著作权的权利范围，使著作权人能够控制新技术环境下作品的新型利用方式，是确保著作权人在新技术环境下依然愿意投资于作品的前提，能够激励著作权人在新技术环境下投资于作品的开发和传播，形成新的商业模式，为市场提供更符合消费者需求的作品。但是，著作权人对作品新利用形式的控制并不是绝对的和无限制的，它需要与更高位阶的价值，即社会公众获取知识、自由言论和表达、进行后续创作的利益，相协调。如果著作权人财产权的扩张带来的是知识创新能力的下降，那么这种扩张就值得反思。从著作权客体看，著作权保护的知识具有非排他性、非竞争性的特点。这意味着对于知识这种公共产品来说，重要的是在保护的前提下如何实现价值的最大化，而不是避免其过度使用。对作品的私有产权设计会给后续创作带来一定的成本，不利于后续创新。在著作权法发展的历史长河中，出于对资本和市场的偏爱，著作权不断扩张。但是，立法者依然从著作权保护客体的性质出发，设置了各种安全阀，如“独创性”“思想与表达二分”“合理使用”“法定许可”等，这充分体现了立法者对信息私有化

① 李雨峰：《版权、市民社会与国家》，《知识产权》2006 年第 3 期。

② Glynn S. Lunney, Jr., “The Death of Copyright: Digital Technology, Private Copying, and the Digital Millennium Copyright Act”, 87 *Va. L. Rev.* 813, 918.

深深的忧虑和警惕。在今天的网络时代，盲目崇信信息私有化的弊端已经暴露无遗，知识公共领域的环境不断恶劣，保护社会公众获取知识、传播知识的权利已成为人们关心的话题。没有市场是万万不能的，但是市场又并非万能的。著作权法领域著作权的不合理扩张会导致知识霸权、作品传播的低效率、社会创新能力的下降。功利主义理论要求我们从著作权制度的根本目的和价值取向出发，审视和检讨著作权制度本身是否与著作权制度所要达成的调整功能相违背，通过功利主义来调整著作权法的具体制度设计。

另一方面，功利主义将价值目标简单化，其适用可能会造成非正义的结果。功利主义法学完全是从利益最大化的角度考虑和分析问题，它和法律的正义、公平等基本价值取向可能并不一致。尽管注重利益的最大化已经能够在一定程度上实现法律的正义、公平等价值目标，但是功利主义还是会在某些场合与价值目标发生冲突。正如罗尔斯所言："功利主义观点的突出特征是：它直接地涉及一个人怎样在不同的时间里分配他的满足，但除此之外，就不再关心（除了间接的）满足的总量怎样在个人之间进行分配。"① 功利主义影响下的制度设计可能使社会总的福利增加，但是容易导致具体利益的分配不均衡。某些学者就认为，知识产权是"一种特权，而不是某种类型的自然权利"，"从最初就被看作是可以被恰当地塑造、限制而最终被制定法取消的"②。这种观点秉承了功利主义和知识产权法定权利的分析路径，可能导致为了社会总福利或特定群体的利益而牺牲个人福利、侵害个人权利的做法的产生。正如边沁所言："虽然在对什么将最大限度地增加福利总和所作的估算中，人确实会被当作平等的人来对待，亦即不管他们是谁，他们同等的快乐或痛苦会被赋予同等的分量，但此种估算的结果可能是很不平等的。"③ 因此，在著作权的正当性论证中，功利主义价值观具有一定的借鉴意义，但是绝不是唯一的指导原则。如果单纯以社会福利的最大化来考量著作权法的正当性，而忽略作者在作品创作、传播过程中所付出的创造性劳动，忽略市场机制在作品创作和传播中的重要意义，那么毋宁说这种制度设计背离了公平正义的自然权利理

---

① 〔美〕约翰·罗尔斯：《正义论》，何怀宏、何包钢、廖申白译，北京，中国社会科学出版社，1988，第25页。

② Peter Drahos, *A Philosophy of Intellectual Property*, Dartmouth, Publishing Company Limited, 1996, pp. 32, 28.

③ 〔英〕边沁：《道德与立法原理导论》，时殷弘译，北京，商务印书馆，2000，第16～17页。

念，最终也会影响社会福利的实现。

例如，著作权补偿金制度是典型的追求实际调控效果的制度形态。由于取消了著作权人的排他性财产权，著作权补偿金制度表面看来能够取得较好的实施效果——著作权人获得了一定的补偿，社会公众也可以自由使用作品，促进了作品传播效率的提高——但是应当警惕的是，虽然这种制度设计在总体上可以保证作品使用效率的提高，使不同主体之间的利益冲突得到缓和，但是其调控方式背离了著作权法正义、公平的价值取向，牺牲了市场的资源调节功能，最终可能导致著作权法激励效果的减损，损害社会创新能力。

社会规划论能够使著作权制度关注整个社会知识学习和知识创新能力的提升，促进表达的多样性。社会规划论关心的是著作权制度所能够给社会面貌和市民生活带来的变化，尤其是其在民主政治、言论自由、公民教育和学习、社会创新能力提升方面的促进作用。因此，一方面，这一理论的内容和所强调的适度的著作权保护对于社会而言具有重要的意义，它能够提醒立法和司法警惕著作权的扩张，防止著作权变为一种压制创新和言论自由的垄断权。另一方面，社会规划论对著作权制度赋予了更多的政治学内涵，将著作权制度塑造成为民主社会不可或缺的元素，这对于捍卫人类社会公平正义的底线具有重要的启示。就此而言，社会规划论并不是反对著作权保护，相反，社会规划论是将著作权视为言论自由和民主社会的基石，使人们的创作能够依靠市场而存在，摆脱官方或特定团体的赞助，促进表达的多样性。

社会规划论对著作权制度的建构具有一定的启示意义。但是，社会规划论带有很大程度的不确定性和浪漫主义色彩，是没有明确不同价值目标位阶、无法指导著作权法具体制度建构的乌托邦式构想。社会规划论几乎涵盖了社会所能够追求的各种价值目标，包括著作权的保护和作品创作的繁荣、社会创新能力的提升、丰富的知识公共领域、富有效率和符合正义的知识资源分配体系，但是，对于这些不同的价值目标如何确立其优先顺序，对于相互冲突的价值目标应如何加以协调，如何通过著作权制度的具体设计来实现这些价值目标，社会规划论都没有给出明确的指引。莱斯格教授倡导的“创作共用”试图通过道德感召力下的自愿许可机制来实现知识资源的分配正义，但是这种以著作权人权利保护为前提、通过自愿签订“创作共用”协议而实施的著作权保护模式注定了它无法替代作品职业化的生产模式，无法满足市场和消费者对作品类型和作品数量的需求，更无法抵制著作权人的权利扩张。虽然费舍尔教授不同于莱斯格教授，另辟蹊径提出了网络环境下的著作权补偿金实施方案，但问题在于，网络环境下全面实行著作权补偿金制度是否就能够实现他所描绘的理想社会的图景？如果他的构想变为现实，那么是不是又是在片面地践行一种功利主义论？甚至，它带有浓厚的结果主义色彩，在追求大多数人最大福利的过程中可能威胁到著作权人的财产权，导致著作权人投资于作品的积极性的减损，造成更为不公平的知识资源分配结果。由此可见，虽然社会规划论提出了著作权法的各项核心价值，但这种价值预设并没有处理好不同价值之间的内在冲突，也并没有提出具体可行的实践方案。学者们为了实现著作权法治理下的民主社会多元化的价值目标而殚精竭虑，但是他们所提出的著作权保护模式都不同程度上滑向了片面的价值观体系。这也说明了社会规划论终究是一种理想社会图景的构想，它本身不能完成逻辑的自洽，而需要借助于其他理论来实施。

综上所言，自然权利论、功利主义论、社会规划论这三种著作权正当性理论，看似宏观抽象，与具体著作权制度设计没有太多的联系，但是细加分析可以发现，著作权制度的变革和走向，都是某一或某些著作权正当性理论的反映，体现出不同的制度建构思路。自然权利论尊重个人的创造性劳动，符合人类社会的道德观念，是权利设置的道德基础；社会规划论强调制度设计要有助于整个社会的和谐发展、增进言论自由和民主自治、注重社会多元价值的实现，是制度设计和检视制度成效的有益参考；功利主义理论侧重于成本—收益的经济学分析，着眼于制度的利益最大化，能够使法律制度具备效益优势。因此，自然权利论、社会规划论和功利主义论等学说虽然都存在一定的局限性，但均有其理论意义和实践价值。因此，未来著作权保护模式的构建，应充分考察自然权利论、社会规划论和功利主义论理论，借鉴这三种理论所各自具有的合理内核，以使构建的著作权保护模式能够协调好各方主体之间的利益关系。问题的关键就在于，如何有效利用这三种理论，建立起著作权权利保护和权利限制的平衡机制，亦即，著作权的保护和作品创作的繁荣、社会创新能力的提升、丰富的知识公共领域、富有效率和符合正义的知识资源分配体系应如何确立其优先顺序，并通过合理的制度设计予以实现。

三、著作权制度调整对象的经济学属性

数字网络环境下的著作权保护模式不仅需要遵循技术环境的特点，借

鉴著作权法的正当性理论，而且需要根据著作权制度调整对象的基本属性设计具体的制度。亦即，著作权制度调整对象的基本属性一定程度上决定了著作权制度的面貌，著作权制度是否尊重其调整对象的基本属性，是该项制度能否发挥作用的关键。

法律制度的调整对象的基本属性，是主体活动的客观基础，决定了主体所能够从事的行为的范围。法律制度的设计，莫不是在客体之上建构主体之间的法律关系。因此，客体决定了法律制度的基本面貌，对法律制度中主体之间的关系具有深远的影响，一定程度上决定了法律制度的基本内容和构造。例如，物权法的制度设计，不得不将关注点放于其调整的客体——有体物和特定权利——的基本属性。物权的法定主义原则、权利变动的模式、公示公信原则、善意取得制度等规则的设计，皆是根据物的基本属性出发的。

著作权法的制度设计也是如此。著作权法并非立法者凭空根据某种理论臆造而成，相反，著作权法的立法目标、基本原则、具体制度和规则设计，莫不与其调整的对象——作品——密切相关。作品的基本属性，是作品客观上所具备的特征和性质，它决定了著作权法的制度设计所需要遵循的基本原则。只有尊重作品的基本属性，著作权制度才能够发挥其功效，有效地调整因作品而产生的利益关系。

对作品的基本属性可以从不同角度观察，包括物理属性、经济学属性、哲学属性等，与法律制度联系紧密的是经济学属性。法律调整客体在经济学上的属性决定了法律上层建筑的基本构造。从经济学角度看，作品兼具私人产品属性和公共产品属性。亦即，作品是一种公共产品，但作品又不是纯粹的公共产品，作品也具有私人产品的属性。因此，在著作权法的制度设计上要注意作品在经济学意义上的双重属性。

根据经济学原理，公共产品是指具有非竞争性和非排他性的产品。之所以要在经济学上界定公共产品或私人产品，主要目的在于通过划分公共产品和私人产品，在制度设计上实现不同类型产品的有效供给，实现资源的优化配置。公共产品由于不具有排他性，同时具有非竞争性的特点，往往无法通过市场机制实现产品的有效供给，这种产品的供给通常通过政府干预实现。而私人产品由于具备排他性，可以由市场来调节产品的生产和分配。学界一般认为，著作权法保护的作品是无体物，具有非竞争性和非排他性，排他成本较高，难以阻止他人“搭便车”。如果任由他人自由使用，难免对作品的生产和传播带来负面效应。为激励作品的生产和传播，国家通过制定著作权法，将作品这种公共产品予以私人产权化，通过法律强制性地排除他人未经权利人许可的使用，实现作品在法律上的排他性，使权利人能够获得其作品的外部收益，激励著作权人投资于作品的生产和传播。

实际上，如果严格按照经济学公共产品的理论，作品并不是纯粹的无排他性的公共产品。与国防、灯塔这一类排他成本极高、几乎不可能通过市场机制实现供给的公共产品相比，作品借助于一定的手段即可以具备相当程度的排他性，从而实现市场机制下的作品供给。根据英国经济学家布朗和杰克逊的论述，产品根据其经济学属性的不同可以细分为四种类型：既具有竞争性又具有排他性的纯私人产品；既不具有竞争性又不具备排他性的纯公共产品；既具有竞争性又具有非排他性的产品；既具有一定排他性又具有非竞争性的产品。① 由于不同产品经济学上属性的不同，在产品的供给上自然有不同的制度设计。对于纯私人产品来说，由于排他性较强，可以实现私人生产，资源由市场交易进行配置。对于纯公共产品来说，由于不具有排他性和竞争性，私人不具有提供产品的诱因，只能通过政府干预，由政府组织生产，或者由私人生产，政府提供相应的财政补贴或直接购买。至于那些混合属性的产品，情况则较为复杂：既可以由政府干预，也可以由私人提供，或者由政府和私人相配合，共同建构一种产品供给体系。

对于作品来说，它并非完全的公共产品，而是具有一定的私人产品属性。无论是模拟技术时代还是数字网络时代，作品借助于特定的手段都能够实现一定程度的排他性。在模拟技术时代，作品这种无体信息需要承载在有体物之上，如将文字作品承载在纸张、书籍、记事本上。而作为有体物的纸张、书籍、记事本是典型的具有排他性的产品，私人可以以较低的成本加以控制，从而实现作品外部性的有效内部化。亦即，私人可以借助于对纸张、书籍、记事本这些有体物的支配来控制有体物上承载的作品的传播。事实上，在模拟技术时代，著作权人也正是通过控制作品的发行渠道来控制作品的传播的。作品的发行往往是将作品进行“物化”，将作品信息负载在有体物之上进行传播，这使得作品信息借助于有体物具备了私人产品属性，使著作权人能够有效地予以控制。在数字网络环境下，尽管

① 参见〔英〕布朗、杰克逊：《公共部门经济学》，北京，中国人民大学出版社，2000，第35～36页。

作品可以摆脱有体物的束缚，以数字化的形态在网络上传播，但是，技术手段的进步还是赋予了著作权人控制其作品数字化传播的能力。借助于技术保护措施和DRM权利保护系统，著作权人可以排除他人未经授权对其作品的接触或使用，实现作品的排他性。可见，作品与国防这类纯粹的公共产品有所区别，作品实际上可以以一定的手段实现排他性，具有私人产品属性。

然而，作品的排他性需要付出相对于有体物而言更高的成本才能实现。一方面，无论是在模拟技术时代还是数字网络时代，技术手段都影响着作品的排他性。尤其是在数字网络时代，随着私人能够利用先进的技术复制和传播作品，作品的公共产品属性日益增强，排他性逐步减弱。著作权人需要付出一定的成本，采取技术保护措施，建构网络环境下的授权平台，方能有效排除他人的"搭便车"行为，维持作品的私人产品属性。由此可见，作品本身的排他性成本较高，其私人或公共产品属性会随技术的变化而发生变化，需要著作权人适时采取相应的对策。另一方面，由于作品具有公共产品属性，在同一作品上多增加一个人的使用对其他人的使用并无影响，他人对作品进行"搭便车"的成本较低，侵权行为具有分散性并且难以被发现。这就要求国家制定著作权法，在作品上设立排他性的私人产权，同时还要建立一套行之有效的著作权侵权救济制度，制止他人"搭便车"，这样才能够有效维系作品的私人产品属性。因此，作品的私人产品属性，不仅与技术手段密切相关，而且深受产权法律保护制度的影响。无论是技术手段还是法律制度，都需要一定的成本来实现。

因此，作品的公共产品属性主要表现为非竞争性，亦即，一个人对作品的使用并不减少或影响其他人对同一作品的使用，同一作品提供给越多的人使用，越能发挥其价值。作品的非竞争性使其具备了一般产品所不具备的特点，亦即，与具备非竞争性的其他产品相比，作品的非竞争性更为彻底。国防、灯塔等也具有非竞争性，但是，这些产品的非竞争性依然是相对的。假如需要国防保护的居民的数量大幅上升，国防这种产品还是会出现由于一些居民的享用而导致其他一些居民无法享用的情况。同样，当船舶航行的通道较为拥挤时，灯塔所具有的非竞争性属性也会减弱，一些船舶对灯塔的使用将导致其他船舶无法使用灯塔或者难以通过灯塔判断航路。可见，对于某些有体物而言，非竞争性受到其使用者数量或使用程度的影响。然而，作品的非竞争性却较为彻底。作品是无体信息，作品初始的创作成本可能较高，具有一定的风险性，但是作品一旦生产出来，就具有复制和传播成本低的特点。一方面，同一作品重复生产的边际成本增加的幅度非常小，尤其是在数字网络环境下，作品可以以数字化的形态复制和传播，这一成本就更低。另一方面，不同的人对同一作品进行使用，并不使作品这种信息发生有形的耗损。作品的使用者越多，越能够发挥作品的价值。亦即，作品的边际收益随着使用人数的不断增多而增加。如果将作品限定为只有一部分人能够使用，反而导致作品非竞争性的特点无从发挥，边际收益递增的特性被扼杀，使资源配置无法达致最优。“知识产品可以通过私有产权制度安排实现排他。但是，从排他的结果看，却可能会造成另外一种效率的损失。排他造成的这种损失源于知识产品具有的非竞争性。”① 正如有学者所言：版权法所赋予的版权有可能使作品的创作者成为垄断者。版权人为了利益的最大化，会向利用其作品的使用者收取高于边际成本的费用。这样，那些没有能力或者不愿意支付版权人所定价格的人将无法利用作品，结果形成无谓损失（Deadweight Loss)。② 这种无谓损失实际上就是作品使用的不充分造成的。

著作权保护模式的建构，本质上看是在作品既具有私人产品属性又具有公共产品属性的基础上进行的制度设计。按照经济学原理，私人产品可以通过私有产权的安排，经由市场调整其生产和分配。市场供需情况和价格信号能够为产品的生产提供较为准确的指引，提高资源利用的效率。与之相反，公共产品无法排他，一般不设置私有产权，更多地需要考虑政府的介入，通过政府资金的支持进行生产，将生产出的产品提供给公众使用。在著作权保护的客体作品上，要根据作品的经济学属性进行相关的制度设计。作品的私人性和公共性是作品的客观属性，制约着著作权保护模式的具体制度设计，未来网络环境下著作权保护模式的建构，一方面要考虑作品具有的私人产品属性，在作品上设立私有产权制度，构建完善的著作权交易市场，借助于市场功能实现作品生产和供给的优化；另一方面又需要考量作品的公共产品属性。由于作品一旦创作完成，其重复生产的成本较低，而边际收益逐步提高，因而在制度设计上需要考虑如何在不影响著作权市场功能的前提下充分发挥作品的正外部性。

在网络环境下，著作权保护模式如何设计、采取哪种路径，是强化著

---

① 南振兴、温芽清：《知识产权法经济学论》，北京，中国社会科学出版社，2010，第 90 页。

② See William W. Fisher III, “Symposium on the Internet and Legal Theory: Property and Contract on the Internet”, 73 *Chi.-Kent L. Rev.* 1203, 1234 - 1235.

作权保护、采取严格的控制作品使用和流转的保护模式，还是改革著作权法，限制著作权的扩张，广泛采用非自愿许可机制，目前学界还存在争议。但是，根据作品的双重经济学属性，未来著作权保护模式的构建需要考量的是在哪一种制度模式下作品的生产和传播能够产生最大化的效率，使作品的供给和需求达到平衡。

从此角度而言，继续强化著作权保护，并完善技术保护措施和权利管理系统，确实能够大幅降低作品的交易成本，促使著作权人发展个性化的商业模式，促进网络之上的著作权交易。但是这种保护模式与模拟技术时代的著作权保护模式相比并没有本质的区别，它仍然是一种以排他性财产权为中心的著作权保护模式。因此，它面临的主要问题就是在一个复制和传播技术十分发达的环境下如何做到既有效地控制作品的使用和传播，又能够保障公众合理使用作品和进行后续的创作，维持一个健康的公共领域。此外，如果在数字网络环境下推行著作权补偿金、法定许可、强制许可等非自愿许可制度，虽然严格限制了著作权人的著作权，使公众可以自由地使用他人作品，一定程度上有利于社会创新能力的提高，但是，其减损著作权激励效果的成本同样高昂，甚至影响到未来作品的产出和供给。

由此可见，不同的著作权保护模式会产生不同的效率，产生不同的调整效果。立法的重点在于如何建构合理的著作权保护模式，遵循作品在经济学上的双重属性，通过合理的制度设计促进作品生产效率、许可效率和传播效率的提高。

四、著作权法的经济学原理

不同的著作权保护模式实际上反映出不同的经济学理念。“法律路径”和“技术路径”这两种著作权保护模式，都是以对排他性财产权的保护为基础。尊重排他性财产权的观念强调私人所有和自由意志，强调政府的存在是为了保护民事主体的私有财产。私有财产的权利人可以决定其所有之物的占有、使用、收益和处分，政府不能干涉私人的意思自治。相反，政府需要通过制定相应的法律，保护私人财产，确保个人意思自治不受侵犯。这种保护私有财产的观念在经济学上主要表现为自由市场观念。与自由市场观念相反的是政府宏观调控理念。宏观调控理念认为，虽然自由市场能够发挥重要的作用，但终究有其无法克服的缺陷，而政府作为公权力的代表，可以在自由市场无法发挥作用时进行必要的宏观调控，以弥补自由市场机制之不足。宏观调控理念在著作权法中表现为一些非自愿许可机制如著作权补偿金制度、法定许可制度。

制度经济学理论认为，在经济运行和发展中，制度是决定经济运行效率的关键。西方资本主义社会之所以获得长足发展，主要在于资产阶级革命之后所建立的制度的科学性。自18世纪起，西方社会建立了以自由市场竞争为基础的资本主义制度，获得了生产力的极大解放。正是市场机制和自由竞争为基础的制度架构，为西方经济和社会的腾飞提供了源源不竭的能量。正是自由市场的竞争，带来了资源的优化配置和资源利用效率的最大化。

自由市场竞争机制之所以取得如此成绩，源于人的自私和追求个人利益的理性。经济学理论认为：经济人追求个人利益最大化的自由行动会无意识地、卓有成效地增进社会的公共利益。① 正是自私的理性，使经济人可以根据市场变化、自身情况和利益状况作出符合自身利益的行为，从而在追求利益的过程中促进社会公共利益的增加。自由市场竞争机制背后的指导思想主要是自由市场观念，它尊重市场的资源配置功能，认为市场具有自发的资源调节能力，可以较好地处理经济运行产生的资源分配问题。正如有学者所言，"自然主义"的市场观念，其核心内容乃是认为市场在本质上是一种"自然的机制"，它可以不借助于任何外在因素而自然生成和自发运作。② 亦即，自由主义市场观念认为，社会资源是有限和稀缺的，而市场需求能够引导人类的行为，使有限的资源产生更高的经济效率，达到资源的优化配置。

虽然自由市场机制与观念十分重要，但是市场也存在失灵和效率低下的问题。20世纪初叶西方社会所经历的严重经济危机即表明了市场存在的问题。它说明自由市场经济固然重要，但绝非完美。1936年，凯恩斯针对市场经济存在的缺陷，提出要建立一个以政府干预为中心的解决资本主义经济危机和就业问题的理论体系。他认为，政府应当对有效需求进行调节，因此政府的干预和调控不可避免。萨缪尔森和诺德豪斯在《经济学》一书中也认为，市场机制存在着不完善的地方，包括竞争的不完备和外在因素的制约，因而政府的调控和干预必不可少。现代市场经济理论认为，政府调控和干预是治理市场失灵的一种手段。多数西方经济学家也指

---

① 参见杨春学：《经济人与社会秩序分析》，上海，上海三联书店、上海人民出版社，1998，第12页。

② 参见薛军：《两种市场观念与两种民法模式——"社会主义市场经济"的民事立法政策内涵之分析》，《法制与社会发展》2008年第5期。

出，现代世界上并不存在“纯粹的”市场经济，而且世界上任何时候也没有过这种经济体制。西方国家经济是国家经济成分和私人经济成分相互作用的混合经济，它实际上既不是国营经济，也不是私营经济，而是这两种经济成分的组合。①

政府的强制性制度安排有可能产生极高的效率。这主要是因为，不同的利益主体在自发的谈判下很难达成一致，选择一种共同遵守的利益协调机制。在这些利益主体无法通过市场机制达成新的利益分配方案的情况下，政府的强制性制度安排就成为必然的选择。它能够克服利益主体之间的谈判成本，节约新制度的制定和实施成本。

然而，政府的强制性制度安排虽然有可能产生极高的效率，但是又具有极大的危险性，如果调控措施不当，则市场自发调节市场资源的功能会被损伤，影响到经济效率的实现。故而需要将宏观调控限制在一定范围内，以使公权力不至于过多干预私人自治领域，保证自由市场功能的正常发挥。

由此可见，自由市场机制和市场竞争是资源配置的基础，法律制度的设计应围绕充分发挥市场的资源配置功能展开。但是，市场经济有可能失灵，造成低效率和不公正，而“政府的主要经济作用是对市场不能有效和公正地配置资源的情况予以干预”②。因此，自由市场经济和国家的适当宏观调控都不可偏废。在两者关系上，自由市场经济和政府调控有主次之分。自由市场经济为一国经济制度的基础。在此之上，为克服市场失灵和资源分配的不正义，政府可以视特定情况运用公权进行适度调节。亦即，一方面，在市场经济条件下，无论是有体物还是无体的知识产品，都主要由市场进行调节，由市场决定产品的生产和价格，通过产权激励资源的生产和交易，实现资源的有效配置；另一方面，完全依赖市场机制进行自我调节可能存在着不稳定的因素，造成严重的市场失灵，例如，市场主体为追求私益滥用垄断地位、在某些情况下市场的交易成本过高、某些交易涉及重大的公共利益而不适宜交给市场调节等，这就需要政府的适度调节，只是这种调节相对于自由市场经济制度而言仍处于次要地位，对自由市场经济是一种有益的补充。

资本主义由自由时期进入垄断时期，愈加强调政府在市场经济中的作

---

① 参见郭连成：《西方市场机制缺陷论及混合经济理论》，《国外社会科学》1995 年第 5 期。

② 同上文。

用，大多数国家都采取自由市场经济为主、政府宏观调控为辅的基本经济制度。这说明，目前市场经济国家的主流经济形态是把自由市场经济和政府调控结合起来的模式：一方面，私权作为市场经济中不同主体拥有的可自由支配的权利，是市场经济发展的动力。没有对私权的制度激励，私主体的逐利动机将变得不足，整个市场会缺乏生机和活力。另一方面，私主体具有有限的理性，私主体在最大化追逐私利的过程中有可能会损害他人利益或者社会公益。另外，经济的发展变化、科学技术的进步，都有可能导致严重的市场失灵。在市场无法发挥作用时，法律制度需要通过各种手段去克服市场弊端，降低市场交易成本，保证市场的安定有序和资源分配的效率。

根据上述经济学基本原理观察著作权制度，自由市场观念反映在著作权法上就是国家通过立法设置著作权，保护著作权人的作品，通过私权的设置构建作品自由交易的市场，同时强化法律制度的执行，确保著作权人的财产权不受侵犯。在数字网络环境之下，这一观念有了新的体现，即依靠技术保护措施强化对作品的保护，通过著作权侵权责任制度尤其是间接侵权责任制度追究“搭便车”者的侵权责任。

而根据宏观调控的经济理念，虽然著作权法归属私法，但政府公权调控的作用不可或缺。这不仅体现在政府在著作权立法、司法保护、行政管理中所起的作用，也体现在知识资源的政府调控和分配方面。市场的自发运作可能导致严重的市场失灵，因而政府进行调控和干预就具有必要性。在著作权法调整的领域，复制技术的进步使私人复制和传播作品的行为广泛出现，严重损害著作权人的利益。由于交易成本的存在，这种私人复制并没有办法通过市场自发的交易来解决，导致著作权人和社会公众之间利益的失衡。如果任由著作权人私力救济，著作权势必扩张至社会公众的私人生活领域，不仅可能干涉公众对作品的合理使用，损及知识的后续创新，而且可能侵害到价值位阶更高的隐私、自由表达等人格利益；而如果任由私人复制泛滥，则著作权人无法就其作品收回投资和利润，这损害了著作权人投资于作品的积极性，最终影响到作品的供给。在这种情况下，政府可以基于著作权法的价值追求和立法目标，利用其强制力克服市场失灵，构建新的利益分配机制来协调不同主体之间的利益冲突。著作权补偿金机制即是国家的强制性制度安排，它的主要目的是使私人复制合法化，同时对著作权人进行一定的补偿，以降低著作权人和社会公众之间的制度博弈成本，以强制性制度变迁进行作品资源的利益分配。

然而，著作权补偿金制度又带有相当程度的危险性：它是以强制性的制度安排代替市场机制，有可能导致自由市场调节功能的丧失。这种新的替代性制度是一种政策导向性极强的利益分配机制，因而利益分配的正义和公平的问题更值得关注。如果著作权补偿金制度设置不当，不仅不会达到预期的立法目标，还有可能导致著作权法沦为脱离市场的国家政策分配体系或精英赞助体制，成为计划经济的牺牲品。

"法律路径"、"技术路径"、"共享路径"和"补偿路径"孰优孰劣、如何取舍，从经济学角度看体现了市场自由调节和国家公权调控这两大资源配置手段的定位、如何协调彼此关系的问题。"法律路径"和"技术路径"分别是以间接侵权责任的法律诉讼和以技术保护措施控制作品的使用为基础，以排他性财产权为核心的制度模式。"共享路径"是立足于市场自发调节，通过共享协议鼓励著作权人让渡作品著作权的制度模式。虽然"法律路径"、"技术路径"以及"共享路径"代表了不同的价值观，但是它们都不主张政府公权力对著作权领域的过多干预，它们尊重市场自发调节，将私人领域意思自治的理念贯穿始终，力求通过著作权人和社会公众之间的合作博弈获得合理的制度变迁。"补偿路径"则完全与这几种保护模式相反，它将著作权人的排他性财产权降格为获得报酬权，秉持的是政府宏观调控理念，认为政府的适度干预可以取得较好的调控效果，是政府公权力从社会公共利益角度出发对私人秩序的调控。

构建未来数字网络环境下的著作权保护模式，需要运用自由市场观念和政府宏观调控理论，根据市场情况的不同进行相应的制度设计。一方面，作者、著作权人、著作权产业界、网络服务提供商等，需要根据市场和消费者的需求来决定作品的创作或传播，因而，在著作权法中，自由市场机制和著作权的私权配置不可或缺。在数字网络时代，政府需要进一步完善市场机制，通过法律制度的完善和实施确保作者和著作权人的意思自治不受侵犯，使作者和著作权人能够依据市场供求情况向市场提供作品，激励作品的创作和传播，繁荣社会文化。因此，在市场能够正常运行的领域，不宜实施政府赞助、奖励制度或著作权补偿金制度、法定许可或强制许可制度等。

另一方面，由于垄断、交易成本、正外部性无法有效地内部化等因素的存在，著作权市场可能存在着严重的市场失灵，如果不加以政府的宏观调控，有可能使作品资源的配置无法进行。同时，在著作权法调整的领域，特定群体如少数民族、聋哑人群体的利益也需要得到维护，以免造成网络时代弱势群体在知识接触和学习方面的“贫富差距”。因此，国家需要在市场失灵较为严重的领域或需要维护公共利益的领域进行宏观调控，改革著作权的排他性私权模式，通过非自愿许可制度如著作权补偿金制度、法定许可或强制许可制度来妥善处理利益冲突，以使公众能够合理使用作品，进行后续创作，从而促进作品传播效率的提升。

五、著作权法的功能定位

著作权法的功能定位，指著作权法在调整作品创作和传播的过程中所应当发挥的作用。著作权法的功能定位决定了著作权法的权利构造和具体制度构成，决定了一个社会作品创作和传播的利益调整机制，因此，构建数字网络环境下的著作权保护模式，需要探讨著作权法的功能定位，通过著作权法的功能定位为著作权保护模式的建构提供指引。

著作权法是有关于作品保护、使用和传播的法律制度，调整的是因作品而产生的利益关系。设计科学合理的著作权制度，促进作品的创作、传播和文化的繁荣，是著作权立法的主要目标。但是，著作权法不得不面对保护程度的问题，著作权的过强保护或过弱保护都可能导致创作的萎缩。正如有学者所言：“版权法永恒的难题在于决定排他性权利该在哪里结束，而不受限制的公众接触又该从哪里开始。如果版权法保护范围过窄，作者会没有足够的激励去生产和传播创造性作品，或者会过度依赖国家的支持或者精英赞助。如果版权法保护范围过宽，版权人将会对现有作品的评论性使用施加监察性的控制或者抽取接触作品的垄断租金，由此阻碍言论和文化的发展。”[①] 这也就是说，著作权法不能只关注著作权的保护，而忽略作品的接触和后续创新，也不能只关注作品的接触和后续创新，而忽略著作权的保护。由此，著作权法的权利配置需要关注两个方面的问题：一是著作权法激励之下的作品生产和传播激励机制，涉及作品的生产和传播；二是公众合理使用或自由接触作品的程度，涉及作品在生产和传播之后的自由使用和后续创新问题。换言之，著作权法主要涉及调整作品生产、作品传播以及此后在社会成员间的作品使用和后续创作问题。

从经济学角度看，作品是无体物，属于社会的稀缺资源，需要通过产权的配置达到作品资源产出和使用的优化。经济学上的产权模式总体上可

① Neil Weinstock Netanel, “Copyright and a Democratic Civil Society”, 106 *Yale L. J.* 283, 289.

区分为公有产权模式和私有产权模式。根据前文的分析，作品既具有公共产品属性、具有非竞争性和非排他性的特点，同时作品借助于一定的手段又可以具备排他性，具有私人产品属性，因而作品具有双重经济学属性，公有产权和私有产权的模式都适用于作品，不同的是两者产生的作品生产效率和传播效率有所不同。在作品上设置私有产权，需要建立一整套权利确定、权利保护、权利行使与流转、行政与司法救济的法律制度，因而制度建构和执行的成本较高。但是，与公有产权模式相比，私有产权模式能够有效地利用市场的资源配置功能，通过市场价格信号传递消费者的需求，以市场供需调整作品的供给。因此，通过私有产权的设立，构建著作权交易的市场，能够有效激励作品的生产和传播，使生产出的作品更符合市场和消费者的需求。不仅如此，私有产权的设定可以避免公有产权设定之后由政府主导作品生产和传播所产生的政府失灵。亦即，由于政府缺乏生产何种类型的作品和生产多少数量作品的有效信息，政府在作品的生产和传播上容易出现决策失误，导致作品的生产脱离市场实际需求，无法满足消费者的需要。因此，相对于公有产权模式，私有产权模式将作品生产和传播决策的主体赋予私主体，由私主体收集各类市场信息和消费者需求信息，决定作品的具体生产，更加具有信息成本的优势。有学者在谈到著作权制度的功能时即指出："知识产权制度的主要功能是确认、分配知识的市场化所产生的利益，知识产权制度的产生是知识成为市场要素的结果。"① 故此，随着近代资本主义商品经济的兴起，各国都在作品供给和传播领域无一例外地采取了赋予私人所有权的著作权保护模式。实践证明，私有产权的赋予，为作品的供给和传播提供了市场利润回报方面的激励，使作者和作品的投资者愿意投资于作品的创作和传播。由于作品的生产和传播与市场需求相联系，著作权保护之下的作品已经不是作者自娱自乐的产物，而与文化产业密切相连，成为国民经济的重要组成部分。

由此可见，著作权私权模式在作品生产和传播方面的功效已经为实践所证实，它促进了作品的生产和传播，满足了消费者的需求，繁荣了文学艺术和科学领域的文化创作，丰富了人们的精神文化生活。正如有学者所言："在制定宪法版权条款和联邦版权法之时，立法者就认为版权对知识传播的支持是保持一个自由宪法所必需的。现代版权法理论也持相似的观点。它认为加强民主政治的公共教育和评论需要为原创性作品的作者提供

---

① 李琛：《著作权基本理论批判》，北京，知识产权出版社，2013，第25页。

一个有活力的市场。正如最高院十年前认为的那样，立法者认为版权法自身应当成为自由表达的引擎。”①

但是，著作权法不能只具备单一的功能，它不能只将注意力集中于著作权的保护。在赋予私权、以市场手段分配作品产生的初始利益之外，著作权法还要关注于作品在社会公众中的使用和后续创作问题。由于作品具有公共产品属性，具有非排他性和非竞争性的特点，其与社会后续创作和公共利益有直接的联系。

一般而言，《物权法》保护的有体物依靠市场自发调节进行分配，实行市场自愿、平等的等价交换基本原则，市场机制发挥资源配置的决定性作用，国家一般不进行干预。但是，对作品这种无体物而言则有所不同。作品知识是一种人类智慧的累积性产物，具有历史承继性的特点，作品的创作和产生过程本身就是后人学习和总结前人智慧结晶的过程，是学习、借鉴和吸收人类社会前人已有知识的基础上所进行的后续创作。亦即，作品在创作的连续性上很难予以割裂，任何人都不能断言他创作出的作品是完全没有借鉴他人已有作品的纯粹的原创作品。正如莱斯格教授所言："有一种称为思想的东西，它是我们思维能力作用的结果，它的天性使它比其他任何事物都难于财产化。""为了人类的道德教育及相互借鉴，为了生活条件的改善，思想应当在全世界自由地传播。它似乎是大自然专门的、仁慈的设计，像火一样蔓延至整个空间，在任意一点浓度都不降低；又像空气一样，我们可在其中呼吸、活动和生存。它不可被限制，或被独占。"② 作品的历史继承性决定了作品中蕴含的知识是人类发展的基本条件，决定了作品只有属于公众、为公共目的而存在才符合其本性，才最能发挥其效用。因而，作品必须在无数人的传播和学习之中才能最大限度地发挥价值，作品无法加以割裂而成为独立的个体。换言之，著作权法保护的作品是一种"形式"的创新，是在已有知识基础之上的知识增量，这种增量知识又需要成为新的知识产生和发展的原材料，以便他人学习借鉴，促进人类社会知识的不断进步。从此意义上说，作者的创作并不是仅凭个人的能力和智慧，而是在吸收他人已有知识基础上的再创作，作者创作的增量知识本身已经蕴含着历史累积和继承的痕迹。

---

① Neil Weinstock Netanel, "Copyright and a Democratic Civil Society", 106 *Yale L. J.* 283, 285.

② 〔美〕劳伦斯·莱斯格：《思想的未来》，北京，李旭译，中信出版社，2004，第100页。

作品不仅具有历史继承性的特点，还具有外溢性的特点，这种外溢性的特点与其公共产品的非竞争属性密切相关。有学者形象地将之比喻为："知识的外溢是一个无限扩大、螺旋式上升、连续扩散的持续过程，就像往湖中投石形成向外扩散的水波。"① 作品具有非竞争性，一个人对同一作品的使用并不影响他人对该作品的使用。不同的人对同一作品可以同时使用。作品的这种特点使作品本身不发生任何耗损，与有体物使用一次就发生磨损的情形截然不同。因之作品能产生强烈的外溢性，越多的人使用作品，作品产生的边际收益就不断递增，作品在社会中所能够发挥的作用也就越大。作品中的知识不仅是人们学习的对象，是后续创新的动力之源，同时也是生产其他产品的重要智力要素，与其他生产要素相结合，在生产中能够提高经济效益。作品在使用过程中，人们对其加以学习、运用、改编、重新创作等，都能使作品产生巨大的外溢性利益，推动社会文化科学的发展。

作品的这种特点决定了著作权法不仅需要保护作品的创作者和投资者的利益，同时还需要考虑到社会公众自由接触、学习作品和进行后续创作的问题，遵循作品的历史继承性和外溢性的特点。这就是著作权法关注的第二个对象即作品在生产之后的作品使用和后续创作问题。从经济学角度看，由于作品具有公共产品属性，其传播和使用的边际成本几乎为零。作品一旦产生，让其最大限度地传播可以获得最佳的社会效益。著作权法赋予作品创作者排他性私权，建立一整套预防他人"搭便车"的保护机制，在一定程度上解决了作品生产和传播的激励问题。但是作品之上设定排他性私权之后，作品如何最大限度地传播以获得最大化的效益，成为立法需要解决的重要问题。有体物由于私人产品属性，存在公地悲剧现象，特定时间和特定地点只能由特定人占有使用，而作品由于其非竞争性的公共产品属性，不存在公地悲剧现象，作品被越多人分享，其价值发挥越大。然而，作品私有产权的设置使作品在社会公众之间的传播、学习和后续创新变得困难。因此，作品会存在反公地悲剧现象，即作品虽然生产出来了，但由于私有产权制度的存在，接触和利用作品的人较少，利用得并不充分，导致作品知识的闲置和资源浪费。因此，著作权法在关注作品生产和传播问题的同时，需要关注作品生产之后的作品使用和后续创作问题，以充分利用作品非竞争性、非排他性的公共产品属性，促进作

① 南振兴、温芽清：《知识产权法经济学论》，北京，中国社会科学出版社，2010，第49页。

品传播，提高作品的利用效率，维护社会公众学习教育、言论自由等权益。

未来数字网络时代著作权保护模式的建构，需要遵循作品的历史继承性和外溢性的特点，协调好作品供给、传播、使用和后续创作的关系。数字网络技术的兴起和发达给作品的广泛传播提供了技术条件，但是，诞生于模拟技术时代的著作权法采取的是控制中间传播主体的“间接模式”，从而使网络环境下作品在私人之间的传播和使用变得轻而易举。在技术冲击下，著作权人要求恢复对其作品的控制，排除任何人未经许可对其作品进行使用。正如有学者所言：“（版权人）认为社会资源最好分配给私人财产权所有人，他们有着绝对的排除非所有人的权利，可以以自己的意愿利用和处置他们的财产。”而“市场价格会以最优的有效率的方式为现存创造性表达的营销和发展指导资源的分配”①。这导致了数字网络时代著作权保护的困境。未来数字网络时代著作权保护模式的建构，要考虑到著作权法的功能定位。著作权法应一方面继续通过私有产权和市场的调节功能激励创作者和作品的投资者，以市场为导向，激励著作权人向消费者提供其需要的作品；另一方面，著作权法又要通过有效的制度设计，促进作品价值最大限度地发挥，让作品可以在特定条件下由公众自由接触，从而提升社会的创新能力。

第二节　数字网络时代著作权保护模式的制度建构

网络环境下著作权保护模式的构建，需要从数字网络环境的特点出发，借鉴自然权利论、社会规划论和功利主义论的理论学说，遵循著作权客体的经济学属性和著作权法的经济学原理，坚持著作权法的功能定位，在激励作品创作和生产的同时，促进作品的传播和后续创作，实现著作权法的立法目标和价值取向。本章将论述数字网络时代著作权保护模式的基本制度构成。首先，概述新技术环境下著作权保护模式的制度构成；其次，分别对著作权保护模式制度构成中重要的两类制度即著作权自愿许可制度和著作权非自愿许可制度进行讨论。基于研究的需要，在著作权自愿

① Neil Weinstock Netanel, “Copyright and a Democratic Civil Society”, 106 *Yale L. J.* 283, 287, 290.

许可制度中，除了传统的授权许可制度外，还将讨论与之相关的著作权集体管理制度。在著作权非自愿许可制度中，除了论述传统强制许可制度和法定许可制度外，还将着重研究著作权合理使用制度。

一、数字网络时代著作权保护模式的基本制度构成

未来著作权保护模式的构建，需要考察不同的著作权保护模式，借鉴不同模式的合理之处，根据网络环境的实际特点和作品使用的实际情况采取适当的制度设计，使四种著作权保护模式能够在特定领域发挥功效。根据上文对著作权保护模式构建依据的论述，未来网络环境下著作权保护模式的整体构建思路是：以“法律路径”“技术路径”为核心，以“共享路径”为组成，以“补充路径”为特定情况下的补充，即坚持以排他性财产权制度为核心，保护著作权人的著作权，同时鼓励意思自治之下的作品共享，推广共享协议的运用。在市场存在严重失灵时，考虑设置补偿金等非自愿许可制度。

首先，著作权法需要以排他性著作财产权为核心，保持原有的著作权授权许可制度不变，原则上将技术发展所产生的对作品新的使用方式都纳入著作财产权的控制范围，以市场配置作品资源为主要制度模式，尊重著作权人的意思自治。同时，针对技术保护措施反规避规则存在的例外过少、保护过强的弊端，完善规避技术保护措施例外方面的立法，协调技术保护措施保护与用户合理使用作品之间的关系；针对间接侵权责任制度存在的问题，合理界定和判断第三方在网络上的注意义务和间接侵权责任的成立要件，防止第三方动辄得咎，避免产生技术研发的“寒蝉效应”。

数字网络技术具有分散性、交互性的特点。用户借助于数字网络技术，可以实现即时的信息交流和共享，提升信息的传播效率。但是，在这一过程中，用户也有可能未经授权地复制或传播受著作权保护的作品。这些复制和传播行为很有可能会产生市场替代的效果，消费者不再通过正版授权的渠道获得作品，使著作权人无法获得应有的收益。如果法律对这些行为不予控制，作品在网络环境下将变为完全的公共产品。这将极大地损害著作权的激励效果，使著作权人不愿意再投资于作品的创作和传播，整个社会也将由于作品数量、传播方式和传播规模的减少而受到损失。就此而言，未来网络环境下著作权保护模式的构建，首先需要坚持以排他性财产权为基础，坚持和完善以间接责任为基础的著作权保护模式和以技术保护措施为基础的著作权保护模式，原则上将新技术所产生的对作品的新的

使用方式都纳入著作权的控制范围，在制度上帮助著作权人在新技术环境下加强对其作品的控制，恢复作品的排他性，使著作权人能够排除他人对其作品的“搭便车”，通过市场的运作获得收益。由此，“法律路径”和“技术路径”这两种著作权保护模式应当在未来著作权保护模式中占据主导地位，需要它们发挥保护著作权人权利，维持著作权的激励效应的基础性功能，通过著作权激励机制的维持促进作品的创作和传播。

但是，“法律路径”和“技术路径”这两种著作权保护模式都存在缺陷。“法律路径”的缺陷表现为间接侵权责任制度的构成要件不清晰，网络服务提供商注意义务的设置有待完善。“技术路径”的缺陷表现为著作权控制过强，与合理使用规则存在冲突，不利于人们对作品进行合理使用和后续创作。因此应对未来著作权保护模式的重要组成——“法律路径”和“技术路径”中的具体制度进行完善。(1) 在“法律路径”方面，著作权法应进一步完善著作权间接侵权责任制度，通过间接侵权责任制度切实保护著作权人的利益，追究具有侵权意图、造成侵权损害后果的网络服务提供商的侵权责任，以间接侵权责任制度遏制网络上私人复制和传播行为的发展，促使网络服务提供商建立合法、正规的在线商业模式。同时，理论上需要明确间接侵权责任制度本身具有一定的局限性，仅仅凭借间接侵权责任制度无法解决网络环境下的作品保护问题。在间接侵权责任制度的完善方面，关键在于明确著作权间接侵权责任的构成要件。立法要降低间接侵权责任制度的不确定性，明确界定间接侵权责任制度的适用范围、构成要件，确定各种类型的网络服务提供商的注意义务程度，以给网络服务提供商的在线商业活动提供清晰的法律指引。如果间接侵权责任的构成要件设计不当，给提供技术、设备或服务的第三方主体施加了过重的注意义务，则可能损害第三方的合法权益，阻碍第三方主体开发新技术和提供新的服务平台，阻碍科技发展与商业模式的创新，从而对技术发展产生“寒蝉效应”。(2) 在“技术路径”方面，应当肯定技术保护措施在著作权保护方面的积极作用，坚持通过技术手段帮助著作权人控制其作品，防止作品变为完全的公共产品。著作权法应继续通过立法对技术保护措施予以保护，使著作权人能够有效保护其作品并形塑各种在线的新型商业模式，降低交易成本，实施价格区分机制，更大程度地便利消费者。同时，针对技术保护措施可能对公众合理使用作品和进行后续创作带来的消极影响，立法需要完善技术保护措施反规避例外条款，增补规避技术保护措施的合理使用抗辩，鼓励著作权人开发和应用新型的能够有效协调技术保护措施保护和用户合理使用作品之间关系的DRM权利管理系统，寻求技术保护措施反规避规则和合理使用制度之间的协调。

其次，著作权法是否需要采取以补偿为基础的著作权保护模式，主要判断标准是作品交易市场是否存在严重的市场失灵。对于是否需要将新技术所产生的使用作品的行为纳入著作权的控制范围，需要考察该行为所涉及的市场是否存在严重的市场失灵情形，包括交易成本过高、垄断、正外部性无法有效内部化等。在交易成本过高的领域，可以考虑不将使用作品的行为纳入著作权的控制范围，而采取著作权补偿金、法定许可、强制许可等以补偿为基础的非自愿许可制度，以大幅降低交易成本，克服市场失灵。

网络环境引发了大量的未经授权对著作权作品进行私人复制和传播的行为。有一部分私人复制和传播行为是公众合理使用作品的行为，例如，基于教学目的对作品进行少量的复制并提供给学生，以评论作品为目的对作品进行必要的引用等。这些对作品的使用基本发生于私人生活或学习领域之内，且使用程度有限，不会对著作权市场产生替代效果，加之其有益于社会公益，因而不应被纳入著作权的控制范围。此外，还有一些私人复制和传播行为是对著作权人作品的完整的复制或传播，产生了市场替代效果，对著作权利益构成严重影响。由于这些领域存在严重的市场失灵，包括交易成本过高、存在垄断、正外部性无法有效内部化等，市场尚未针对这些私人复制和传播行为形成完善的授权机制，这些作品使用行为不会或很难获得著作权人许可，作品交易无法完成，无法有效发挥作品的正外部性。因此，由于私人复制和传播行为的目的多元，使用情况复杂，仅仅通过强化著作权保护，严厉打击著作权侵权行为并不能解决数字网络环境下作品的高交易成本等市场失灵问题。模拟技术时代，一些国家考虑到对私人生活领域的私人复制加以控制的成本问题和隐私问题，采取了著作权补偿金制度。同理，数字网络环境下同样存在难以控制的私人复制广泛发生、作品交易成本过高等市场失灵问题。这些存在严重市场失灵的领域可以采取著作权补偿金模式或法定许可、强制许可等非自愿许可制度，通过补偿金或非自愿许可制度来进行作品资源的分配，克服作品市场存在的市场失灵。不仅如此，在新技术条件下，技术手段的采用将可能一定程度上克服过去补偿金制度等存在的严重弊端。模拟技术时代的补偿金制度无法对每部作品的使用情况进行计算，无法评估出每部作品的市场价值，并根据作品的使用情况和市场价值分配收集而来的补偿金。在数字网络时代，这一问题将得到很好的解决。作品可以以数字化的格式存在，每部作品之上都可以采用水印等技术加以编码。作品在网络上发行之后，技术保护措施和更为先进的DRM权利管理系统将能够通过作品之上的编码追踪作品的使用情况，获得作品的下载数量、使用次数等信息，从而准确评估出每部作品被消费者使用的程度，这就为相对公平地分配补偿金提供了重要的参考。

需要强调的是，著作权补偿金制度或其他非自愿许可制度只是在特定情况下实施的制度，一般针对交易成本过高、垄断或正外部性无法有效地内部化等严重的市场失灵情形。在不存在市场失灵的领域，著作权人的排他性著作财产权需要在数字网络环境下继续予以坚持，不能加以取消或无正当理由地予以严格限制。这是确保为著作权人提供足够激励，从而促使其投入作品创作和传播的前提条件。在市场条件下，作品的创作和传播以消费者的需求为标准，著作权人可以根据市场需求和价格信号调整自己的作品生产种类和生产数量，以获取最大化的利润。这些市场行为能够顺利实施的前提就是对著作权人的财产权予以妥善的保护，通过排他性财产权构建作品自由交易的市场。因为在数字网络环境下实施著作权补偿金制度或法定许可、强制许可制度，虽然短期看能够极大地提高作品传播的效率，使公众能够以较低的成本获得作品，并且通过采取先进技术计算作品使用数量来分配补偿金，能够克服以往补偿金制度的缺陷，但长期看来，却可能会严重损害著作权人的积极性，迫使著作权人退出作品市场。这主要是因为，著作权补偿金、法定许可、强制许可等制度是非市场化的制度，它可能严重干扰市场供求信号，损害市场优化配置资源的功能。如著作权补偿金税费或报酬的征收和分配通过统一的机构集中作出决策，不仅无法准确反映市场供求状况和消费者的需求，还可能导致大量的寻租行为，这都将破坏市场资源配置的功能，降低著作权人投资于作品生产和传播的积极性，影响作品的供给数量和质量。因此，不能在数字网络时代动辄以著作权补偿金、法定许可、强制许可替代自愿许可制度，破坏著作权人的排他性财产权。著作权补偿金制度或非自愿许可制度只能是未来著作权保护模式的补充性制度，并且适用领域极为有限，一般仅适用于那些市场严重失灵的领域。并且，随着交易成本的降低和市场失灵的消除，一旦著作权人能够建立起有效的授权许可机制，则非自愿许可制度应逐步缩小其适用范围乃至最终将之取消。

最后，共享协议为基础的著作权保护模式是未来著作权保护模式的重要组成部分。以“创作共用”为代表的共享协议为基础的著作权保护模式以意思自治为基础，不会对著作财产权制度构成影响。在共享协议下，著作权权能的释放能够极大地降低著作权的保护强度，减少交易成本，使作品的公共领域扩大，便于社会公众对作品进行使用和进行后续创作。因此，尽管共享协议著作权保护模式在未来不会是主要的著作权保护模式，它也是未来著作权保护模式的有益补充和重要组成。因此，著作权法应鼓励私人创制的共享协议，在法律上认可这一制度的效力，以共享协议制度作为著作权保护模式的有益补充，克服传统著作权权利体系固定僵化、控制过严的弊端，使两者相互联系、密切配合，形成更适合网络环境的著作权保护模式。

综上，网络环境下的著作权保护模式不能单一地采取某一种制度模式，在制度构建上应尊重市场的功能，采取能够最大限度地促进市场资源配置功能发挥的制度设计。在制度取舍上，以市场是否存在严重的市场失灵为参照标准，选择适用不同的著作权保护模式，通过合理的制度取舍和设计，努力促成市场机制发挥其资源配置的基础性作用，促进网络环境下作品的创作和传播。

二、著作权自愿许可制度的完善

在未来网络环境下，立法应当坚持排他性财产权的路径，将新技术引发的对作品的新的使用方式纳入著作权的权利范围，使著作权人能够有效控制网络环境下作品的使用和传播。这有助于维系著作权的激励机制，鼓励著作权人形塑新的商业模式。因此，著作权自愿许可制度将继续在网络环境下起支配地位。一部作品要在网络环境下复制、传播和使用，除法律规定的特定情形外，应当得到著作权人的许可。这将使著作权人能够根据市场供需的情况调整自己的作品供给，更好地满足消费者的需求。完善我国著作权法自愿许可制度，包括完善著作权间接侵权责任制度、技术保护措施反规避制度、共享协议相关制度、著作权交易制度、孤儿作品制度和著作权集体管理制度。自愿许可制度中的配套制度——间接侵权责任制度和共享协议相关制度——已经在前文论述，此处不赘。下文将对技术保护措施反规避制度、著作权交易制度、孤儿作品制度、著作权集体管理制度进行论述。相关制度的完善主要从两个方面考虑：一是协调著作权技术保护措施规则和合理使用规则的关系，避免技术保护措施妨碍公众对作品进行合理使用和后续创作。二是以降低网络环境下的著作权交易成本为核心任务，通过著作权的制度设计降低交易成本，充分利用新技术在作品使用和传播上的便利性，提升作品在互联网环境下的传播效率。

(一) 著作权技术保护措施反规避规则的完善

由于数字网络技术便利了使用者对作品的使用，作品在网络环境下可能变为完全不具备排他性的公共产品。而技术保护措施则赋予了著作权人排除他人使用其作品的能力，使网络环境下的作品恢复其排他性，有效实现作品外部性的内部化。因此，技术保护措施在互联网时代将发挥关键作用，其不仅是著作财产权在互联网环境下存在的基础，也能有效维持著作权的激励机制，使著作权人可以形塑在线商业模式，根据市场需求安排作品的供给和传播。

著作权技术保护措施反规避规则的完善，主要目的是防止技术保护措施过于强化，损害社会公众对作品的合理使用和后续创作。对作品的合理使用和后续创作关系到整个社会创新能力的发展和文化进步，是著作权法重要的价值追求。因此，在互联网环境下如何有效地发挥技术保护措施的作用，妥善处理好著作权保护与作品合理使用及后续创作的关系，成为未来著作权保护模式建构的关键。根据本文第三章对技术保护措施的研究，著作权技术保护措施反规避规则的完善可以从以下几个方面进行。

第一，《著作权法》需增设基于合理使用的破解技术保护措施的例外情形。《著作权法》中需要明确规定可以规避技术保护措施的合理使用情形，并设置兜底条款，以适应未来作品使用方式的变化。立法可以将课堂教学、学习科研、新闻报道、批评与评论等，具有广泛正外部性、能够极大增加社会福利、同时不会实质性减损作品创作激励效果的使用作品的行为确定为合理使用，并明确规定消费者以这些方式合理使用作品，可以对技术保护措施进行规避，可规避的技术保护措施种类包括保护版权的技术保护措施和控制接触作品的技术保护措施。同时，为了让合理使用作品的行为顺利实现，其他主体也可以为以合理使用目的规避技术保护措施的行为提供帮助、设备和工具。但该使用作品的行为不得与作品的正常使用相冲突，不得不合理地损害著作权人的利益。其他主体也不得以合理使用之外的理由向他人提供规避技术保护措施的设备和工具。

另外，为了维护著作权人正常的在线商业模式，确保著作权授权许可机制的稳定性，用户也不能假借合理使用名义随意破解著作权人的技术保护措施，以规避为名行免费使用之实。为了有效维系著作权人和使用者之间的利益平衡，合法的规避技术保护措施的行为应限制为：当作品经著作权人授权，被合法获取或可以合法接触之后，作品的后续使用人为合理使用目的对该作品上的技术保护措施进行的规避。使用者滥用规避权利，随意规避著作权人的技术保护措施，破坏著作权人正常的商业模式，造成著作权人损害的，著作权人有权追究其非法规避技术保护措施的侵权责任。在范围上，被规避的作品仅限于本人的合理使用，不得将之在社会或网络上公开传播。

第二，中国立法可以学习美国技术保护措施反规避例外的弹性立法方式，增强技术保护措施反规避例外条款的灵活性。为应对新技术所带来的作品使用方式的变化，立法可以考虑授权国家版权局定期发布能够破解控制接触作品的技术保护措施的具体情形。为调和版权人和社会公众在信息保护与信息获取之间的矛盾，美国国会授权国会图书馆视情况颁布通令，明确不适用禁止规避控制接触条款的特定作品种类，通令有效期为 3 年。我国立法可以学习美国的这一立法模式，除在《著作权法》中规定法定的可以规避技术保护措施的情形之外，还可以通过国家版权局，每 3 年举行一次听证会，确立在一定期间内的可以破解控制接触作品的技术保护措施的作品类型名单或使用作品的情形，允许公众在这些法定条件下直接破解控制接触作品的技术保护措施，以增强立法的弹性，防止《著作权法》技术保护措施反规避例外的规定过于僵化。

第三，在技术成熟和条件允许的情况下，可以通过立法、政策扶持、政府奖励等手段，鼓励著作权人开发各种能够容纳用户合理使用行为的著作权 DRM 权利管理系统或在线作品使用平台。著作权人可以利用新技术，在自己所开发出的在线商业模式中增设技术手段，帮助公众对作品进行合理使用，或提供在线的自由使用作品的平台。这不仅有助于作品的后续创作，而且本身宽松和相对自由的作品使用平台也能够对消费者形成更大的吸引力，是网络环境下有效的营销手段。在政策上，政府也要制定相应的扶持和鼓励政策，通过政策环境促使著作权人自主设计能够帮助消费者自由使用作品的在线平台。

第四，为防止用户以合理使用为借口任意对著作权人的技术保护措施进行规避，妨碍著作权人在线商业模式的运作，我国立法可以确立一个中立的第三方登记机构，为用户规避技术保护措施提供服务。从目前的情况看，该中立的第三方登记机构可以由中国的著作权集体管理组织兼任。用户如果要以合理使用为目的规避控制接触作品的技术保护措施，需要签署诚信使用声明，并在第三方登记机构登记个人身份和有关作品使用方式、程度及范围的信息，第三方机构经形式审查符合要求予以批准后，用户才能够对技术保护措施进行规避。技术保护措施被规避之后，使用人的使用行为必须被严格限制在事先所申明和登记的合理使用作品的范围之内。如果使用人的行为违反了著作权法的规定和其事先所申明登记之信息，著作权人可以提交初步证据，通过第三方登记机构获得使用人的个人信息，追究使用人的侵权责任。

以技术保护措施为基础的著作权保护模式是未来网络时代最主要和最重要的作品保护模式，如何完善技术保护措施规则，妥善协调著作权人与社会公众之间的关系，是著作权法上的重要问题。立法应充分发挥技术保护措施在保护作品上的功能，同时防止技术保护措施控制过严，损害用户对作品的合理使用和后续创新。

（二）著作权形式要件的增设

数字网络技术使作品的传播更加便捷高效，具有即时性、交互性的特点，有利于作品正外部性的释放。然而，网络环境下大量作品处于权属不明或无法联系著作权人的状态，给作品的著作权交易和许可带来了困难。由于网络环境下实行排他性的财产权制度，他人对著作权人作品的使用必须事先取得著作权人的许可，这使网络著作权交易存在相当高的交易成本。由于网络上大量作品处于权属不明、著作权人地址和联系方式不明确的状态，想要获得其许可以使用作品的用户根本无法明确作品的权利状态，即作品是否享有著作权、权利归属于哪一主体，也无法联系到著作权人并寻求授权。而如果直接予以使用，又需要承担著作权侵权的风险。一些已经发生的侵权案件就是由于使用者无法联系著作权人而直接予以使用所引发的，徒增社会成本。由于著作权权属不明造成的网络环境下高昂的交易成本阻碍市场交易的发生，严重妨碍数字网络技术优势的发挥，既不利于著作权人更好地开发和利用其作品，也不利于作品传播和使用效率的提高。由此，未来的著作权保护制度需要以降低交易成本为核心考量因素，通过制度设计切实改变网络环境下大量作品权属不明的状态，降低网络环境下著作权的交易成本，促进作品许可效率的提高。

在未来网络环境下，作品权属状态的明确性将极大地便利交易，使作品的使用者不必花费较高的成本去确定和联系著作权人，从而降低交易成本，促进作品许可效率的提升。但是，作品权属状态的明确要求著作权人在发表或传播其作品时在作品上标示或者在特定查询系统中登记其作品的权属状态、著作权人的地址和联系方式、许可的条件和支付费用的方式等，这是目前实践所无法做到的。目前著作权法采取的是作品自创作完成之日起取得著作权，著作权的获得既不需要标示或登记，也不需要履行特定的公告手段，由此使得市场上大量作品处于权属不明或者无法联系著作权人的状态，导致作品交易成本较高，网络技术无法充分发挥其功能。

从历史角度看，有一些国家的著作权制度在某一历史阶段规定了作品的登记程序，一定程度上有利于作品权属状态的确定，降低了交易成本。莱斯格教授就指出：美国版权法在历史上的大部分时间里都规定作品必须经过登记才能获得著作权保护，作品在获得著作权之前还必须在政府备案。履行这种程序的好处在于“大部分作品并不需要著作权。登记规定把著作权法中的受众缩小到那一少部分确实需要著作权的作品范围”①。这样，公众就可以明确知道哪些作品受到著作权保护以及著作权人的姓名、地址、许可方式等，从而降低了交易成本。由此可见，著作权的程序性规定尽管增加了制度的实施成本，但能够有效地起到权利公示的作用，便于公众查询和了解权利归属状态，有助于作品的使用和交易。尤其是在网络环境下，作品形式要求的增设可以通过技术手段来完成，并可以建立在线的作品权利查询系统，这大大降低了权利登记和公示的成本，著作权登记的形式要件将不再是施加给著作权人的负担。

关于增设著作权登记形式要件的具体制度设计，目前有学者提出了方案。莱斯格教授认为，著作权法应当重新建立起作品标识、著作权登记和著作权续展制度。作品上应当附加标识，表明作品的权属状态，使作品的使用者能够联系到著作权人。如果没有在作品上附加标识，则他人可以在未经著作权人许可的情况下使用其作品，其行为不构成侵权，除非著作权人明确表明了异议。莱斯格教授的建议实际上给著作权人施加了标示作品权属信息的义务，有助于促使权利人积极标示作品权属。亦即，假如作品上没有权属标识，则相当于著作权人默示许可其他人使用该作品，使用者不需要承担侵权责任。如果法律作出这样的规定，则其法律后果显然是著作权人不愿意看到的。这会促使著作权人积极标示权属信息。在登记方面，莱斯格教授主张著作权法应当重建作品登记制度。设立著作权办公室作为登记中心，建立作品权属信息的数据库，并建立登记服务的标准，允许符合标准的机构经营登记业务。通过这种手段来降低作品交易成本，提

① 〔美〕劳伦斯·莱斯格：《免费文化》，王师译，北京，中信出版社，2009，第110页。

高作品的许可效率。[①] 国内亦有学者从交易安全的角度出发，认为登记制度的建立，有助于作品的交易安全，可以通过登记这种公示的形式有效地防止同一作品多次转让或许可导致的权利冲突问题。[②] 由此可见，对著作权设置登记的公示形式要件，不仅能够降低交易成本，还能有效防止权利在交易过程中的相互冲突，保护交易安全。因此未来的著作权法可以考虑增加著作权的形式要件。

然而，莱斯格教授所提出的建议也相对较为激进，即如果没有在作品上标示权属信息，他人可以在未经著作权人许可的情况下使用作品，不构成著作权侵权，除非著作权人明确表示反对。根据著作权法的原理，著作权是一种法定私权，具有排他性，这种建议将使著作权“名不副实”，付诸立法的难度较大，可能会招致著作权人的强烈反对，并且与目前在全世界通行的著作权不经标示和登记即可以享有完全的原则相冲突。因此，在制度设计上不宜强制规定著作权人不履行相关登记和标识手续即导致作品可被他人自由使用。政府可以先行建立作品自愿登记的系统，通过版权局建立网络著作权信息平台，鼓励著作权人在著作权信息平台上登录自己的作品信息、权属状态、著作权人信息、联系方式、许可方式和内容等，并利用技术手段在其数字化作品上标示特定的标记和权属状态信息，以利于公众查询。待自愿登记和标示制度实行了一段时间、条件相对成熟之后，再要求所有在网络环境下传播的作品都必须附加权属标识，并在网络著作权信息平台上进行登记注册。立法可以规定，不进行著作权登记和标示权属信息并不会发生作品丧失著作权的后果。但是，为了促使著作权人进行登记和标示，立法可以在条件成熟的情况下规定，如果著作权人不进行作品登记和标示权属信息，则其在侵权损害赔偿的诉讼中可以获得的损害赔偿金额将受到一定的限制，甚至作品的使用者不用承担损害赔偿责任。通过这种手段，将有效促进网络环境下作品的登记和标示，降低作品交易成本。

（三）著作权孤儿作品制度的建立

孤儿作品，主要指作品的使用者经过合理努力依然无法联系到著作权人并寻求其许可的作品。这些作品依然在著作权保护期内，享有著作权保护，然而由于著作权权属状态不明确，造成作品的使用者无法联系到著作

---

① 参见〔美〕劳伦斯·莱斯格：《免费文化》，王师译，北京，中信出版社，2009，第 110 页。

② 参见许辉猛：《著作权基本原理》，北京，知识产权出版社，2011，第 306～308 页。

权人并达成作品使用的许可协议。孤儿作品存在的原因，与前文所述著作权形式要求的缺失有直接的关系。由于许多作品在发表之后并没有标明著作权的权属标识，人们无法确定这些作品的著作权人、保护期限和著作权人的联系方式，导致在寻求许可上面临困难。尤其是在网络环境下，大量缺乏著作权权属信息的数字化作品在网络上传播，想要寻求授权许可的使用者根本无法联系上著作权人，要么放弃使用，要么只能冒着构成著作权侵权的风险予以使用。这显然不利于提高作品的许可效率和传播效率，使作品的正外部性无法充分发挥。

在相当长一段时间内，孤儿作品的问题是无法得到解决的。这主要是因为世界各国的著作权法和国际条约已经明确规定作品的著作权依循自创作完成之日起取得的一般性原则，作品不需要登记，也不需要在作品上标注著作权人的信息即可取得著作权。这使得孤儿作品的存在成为一种必然。并且作品的数量越大，传播越为广泛，预示着孤儿作品的数量也进一步增加。孤儿作品问题的解决，需要采取上文所述增设著作权形式要件的方式，即通过建立著作权信息平台，完善作品的登记和标示制度，促使著作权人在作品上标明著作权的权属状态和著作权人的信息。然而这些形式要件规则一直没有落实，所以孤儿作品现象在短期内无法消除，甚至在相当长时间内将一直存在。

孤儿作品问题将导致作品存在较高的交易成本，阻碍了交易的发生。因此，法律上应对孤儿作品问题的方法，主要在于通过有效的制度设计，促进现存孤儿作品的有效传播和利用，使孤儿作品的交易成本显著降低，便利人们对孤儿作品的使用，并着眼长远，促使孤儿作品现象的减少乃至消除。根据学者的研究，目前应对孤儿作品问题的法律方案主要有两种：一种是莱斯格教授所提出的较为激进的方案，另一种是相对温和的方案。[①] 莱斯格教授主张作品必须予以登记注册，将作品的著作权信息录入系统并及时更新。如果作品发表后 25 年内没有注册，则进入孤儿作品状态，任何人可以加以使用，并且对孤儿作品不适用禁令救济。相对温和的方案则是着眼于对著作权人救济方式的限制，即如果被控侵权人本着善意的原则努力联系著作权人，依然无法联系到著作权人并寻求许可，则可以在履行一定的程序后对作品进行使用，著作权人针对该使用的侵权损害赔偿救济和禁令救济都将受到一定的限制。除此之外，还可以通过引入强制

① 参见崔国斌：《著作权法：原理与案例》，北京，北京大学出版社，2014，第 644～645 页。

许可制度，通过政府来对孤儿作品进行管理。使用者如果要对孤儿作品进行使用，需要提出申请，由政府决定是否发放许可证。

由于孤儿作品问题与著作权形式要件增设的问题密切相关，本书依然主张较为温和的法律方案，即适宜对孤儿作品著作权人法律救济上的权利予以限制，例如对被诉侵权人的损害赔偿责任予以限制，而不宜直接规定他人可以径直使用孤儿作品而不构成著作权侵权。未来我国《著作权法》可以规定，他人如果尽到了合理的找寻义务，依然无法联系到著作权人，则可以直接对孤儿作品进行使用，但是需要支付政府所确定的一定的使用费。此后，如果著作权人发布或更新了作品的权属信息，或对他人的使用明确表示了反对，则其他人不能够直接使用孤儿作品，否则构成著作权侵权。同时，在法律上应对该孤儿作品著作权人损害赔偿的救济权利予以限制：他人对使用孤儿作品不需要承担损害赔偿责任，或者只承担受到严格限制的损害赔偿责任。采取这种方式，能够有效促使著作权人对作品的权属信息予以登记和更新，方便人们对著作权人作品的使用，降低交易成本，使孤儿作品的数量慢慢减少。

（四）著作权集体管理制度的改革

著作权集体管理，广义上是指多个著作权人通过适当的机制，将自己的著作权集中起来行使。在我国《著作权法》上，主要指著作权集体管理组织经权利人授权，集中行使权利人的有关权利并以自己的名义进行著作权许可的相关活动。[①] 从历史上看，著作权集体管理产生的主要原因在于，随着科技发展，作品的使用方式和使用主体逐渐增多，著作权人无法面对市场海量的作品授权需求，无法有效规制未经授权对其作品进行使用的行为。为了有效地维护其著作权，著作权人需要将其作品集中在特定的组织，由该组织统一代表著作权人行使著作权人的权利。因此，著作权集体管理产生于市场交易成本较高的市场环境，是市场自发产生的应对市场高交易成本的制度措施。其主要功能在于降低交易成本，简化交易程序，促进交易进行，提高作品的利用效率。亦即，著作权集体管理的本质是权利人解决大规模许可交易成本的工具。[②]

在互联网环境下，作品的传播范围进一步扩大，作品的使用主体大量

---

① 参见崔国斌：《著作权法：原理与案例》，北京，北京大学出版社，2014，第541页。

② 参见熊琦：《论著作权集体管理中的私人自治——兼评我国集体管理制度立法的谬误》，《法律科学》2013年第1期。

增加，作品的交易成本进一步提升，著作权人已经没有办法凭借传统的一对一授权模式来应对海量的作品使用需求，网络环境下未经授权的作品使用行为更为普遍，这迫切需要集中的管理组织来代表著作权人行使其权利。因此，网络环境对著作权集体管理的需求更为迫切，需要成熟运作的著作权集体组织参与作品的传播，通过有效的集体管理提升作品的许可效率，维护著作权人的合法权益。未来著作权保护模式的改革，需要对著作权集体管理制度进行完善，以提高著作权集体管理效率、降低网络环境下作品交易成本、促进作品更为高效的许可和传播为主要目标和指导原则，通过有效的制度设计激发著作权集体管理组织的潜能，更好地促进作品许可效率的提升。

然而，在目前，由于我国著作权集体管理组织的立法设计较为落后，著作权集体管理在网络环境下还没有充分发挥其降低交易成本、促进作品许可的功效，反而其自身存在着管理成本较高、许可效率较低的问题。中国著作权集体管理存在的主要问题是：第一，著作权集体管理组织的设立需要行政许可，集体管理组织垄断某一类型作品的集体管理事务，行政管理色彩浓厚。我国对著作权集体管理组织的设立采取行政许可制度，只有经过国家版权局许可的组织，才能对外以集体管理组织名义代表著作权人进行著作权集体事务活动。同时，我国的《著作权集体管理条例》要求申请设立的集体管理组织不得与已经成立的集体管理组织的业务范围有交叉重合的现象，这就使不同的作品类型由不同且唯一的著作权集体组织管理。这造成了我国著作权集体管理组织在各自的作品业务领域处于垄断的地位。著作权集体管理组织的垄断性和缺乏外部竞争的状态可能导致其管理效率低下、许可业务缺乏外部竞争、作品许可费要价过高、许可费用分配缺乏透明度和公平性等问题。第二，著作权集体管理组织与著作权人之间是独占性授权的关系，这使著作权人在管理其作品时处于被动的地位，无法根据市场需求来调整作品的许可条件。我国《著作权集体管理条例》明确规定著作权集体管理组织对作品的管理是专属性的，当著作权人将作品授权给著作权集体管理组织管理后，不得再自行许可。这种规定使集体管理组织相对于作品的权利人处于优势的地位，著作权人在授权集体管理组织管理之后丧失了对其作品进行自由处分的权利，这阻碍了著作权人自行根据市场需求进行许可的自由，不利于作品许可效率的提升。尤其是在目前的网络环境下，著作权人可以利用先进科技建构各种形式的在线许可平台，降低交易成本。可见，著作权集体管理组织的独占性管理显然已经无法跟上网络时代作品多样化许可的要求。

中国著作权集体管理制度需要在网络时代进一步改革，以适应网络技术的发展，释放新技术在作品许可和传播方面的优势。为了进一步降低数字网络时代的交易成本，我国著作权集体管理制度需要在以下方面予以完善。首先，改著作权集体管理组织的行政许可为准则主义。我国公司设立的立法模式经历了从准则主义和行政许可相结合到以准则主义为主的转变，表明市场经济主体的设立应符合客观的市场经济规律。只要符合法定要件，就应当开放相关市场，允许市场主体自主参与市场活动，通过市场主体的意思自治实现资源配置的优化。集体管理制度也是如此：作为由市场中的主体自发逐步形成的集中管理机制的执行主体，著作权集体管理组织并不是国家的行政机关，而只是代表著作权人的意志，对著作权人的权利进行管理和维护的民事主体。这也就决定了著作权集体管理组织的设立应当秉持开放的、交由市场加以调整的精神，允许符合运作条件的组织申请设立集体管理组织。通过引入外部的竞争机制，使不同类型的管理组织相互竞争，有效防止集体管理组织“一家独大”的弊端，避免集体管理组织“管而不理”、效率低下等情况的发生。其次，改著作权集体管理组织的独占性管理为普通性管理。正如前文所言，目前我国著作权集体管理实行专属授权管理，只要著作权人将作品授权给集体管理组织管理，著作权人就无法自己进行许可。这显然违背了市场竞争的基本规律，是人为地赋予著作权集体管理组织不应当拥有的垄断权，不利于著作权人对自己作品的自主管理。市场需求千变万化，集体管理组织也不可能对所有的市场变化予以及时的应对，因此，保留著作权人对其作品的许可权显得尤为必要，它使著作权人能够自主根据市场需求进行作品许可，最大限度地维护著作权人的意思自治，有利于作品许可和传播效率的提高。在未来网络环境下，改独占性管理为普通性管理，著作权人就能够利用先进科技在线建构各种类型的作品许可平台，充分利用技术手段降低交易成本，满足消费者的需求。这能够有效释放新技术的能量，使新技术手段和新商业模式适应网络环境的发展。

作为未来著作权保护模式的重要组成，著作权集体管理制度科学与否，关系到网络环境下作品的许可和传播效率。著作权集体管理制度的改革，应当以降低交易成本为核心，努力减小和消除由网络技术所引发的作品保护、使用中的交易成本。集体管理组织应当成为著作权人和作品使用者之间的“润滑剂”而非“阻拦索”，促进网络环境下作品许可效率的提升。

三、著作权非自愿许可制度的完善

著作权自愿许可制度尊重著作权人的财产权，要求他人在使用著作权人作品时需要取得著作权人的授权许可。而著作权非自愿许可制度与之相反。著作权非自愿许可制度，主要是指合理使用、法定许可、强制许可、著作权补偿金等，使用者不经著作权人许可即可使用著作权人作品而不视为侵权的法律制度。非自愿许可制度相比较于自愿许可制度，取消了著作权人授权他人使用其作品的权利，著作权人对作品的排他性财产权降格为获得报酬权，需要容忍他人对其作品的使用。他人不需要经过著作权人许可，只要符合著作权法的规定，即可在特定条件下使用著作权人的作品。著作权非自愿许可制度的具体表现形式各异，在著作权法中主要表现为合理使用、法定许可、强制许可、著作权补偿金。由于合理使用与后三类非自愿许可制度在理论基础、构成情形和判定标准上存在区别，本书拟专门探讨，本节主要针对后三类非自愿许可制度。

法定许可，指法律明确规定实施某种原本受“专用权利”控制的行为无须经过著作权人许可，却应当向著作权支付报酬。[①] 强制许可，是在著作权人无正当理由而拒绝与使用者达成使用作品协议的情况下，使用者经向著作权行政管理部门申请并获授权而使用该作品。强制许可不必征得权利人的同意，但应向其支付报酬。[②] 著作权补偿金，指为应对私人复制问题，政府对特定私人复制行为征收一定的使用税费以分配给著作权人的制度。虽然非自愿许可制度在制度设计和实施上存在区别，但其本质特点相似，即取消著作权人对作品的排他性支配权，改为获得报酬权。

在未来著作权保护模式的构建中，尽管自愿许可制度占据主导地位，但非自愿许可制度并非完全无用武之地。正如前文所分析的，著作权非自愿许可制度由于取消了著作权人的排他性财产权，对作品使用进行了法定定价，使著作权人不能够根据市场需求来供给作品和对作品进行定价，因而必然造成作品许可效率的损失。在未来网络环境下，如果为了传播作品的需要而全面实施非自愿许可制度，则可能导致著作权激励机制的减损甚至丧失，使著作权人不愿意再投资于作品的供给和传播。因此，在著作权

---

① 参见王迁：《知识产权法教程》，北京，中国人民大学出版社，2014，第 237 页。

② 参见吴汉东主编：《知识产权法》，北京，中国政法大学出版社，2004，第 93、94 页。

市场能够正常运转的情况下，即市场不存在严重失灵的情况下，不应当剥夺著作权人的排他性财产权。立法应当尊重作品权利人的意思自治，允许著作权人按照市场供求情况对其作品自主定价、自主设定许可条件，以充分发挥市场激励作用，通过市场调节作品资源的配置。然而，市场会因各种情况发生失灵，在市场发生严重失灵的情况下，仅仅依靠市场就无法顺利达成交易、完成作品资源的优化配置。国家有必要通过一定的制度措施，克服著作权市场失灵，促进作品在市场失灵情况下的许可和传播。因此，在交易成本过高、存在著作权垄断、具有正外部性的公共利益无法通过市场交易实现等市场失灵的特殊情况下，可以考虑引入非自愿许可制度。以非自愿许可替代传统授权许可，使著作权人的排他性财产权转化为获得报酬权，或者容忍他人特定的使用行为，这样能够克服市场失灵的情况，以法定许可条件代替当事人意定许可的条件，模拟在真实市场环境下的交易，促进作品在市场失灵情况下的有效流转。

在市场失灵的情况下，著作权非自愿许可制度的价值主要体现为：

第一，防止著作权垄断。著作权在现代社会呈现出不断扩张的趋势，无论是功能性作品还是非功能性作品，都被纳入著作权法的保护范围。然而有学者指出："版权和文学产权作为一种垄断权，它赋予了其享有者对于各种复制行为的禁止权，同时通过许可证来减轻对于个人的禁止性限制，这种版权的垄断权，并不是没有边界的。"① 目前各国著作权法中的合理使用制度或限制与例外制度，并不能有效规制著作权的滥用或垄断行为。随着经济的发展和市场的完善，著作权人越来越重视通过作品的市场营销行为获取利益，通过各种方式强化对其作品的控制，逾越著作权的合理边界，实施限制竞争的行为，以获得最大化的利益。在这种情况下，由于垄断的存在，市场定价机制的缺失，著作权人可以获得高额垄断利益，排斥竞争。这不利于作品资源在市场中的优化配置，不利于社会公众对作品进行合理使用和后续创新。由此，立法可以在特定条件下设置非自愿许可制度，允许使用者在特定条件下申请使用或不经著作权许可而使用著作权人的作品，并就其使用行为给付著作权人法定的报酬。这是应政府公权力介入，通过非自愿许可制度限制著作权人滥用市场支配地位，遏制各种垄断市场和限制竞争的行为，使公众的文化需求得到满足，自由交易得到

---

① Scott L. Bach, "Music Recording, Publishing, and Compulsory Licenses: Toward a Consistent Copyright Law", *Hofstra Law Review* (Winter 1986), 379.

维护。

第二，在交易成本较高的领域促进著作权交易。经济因素无疑是法律重要的基础性因素，因此制度的经济分析也变得日益重要。[①] 按照经济学的基本理论，诸如强制许可、法定许可等非自愿许可机制实际上是国家安排下的合理博弈[②]，法定许可证就像一种未事先写好的合同，可以使使用者无限制地使用作品或产品，并许诺其将在某段时间后支付使用费。[③] 英国学者泰勒和席尔伯顿的实证研究表明，法定许可制度可以促进自愿许可的增加。[④] 美国有学者也认为：实施版权法定许可的原因之一是弥补市场缺陷。版权人不愿意和意图使用其作品的人协商，造成交易成本和交易迟延，因而赋予法定许可有其正当性。[⑤] 可见，非自愿许可制度是市场机制的替代性安排，其既防止了著作权人垄断市场，又能有效克服交易成本过高导致的市场失灵。尤其是在网络时代，大量作品存在权属不明的状态，实施非自愿许可制度可以有效避免著作权权属不明带来的交易难题。亦即，网络时代人们对信息的需求激增，许多作品在网络上没有署名或仅以匿名方式出现，给使用人寻找著作权人并寻求授权许可增加了困难。此外，网络上还有大量“无主”的网络作品，即没有著作权主体主张权利的作品[⑥]，但是其有可能是作者没有标示其著作权，疏于管理，而非放弃权利。这些海量的无名或匿名作品以及错综复杂的著作权权属状态不明的作品让使用人取得著作权人的许可成为难以完成的任务。而要避免使用后可能引起的侵权麻烦，使用者最好在事前就获得许可。有鉴于此，立法可以考虑引入非自愿许可制度，以克服交易成本所导致的市场失灵。例如，可以考虑由著作权管理机关或其指定的机构负责统一进行著作权权属信息不明作品的授权使用事务。当使用人穷尽了可以运用的一切方法仍然不能联系到著作权人以获得授权许可时，使用人可以直接予以使用而无须承担侵

---

① 参见王太平：《创意的法律保护》，载《民商法前沿》，北京，法律出版社，2004，第173页。

② 参见苏杰：《论网络环境下的著作权非自愿许可》，《上海知识产权论坛》（第3辑），上海，上海大学出版社，2006。

③ See Midge M. Hyman, “The Socialization of Copyright: The Increased Use of Compulsory Licenses”, 4 *Cardozo Arts. & Ent. L. J.* 107

④ 参见林秀芹：《TRIPS体制下的专利强制许可制度研究》，北京，法律出版社，2006，第146页。

⑤ See Jason S. Rooks, “Constitutionality of Judicially-imposed Compulsory Licenses in Copyright”, 3 *J. Intell. Prop. L.* 269.

⑥ 参见丛立先：《网络版权问题研究》，武汉，武汉大学出版社，2007，第68页。

权赔偿责任，或者向著作权管理机关申请许可证进行使用。著作权机关在经过法定的审核程序后认为该许可证之颁发不会对著作权人的经济或精神权益造成实质性损害的，即可颁发许可证，并向使用人收取法定使用费，待作品著作权明朗时转交于著作权人。如日本《著作权法》第 69 条制作商业用唱片就规定了此种情形下的强制许可措施：如果非常努力地寻找作者但未找着，或者向著作权所有人提出订立使用许可合同，但未达成协议或协商不成，可以请文化厅厅长进行裁决。①

第三，维护社会公共利益。一些使用作品的行为，会产生巨大的正外部性，与社会公共利益联系紧密，但是如果仅仅依靠市场的自发调节，经由著作权授权许可才能使用作品，则有可能因为定价原因，这些有利于社会公共利益、具有巨大正外部性的作品使用行为不会发生，这就是作品正外部性无法有效内部化的市场失灵。具言之，从事具有巨大正外部性、能有效促进社会公共利益的行为的主体，往往并不能够从这些行为中获益，却由于作品著作权的存在而要向著作权人支付许可费。这就会使一些不愿支付许可费的使用者不再使用作品，对社会有益的使用作品的行为就不会发生。从表面看来，市场机制较为健全，交易能够进行，但是由于定价远远超过了使用者的收益，实际上阻碍了有益于社会的作品使用行为的顺利进行。市场在这些领域存在市场失灵，需要国家通过非自愿许可制度予以介入。例如，我国《著作权法》规定了为九年制义务教育和国家规划教育编写教科书而使用他人作品的法定许可，就是考虑到了编写教科书所具有的巨大正外部性。如果在这一领域实行传统的授权许可制度，则可能导致编写教科书的主体不愿意寻求著作权人许可、支付许可费，从而导致教科书内容质量下降，对社会公共利益不利。

以上非自愿许可制度的价值实际上只有在特定情况下才能够体现，这些情形都与市场失灵有关。当然，在具体制度层面，法定许可、强制许可和著作权补偿金制度各有特点。法定许可是一种事后付费制度，他人在特定条件下可以直接使用著作权人的作品，只需要按法定程序缴纳费用即可。这使人们无须在使用前履行特定手续，从而能够大幅提高作品的传播和使用效率。强制许可与法定许可相比，增加了政府机构的审查和颁发许可证的环节，亦即，他人拟以特定方式使用著作权人的作品，需要事先向

---

① 参见〔日〕半田正夫、纹谷畅男：《著作权法 50 讲》，魏启学译，北京，法律出版社，1990，第 202～203 页。

法定管理机构提出许可申请，由管理机构通过审核颁发许可证之后才能对作品加以使用，这就决定了强制许可在程序和实施上的成本要高于法定许可，但是由于增加了对作品使用行为的审查和批准环节，更利于保护著作权人的利益。著作权补偿金制度主要是为了应对新技术所引发的私人复制问题，将处于争议之中的私人复制行为合法化，同时采取统一的征收补偿金的模式。著作权补偿金制度能将一部分私人复制行为合法化，涉及面较大，能够大幅提升作品的使用效率，但是由于其收费针对的对象主要是能够进行私人复制的设备，并没有针对特定作品的具体使用情况来收取费用，故灵活性不足，不能体现出不同作品的市场需求和使用情况，在税费的分配上无法做到公平。因此，在未来著作权保护模式的制度设计中，需要针对具体的对作品使用的情形设置法定许可、强制许可或著作权补偿金等不同制度。

在立法方面，一些国际条约、国家或地区已经有法定许可、强制许可或著作权补偿金方面的规定。著作权补偿金制度的立法例前文已述，此处不赘。在法定许可方面，许多国家出于防止著作权垄断、维护社会公众利益的考虑，对一些特定的作品使用情形规定了法定许可制度。《伯尔尼公约》中规定了关于音乐作品机械录音的法定许可以及电台播放作品的法定许可。在美国，为了防止在市场中占据优势地位的唱片公司垄断唱片的录制发行业务，其版权法中规定了使用他人音乐作品制作录音制品的法定许可，还包括有线电视系统二次播送、非交互式数字设备播放录音制品、非商业性广播中使用已出版的非戏剧音乐作品及通过卫星发射设施二次播放作品、地对地卫星转播作品的法定许可。我国《著作权法》为了维护教育、文化发展等特定的公共利益，促进作品更广泛的传播，也在报刊转载，制作录音制品，广播电台、电视台播放他人已经发表的作品或录音制品，实施义务教育和国家规划教育编写教科书等方面规定了法定许可。

在强制许可方面，两个基本的著作权国际公约——《伯尔尼公约》和《世界版权公约》——都规定了强制许可制度，涉及翻译、广播、音乐作品录制的强制许可，并基于发展中国家教学、学术和科研之特别所需而设立发展中国家优惠条款，允许这些国家著作权行政管理部门对已发表的外国作品颁发翻译权和复制权的强制许可。大陆法系和英美法系许多国家出于社会公益规定了若干强制许可条款，如法国《著作权法》第 20 条规定：如果作者去世后，其行使著作权的代理人明显滥用或不行使已发表作品之著作权，则民事法院有权采取适当措施禁止其权利滥用，并使作品的著作权被恰当使用。保加利亚《著作权法》第 24 条规定：只要对公共利益有重大影响，法院即有权判决许可使用任何已发表之作品。[①] 加拿大《版权法》第 14 条规定：对有版权之书籍，版权所有人不能在加拿大印刷此书或使之印刷，或者不能提供加拿大人对该书的合理需要数量，可适用强制许可的规定。[②] 在强制许可的适用条件方面，当发生著作权人垄断或滥用其权利、市场发生失灵、公众对作品的合理需求得不到满足、需要维护公共利益时，可以适用强制许可制度。具体而言，包括：（1）作者去世，其著作权继承人、受遗赠人滥用著作权不予发表作品或给予作品许可，如法国《著作权法》第 20 条的规定。（2）已发行之作品未能满足公众合理需要，公共利益有受到损失的可能性，如加拿大《版权法》第 14 条的规定。（3）有垄断的嫌疑，为公共利益之需要，如保加利亚《著作权法》第 24 条的规定。（4）作品著作权归属不明朗，造成交易困难，可以适用强制许可，如日本《著作权法》第 69 条的规定。

根据我国的实践情况，由于我国并没有实行著作权补偿金的先例，并且由于著作权补偿金制度是市场机制的替代性措施，在税费的征收和分配等方面存在难以克服的缺陷，因此不宜在网络环境下贸然引入。在未来网络环境下，立法需要通过著作权法的制度设计，继续保障著作权人的财产权，致力于降低作品的交易成本，鼓励著作权人和网络服务提供者、技术开发和提供者合作，创新网络作品的许可机制和商业模式，通过市场手段更好地促进各方利益的协调。除此之外，在交易成本过高或公共利益需要维护的特定条件下，可以规定法定许可或强制许可制度。但是这种法律制度依然要限制在极为有限的特定适用范围之内，不能对著作权的产权激励机制形成替代，损害著作权人投资于作品供给或传播的积极性。参考各国已有的立法例，我国未来《著作权法》除已有的法定许可条款外，还可以考虑在以下情形设置法定许可或强制许可条款：（1）著作权人无正当理由拒绝许可、歧视性许可，构成著作权垄断。当著作权人具有市场支配地位时，拒绝许可或歧视性许可不利于市场自由竞争。（2）作品著作权权属不明，使用人穷尽合理途径仍未能与著作权人取得联系，以至于无法进行授权许可交易。（3）作者生前未发表之作品，或享有著作权的现已终止的组织未发表之作品，其对作品未明确表示不予发表，其继承人或受遗赠人或

① 参见郑成思：《私权、知识产权与物权的权利限制》，《法学》2004 年第 9 期。

② 参见胡开忠：《知识产权法比较研究》，北京，中国人民公安大学出版社，2004，第 167 页。

作品原件所有人无正当理由拒绝发表，该作品又涉及重要的公众利益。（4）作者去世后或享有著作权的组织终止后，其著作财产权的继承人或受遗赠人或继受人无正当理由拒绝许可他人使用，该作品又涉及重要的公众利益。

四、著作权合理使用制度的完善

（一）著作权合理使用制度的法经济学原理

合理使用制度是著作权非自愿许可制度的重要类型，关系到社会公众能够在多大程度上和范围内自由使用他人的作品，对于作品的创作和社会创新能力的提升具有重大的意义，需要进一步研究。在我国合理使用制度的完善上，可以运用法经济学基本原理，将著作权合理使用的情形类型化，并选择弹性条款和法定条款相结合的立法模式。

根据法经济学基本原理，著作权合理使用制度的适用基础主要是：交易成本、正外部性和社会财富的再分配。首先，与合理使用制度的适用密切相关的市场失灵是交易成本过高导致的市场失灵。正如前文所述，当作品授权市场存在过高的交易成本时，著作权人和使用者就不会达成作品的许可使用协议，市场将无法将作品流转到对其价值评价最高的主体手中。于此，立法可以设立合理使用制度，使公众无须进行许可即可免费使用作品，避免高额的交易成本。而当交易成本在著作权人和使用者可以承受的范围之内时，市场的自发交易会使作品流转至对其价值评价最高的主体之处，自无合理使用制度适用的必要。可见，“合理使用的范围与版权作品的授权交易成本相关。”①

例如，在美国 Sony 案中，公众利用 Sony 录像机在家庭中录制节目以便观看。版权人认为公众的这种行为构成版权侵权，向法院起诉，要求提供录像机的 Sony 公司承担帮助侵权责任。戈登教授指出，为录制电视节目与版权人协商获取许可的交易成本将不可避免地大于交易的潜在所得，因此，一个家庭录制节目许可证的市场并不存在，认定公众录制节目的行为是合理使用具有正当性。② 具言之，由于交易成本过高，社会公众不可能在每次录制节目之前都与版权人协商，获得作品的录制许可。即便

---

① Tom W. Bell, “Fair use v. Fared Use: The Impact of Automated Rights Management on Copyright's Fair Use Doctrine”, 76 *N. C. L. Rev.* 557, 583.

② See Wendy J. Gordon, “Fair Use as Market Failure: A Structural and Economic Analysis of the Betamax Case and Its Predecessors”, 82 *Colum. L. Rev.* 1600, 1655.

认定此种行为是侵权行为，版权人也无法借此获得任何收益。于此情形，不如直接认定公众的行为为合理使用，更符合效率原则。戈登教授认为，在存在诸如交易成本过高的市场失灵时，合理使用就有存在的空间。“当在双方合意的交易因某些原因无法进行时，或者市场失败阻止了市场通常的组织资源配置的功能之时，经济上才允许非自愿性的交易的存在。因此，在经济学上允许合理使用的前提条件是存在市场失灵。”① 借助于交易成本的市场失灵理论，许多传统上被认为是合理使用的行为，随着版权人授权机制的完善和交易成本的降低，将不会被认定为合理使用。当公众获得一种新的使用作品的方式时，市场机制会随着时间的推移而发展。在早期阶段，使用者获得许可使用，或者版权人排除非付费者的交易成本可能会大大超过各方通过交易的所得。使用者未经许可的使用成为一种习惯而得到发展。当使用的数量增长，版权人就希望建立起版权的收集和执行机制，包括版权结算中心（Copyright Clearance Center）。②

美国法院在 1975 年的 Williams & Wilkins 案到 1997 年的 Texaco 案和 Princeton University Press 案的判决结果的变化即体现出上述思路。在 Williams & Wilkins 案中，被告国家卫生研究院和国家医药图书馆未经原告许可复制原告出版的医疗期刊中的文章，最终被法院认定为合理使用③，其重要理由即在于当时特定文章之授权机制尚未建立，若要求每一个使用人在复制医疗期刊中的特定文章时需要取得授权，则交易成本太高。到 1997 年的 Texaco 案和 Princeton University Press 案时，实际情况已大为不同，版权人已经建立了版权清算中心，开始对图书期刊的内容复制进行授权许可，对图书期刊等作品的授权市场已然建立。于此情形之下，法院皆判决认定被告对版权人作品的使用不再构成合理使用，而是版权侵权行为，以此将图书期刊授权复制的市场交给版权人。美国 Texaco 案中，被告 Texaco 公司擅自复制原告出版物上所刊载的文章供其公司内部使用。④ 法院认为，在版权清算中心的帮助下，“出版商已经为机构使用者建立了一个可行的市场，在该市场下，使用者可以取得复制个别文章的授权。当使用者可以从授权市场获得许可时，Texaco 公司的行为无法

① Wendy J. Gordon, “Fair Use as Market Failure: A Structural and Economic Analysis of the Betamax Case and Its Predecessors”, 82 *Colum. L. Rev.* 1600, 1615.

② Ibid., 1621.

③ See Williams & Wilkins Co. v. United States, 487 F. 2d, 1359.

④ See American Geophysical Union v. Texaco Inc., 60 F. 3d 913, 914 – 15 (2d Cir. 1994).

成立合理使用”[1]。在 Princeton University Press 案中，法院认为原告出版商已专门指定一个部门，负责处理对作品中部分内容复制的授权，此外，复印店尚可以向版权清算中心寻求简易授权。[2] 考虑到版权人已经成功建立起一个有效率的许可市场，被告人的复制行为并非合理使用，而是构成版权侵权。

由此可见，合理使用成立的一部分原因在于交易成本过高。当市场不完善，交易成本较高时，合理使用乃是对市场障碍的纠正；当著作权市场逐步完善，著作权人可以通过市场与使用人达成作品使用协议，从而克服交易成本过高的市场障碍时，合理使用制度的适用范围即应相应缩减。之所以作出这种安排，原因在于当交易成本过高时，著作权法直接以合理使用代替授权许可，可以将资源分配给利用效率较高的使用人一方，有助于作品使用效率的提升。随着著作权人采取各种手段形塑授权许可机制，降低交易成本，著作权市场将由交易成本较高的市场状态逐步演变为交易成本较低的市场状态，各种交易因而得以顺利产生。著作权法以授权许可代替合理使用，可以激励著作权人继续投资于作品的创作和传播，维持著作权的激励效应，鼓励著作权人继续采取各种措施降低市场交易成本，促进市场交易，通过市场手段达致作品资源的优化配置。

其次，与合理使用制度的适用相关的另外一种市场失灵是正外部性无法有效内部化造成的市场失灵。外部性是一个人的行为对旁观者福利的无补偿的影响。如果对旁观者的影响是不利的，就成为负外部性；如果这种影响是有利的，就称为正外部性。[3] 在实践中，一些人对作品的使用行为有可能产生很大的正外部性，对社会公共利益极为有利。但是，如果使用作品的行为人无法得到其行为所产生的收益，则其可能不愿意从事该项行为，导致对社会有益的行为无法发生。这便是正外部性无法有效地内部化所造成的市场失灵。它使“市场生产的数量小于社会合意的数量”[4]。从著作权市场来看，尽管著作权人通过技术措施和合同，建立起完善的授权机制，大幅降低了交易成本，但是，“某些作品使用会产生分散而广泛的、

---

① American Geophysical Union v. Texaco Inc.，60 F. 3d 913，930－931（2d Cir. 1994）

② See Princeton University Press v. Michigan Document Services，Inc.，855 F. Supp. 905，936.

③ 〔美〕曼昆：《经济学原理》，梁小民、梁砾译，北京，北京大学出版社，2009，第 211 页。

④ 同上书，第 215 页。

无法内部化的外部利益”[①]。授权机制在此情形下无法克服正外部性有效内部化的市场失灵。某一能产生极大的外部利益的特定的使用不能够在任何讨价还价的交易中内部化，从而产生市场失灵。[②]

外部利益无法有效内部化的市场失灵在作品交易市场中时有发生，但是并不为人所重视，人们往往将注意力集中于授权机制的建立和交易成本的降低。实践中，往往著作权人一旦建立起授权机制，法院就认为被诉人对其作品的使用会对著作权人的市场收益造成不利影响，遂判决其不构成合理使用。这显然忽略了市场失灵类型的多样性，尤其是正外部性无法有效内部化的市场失灵。正如有学者所言：“授权许可机制（permission system）的存在也许能够治愈一种类型的市场失灵，但是其他类型的市场失灵依然可能存在。许可机制并不能治愈分散的外部利益，无法通过任何讨价还价的交易有效率地内部化所造生的市场失灵。”[③] 例如，基于课堂教学、学术科研、批评和评论等对作品的使用，都会对他人和社会产生分散而广泛的外部利益。教师利用作品的片段进行教学，启迪学生思维；学者利用作品进行科研，繁荣学术文化；评论家对作品进批评和评论，增进民主对话。这些使用作品的方式均能产生巨大的外部利益。但是，当这些行为产生外部利益之时，从事这些行为的教师、学者或者评论家并不会收获全部的由这些行为所生的外部利益。如果这些使用需要获得著作权人授权并支付费用，那么使用人就可能将无法获得的外部利益排除在交易的预期获利之外，导致其不愿意或者无法负担著作权人要求的授权使用费，结果对社会有利的作品使用行为便无法发生。“当被告的使用能够产生这些外部利益时，市场就无法成为促进社会所需要的交易的机制。”[④] 可见，对于具有公共产品属性的作品，要求所有的使用行为都需要获得著作权人的授权许可并不是较好的制度选择，著作权人在边际成本之上的定价可能会扼杀一些具有巨大外部利益的作品使用行为，造成社会福利的损失。正外部性内部化市场失灵的主要原因在于定价超出了作品使用人的预期，导致作品的使用人放弃使用著作权人作品，这将使作品使用行为的正外部性

---

① Lydia Pallas Loren, “Redefining the Market Failure Approach to Fair Use in an Era of Copyright Permission Systems”, 5 *J. Intell. Prop. L.* 1, 8.

② Ibid., 6 - 8.

③ Ibid., 33.

④ Wendy J. Gordon, “Fair Use as Market Failure: A Structural and Economic Analysis of the Betamax Case and Its Predecessors”, 82 *Colum. L. Rev.* 1600, 1629.

无法发挥，社会福利受损。在此市场失灵情况下，可以考虑适用合理使用制度，使公众具有巨大正外部性的作品使用行为能够顺利进行，提升社会福利。

最后，除了对市场失灵的考虑，著作权法还会照顾特定社会主体的利益，将特定的作品使用行为规定为合理使用，使这些社会主体能够自由利用他人作品。这类合理使用的主要目的在于社会财富的再分配，并不需要考虑市场是否失灵。即便市场在这些情况下能够自由运转，著作权法也不会将这些使用行为产生的利益划归著作权人所有。

社会中的一些主体如盲人、聋哑人和少数民族等，受其自身条件的限制，往往在知识的获取方面存在劣势，无法或较难通过市场交易来获取作品。此外，还有些主体出于文化传承、言论表达的需要，需要以特定方式使用著作权人的作品。为了提升这些主体的福利，确保特定公共利益的实现，国家往往会将著作权合理使用制度视为社会福利再分配的工具，规定这些主体在特定情形下使用他人作品构成合理使用，免去其向著作权人获得许可并支付报酬的义务。这些合理使用情形，并不需要考虑著作权市场是否存在交易成本或者正外部性的市场失灵，而只关注于特定群体福利的提升。亦即，这些合理使用是以公共福利为目的，通过合理使用制度所进行的知识资源再分配。举例言之，各国著作权法普遍规定了对盲人的合理使用优惠政策，允许使用人不经著作权人许可向盲人提供已发表作品的盲文版本。我国著作权法为提升少数民族的福利，还规定未经著作权人许可，可以将中国民事主体创作的已发表的作品翻译成少数民族语言在国内出版发行。除此之外，这类合理使用还涉及文化传承和言论表达自由，包括图书馆对濒临毁损图书的复制、适当引用和报道时事新闻等。这些类型的合理使用很难说与市场失灵存在必然联系。即便相关市场的交易成本很低，法律也不认为人们对作品进行这些使用之前必须获得著作权人的许可。易言之，著作权法在这些情况下设定合理使用，是为了保护特定利益以法定形式对作品资源所进行的再分配。

综上，在未来著作权保护模式的构建中，应发挥合理使用制度的积极作用。著作权法规定的合理使用情形可以区分为与市场失灵相关的合理使用和与市场失灵无关的合理使用。前者以交易成本过高和正外部性无法有效发挥的市场失灵为理论依据，包括个人学习、研究或者欣赏、转载时事性文章、课堂教学和科研、批评和评论等。这些作品使用行为，固然也关系到公共利益，但主要要考察的是这些使用行为的授权市场是否运转正常，亦即，社会公众是否能够通过交易顺利地实现对著作权人作品的使用。对于这些作品使用行为，假如著作权人已经建立起完善的交易机制，降低了交易成本，那么将这些行为认定为合理使用，无异于否定著作权人开拓市场的努力，不利于发挥著作权法的激励功能。不仅如此，上述作品使用行为都具有巨大的正外部性，是否适用合理使用除了关注交易成本，还需要考察这种行为的正外部性是否能够通过市场正常地发挥。即便著作权人建立起付费机制，降低了交易成本，但如果付费机制阻止了有效率的作品使用行为的发生，或者著作权人出于其作品市场的考虑，拒绝许可他人对其作品进行批评和评论，那么无疑市场在此时已经失去了其有效调节作品资源分配的功能，以合理使用替代授权许可便具有正当性。

其次，对于与市场失灵无关的合理使用，如向少数民族提供翻译的作品、为盲人提供作品、国家机关执行公务、图书馆保存版本等，不需要考虑市场失灵。著作权法将这些行为规定为合理使用，不是为了激励著作权人开发市场，完善授权机制，而在于通过这些使用作品的行为提升社会特定群体的福利，维护公共利益。在目前网络时代，对作品的所有使用行为建立交易成本低廉的授权机制已非难事，著作权人可以通过各种在线交易平台将为盲人提供作品、图书馆保存版本等悉数纳入授权范围。如果单纯分析交易成本和外部性问题，则这些行为都将有可能不被认定为合理使用而纳入著作权人的授权许可范围，这显然不利于特定群体福利的提升。应注意的是，这一类型的合理使用应限制在特定范围之内，以防止扭曲著作权的激励效果，对作品的创作和传播造成消极影响。

（二）著作权合理使用制度的完善——以谷歌数字图书馆案为例

著作权合理使用制度需要在判断标准上予以完善，以增强合理使用规则的可预测性，使人们可以依据合理使用规则去指导自身行为，防止动辄得咎。在著作权合理使用的判定上，需要将合理使用的情形类型化，并增设弹性条款以增强规则对现实的适应能力。下文将以引起很大争议的谷歌数字图书馆案为例，说明合理使用制度的经济学基础，并依此提炼出合理使用判定的基本准则。

2004 年，美国谷歌公司公布其图书馆扫描计划，拟将世界主要大学或图书馆的藏书扫描为数字格式，存入谷歌构建的数字图书馆数据库中。通过该图书馆数据库，用户可以利用搜索引擎找寻到其所需要的作品及其信息，还可以视情况在线浏览阅读或下载图书。谷歌图书馆计划的实施，有利于图书的保存和文化的传承，使人们可以便捷地获得图书，尤其是找到那些绝版或很难找到的图书。但是，谷歌庞大的图书馆计划需要扫描大量的图书，这不可避免地涉及著作权授权的问题。著作权人和一些书商、出版业者等对谷歌的行为进行了猛烈的批评，也在美国、德国、中国等对谷歌提起了诉讼。有人认为谷歌在未经著作权人同意的情况下，大量扫描他人图书是“明显、无耻地侵犯著作权”①。在压力之下，谷歌与美国作家协会、出版社协会达成和解协议，同意向作家及出版商支付 1.25 亿美元。同时，谷歌也建立起 Opt Out 退出机制，允许被纳入谷歌图书馆计划的权利人选择退出该项计划。② 但这种处理方式依然让权利人难以接受，引发多方谴责。时至今日，谷歌图书馆计划依然在褒奖与指责中前行，争议不断。

不难发现，谷歌图书馆计划引发争议的缘由在于，谷歌未经著作权人许可扫描和展示他人图书的行为是否构成著作权侵权。而判断其是否构成侵权，实质上是分析谷歌的行为是否属于著作权法上的合理使用。谷歌的行为如果属于合理使用，那么就是合法行为。反之，则构成著作权侵权。目前，就谷歌的行为是否构成著作权合理使用，国内多有探讨，然而不足的是，学者“对谷歌数字图书馆所引起的法律问题研究大多停留在表层分析”，“未对此进行法经济学的分析”。不仅如此，现有研究没有结合既有判例，实证研究不足，且“未给出具有建设性的立法建议或立法实施细则”③。这样，不仅现有研究的论证过程欠缺理论支撑，研究结论也缺乏对中国实践的指导意义。有鉴于此，本节拟以法经济学为理论分析工具，以涉及图书馆合理使用的典型判例为研究蓝本，对谷歌图书馆计划是否构成合理使用进行分析；并以此为参照，探讨我国著作权法相关规定存在的不足，提出修法意见。

1. 谷歌建立数字图书馆行为的法律争议

谷歌图书馆计划原名为谷歌印刷计划，系通过数字技术和互联网络构建的数字图书馆，方便社会公众搜寻、阅读和下载图书。为了分析谷歌建立数字图书馆的行为是否是著作权侵权行为抑或为合法的合理使用行为，

---

① 《美国作家协会控告 Google 侵犯著作权》，载 http：//www.zaobao.com/special/realtime/2005/09/050922_12.html，访问日期：2016-05-20。

② 参见《我在 Google 图书搜索中发现自己的一本图书，我能将它删除吗?》，载 http：//support.google.com/books/bin/answer.py? hl=zh-Hans&answer=43756，访问日期：2016-05-20。

③ 董永飞、祝捷、燕金武：《谷歌数字图书馆研究现状综述》，《图书情报工作》2010 年第 17 期.

需要先了解谷歌此项计划的具体内容和其运作机制，明确其引起法律争议的行为。

谷歌为了建立世界一流的大型在线图书数据库，与世界上主要的大学、公共图书馆和出版社合作，开始实施其庞大的图书馆计划。至2009年底，已经扫描了一千多万册图书。谷歌在线图书馆的界面为网络上流行的视窗操作界面，根据用户的搜索显示结果。谷歌图书馆涉及的图书大致可以分为四类：一是年代久远、超出著作权保护期的书籍；二是在著作权保护期之内，得到著作权人许可，可以在线显示部分内容的图书；三是还未获得著作权人许可或者无法联系著作权人的图书；四是著作权人通知谷歌图书馆不得扫描的图书。根据图书的不同类型，谷歌对搜索结果的显示也有所不同。对于年代久远、超出著作权保护期的图书以及经过著作权人授权可以全部显示的图书，谷歌提供完整的显示；对于经过著作权人授权可以部分显示的图书，谷歌提供有限的显示；对于那些未经过著作权人许可进行显示或者无法联系著作权人的图书，谷歌只显示图书的书名、作者、出版社等基本信息，以及与用户输入的关键字相关的该图书的若干文字信息；对于著作权人通知谷歌图书馆不得扫描的图书，谷歌仅提供该书的书名、作者、出版社等基本信息。

对于第一种图书由于已经过了著作权保护期，自然不存在法律纠纷。至于第二种图书，由于经过了著作权人授权，谷歌的行为也不存在法律纠纷。第四种图书系著作权人通知谷歌不允许扫描，谷歌也依据其意愿不予扫描，对此不存在争议。可见，出现法律纠纷的是第三种图书，即还未获得著作权人许可或者无法联系著作权人的图书。谷歌对这一类别的图书采取了全文扫描、片段显示供用户预览的方式。亦即，谷歌将这一类别的图书进行了全文的扫描复制，纳入其在线数据库之中，但是仅提供用户图书的书名、作者、出版社以及与用户输入的关键字相关的若干文字信息。谷歌认为其行为是一种著作权法上的合理使用行为，“如果某本图书受版权保护，我们只会显示与搜索字词相关的文章片段”①，不构成著作权侵权。而被全文扫描和片段预览的图书的著作权人却认为谷歌的行为是一种著作权侵权，已经不符合著作权合理使用制度的规定。正如美国作家协会主席尼克·泰勒（Nick Taylor）所言，谷歌的行为是“明白而厚颜无耻地侵

① 《谷歌图书搜索》，载 http://books.google.com/intl/zh-CN/googlebooks/facts.html，访问日期：2016-05-20。

犯著作权。除了作者，谷歌或任何人都无权决定他们的作品能否和如何被复制”①。在压力之下，谷歌与美国作家协会和出版社协会达成和解协议。同时，谷歌建立起 Opt Out 退出机制，允许被纳入谷歌图书馆计划的权利人选择退出该项计划。② 值得注意的是，谷歌坚持认为，该和解“并非法律上的让步，而是出于生意上的考量”③，其扫描和展示图书的行为不属于著作权侵权。

从行为上看，谷歌主要是未经著作权人许可扫描仍在著作权保护期内的图书，并且通过其数字图书馆对图书的片段信息进行展示。这种行为是否是合理使用还是侵权行为，需要根据著作权法有关合理使用的规定进行判断。于此，本文首先从法经济学角度进行分析，再结合美国已有的著作权判例，以从理论和实务两个角度明晰著作权合理使用的适用准则。

2. 谷歌图书馆著作权合理使用的法经济学分析

谷歌可能侵权的行为主要是对未获得著作权人许可或者无法联系著作权人的图书进行扫描并存入其服务器，在使用者进行检索时展示图书少量内容。但是，谷歌的展示行为只涉及少量作品片段，社会公众无从阅读和下载整本图书，故谷歌的展示行为很难被认定为侵权。因此，分析谷歌的行为是否构成侵权主要是看其未经许可全文复制他人图书的行为是否构成合理使用。

正如前文所言，分析某种作品使用行为是否是合理使用，主要是考察对作品的使用能否顺利获得著作权人的许可。如果存在交易成本过高或者正外部性无法有效内部化的市场失灵，在参酌著作权人市场利益的前提下，可以考虑适用合理使用制度。以交易成本为视角分析谷歌对他人图书进行复制的行为是否构成合理使用，关键是看这种复制是否能以较低的交易成本获得著作权人的许可，换言之，关于搜索引擎公司复制他人作品以便利于搜索的许可市场是否能够正常运转。就目前著作权市场的发展状况而言，上述许可市场根本不存在。这是因为，谷歌全文扫描图书的行为与侵权盗版者复制他人图书的行为截然不同。谷歌作为搜索引擎公司，全文

---

① 《美国作家协会控告 google 侵犯著作权》，载 http：//www.ok315.cn/list_news.asp?id=7514，访问日期：2016-05-25。

② 参见《我在 Google 图书搜索中发现自己的一本图书，我能将它删除吗》，载 http：//support.google.com/books/bin/answer.py? hl=zh-Hans&answer=43756，访问日期：2016-05-20。

③ “Viacom Sees a Consession in Google Settlement”，at http：//bits.blogs.nytimes.com/2008/10/29/viacom-sees-a-concession-in-google-settlement，访问日期：2016-05-20。

扫描他人作品的目的在于为公众搜索图书提供便利，公众只需将某部作品的任一关键字键入谷歌的搜索引擎，即可获得该书的相关信息。与此同时，公众却无法阅读和下载该书的全文。可见，谷歌复制图书内容的目的不在于非法出售、与著作权人争夺市场，而在于为公众搜索提供便利。然而，以便利搜索为目的扫描他人图书的作品使用方式并未被纳入著作权人构建的许可市场范围。换言之，著作权人构建的著作权许可市场，主要是许可他人印刷、出版、销售、广播作品等。著作权人并未建立起针对搜索引擎公司为搜索便利和构建搜索型数据库而扫描他人作品的许可市场。谷歌对作品的这种使用方式，不在著作权人传统的授权范围之内，也不在著作权人的预期获利之内。甚至可以说，著作权人压根就没有打算开拓出针对搜索引擎公司的市场。

此外，谷歌构建数字图书馆，涉及数亿本图书，著作权人数量庞大，著作权状况错综复杂。在著作权人并未构建针对搜索引擎公司为搜索便利而扫描图书的许可市场的情况下，如果要求谷歌扫描任何图书都需要经过许可，谷歌将逐一核实、联系作品的著作权人，与著作权人谈判获得许可，那么这将花费巨额的交易成本。更何况，大量的作品属于"孤儿作品"，著作权状况不明朗，获得个别许可极为困难，进行著作权交易的成本极高。如果严格要求谷歌在事前获得许可，则大量的图书都将被迫排除在数字图书馆之外。由此可见，在谷歌图书馆事件中，一方面，著作权人并未构建为搜索便利而复制作品的许可市场；另一方面，这一许可市场运作的成本又过于高昂。显然，谷歌为搜索的便利而扫描他人图书的市场存在着交易成本过高的市场失灵。那么，谷歌的行为是否可以被认定为合理使用呢？

根据法经济学基本原理，交易成本过高时适用合理使用制度需要符合三项条件：除了交易成本过高外，还需要考虑某行为被认定为合理使用后其对公共利益和著作权人创作诱因的影响。就谷歌的行为而言，其既有利于公共利益，又不会对著作权人的创作诱因造成影响。其一，谷歌复制图书的行为显然有利于社会公共利益。作为一个信息量庞大的搜索型数据库，谷歌图书馆的作用在于搜索图书信息，而非取代原作市场。谷歌图书馆使公众能够了解图书的作者和出版信息，获悉其在哪里能够借阅或者购买。就此而言，谷歌的复制行为并非对原作简单地复制和销售，它是一种对作品的新的使用，是构建搜索型数据库必不可少的步骤之一。这种使用不仅有利于社会公众获得资讯，而且有利于"孤儿作品"的利用，使大量绝版图书重新回到公众的视野。因此，谷歌的行为符合社会公共利益。其二，谷歌复制图书的行为不会损害著作权人的创作诱因。谷歌图书馆的目的在于构建搜索型数据库，而非取代原作市场。而且，在谷歌所提供的搜索和预览服务中，除非得到著作权人的许可，否则社会公众无法在线整本阅读或者下载图书。可见，谷歌对他人作品的使用完全不会影响到作品著作权人的原有市场利益，不会对著作权人的创作诱因构成损害。在此情况下，谷歌扫描他人图书并提供搜索结果的行为显然应当被认定为合理使用。

除了交易成本，正外部性的内部化也是判断谷歌扫描他人图书行为是否是合理使用的重要因素。前文已述，某些使用人对作品的使用会产生巨大的正外部性，有利于社会公共利益，但是，由于使用人要考虑其自身获利，如果授权费用不合理，使用者将可能不愿意或无法负担许可费，不再使用某些作品，从而造成有利于公共利益的作品使用行为无法实现，最终损害社会利益。具体到谷歌图书馆而言，谷歌对图书的扫描有利于公众搜索图书信息，并使大量绝版图书重新回到公众视野、传承人类文化，显然将发挥巨大的正外部性。但是，如果认定谷歌为搜索便利而扫描作品的行为是典型的复制，要求谷歌在事前获得许可，则谷歌将被迫与数以亿计的著作权人商谈著作权许可事宜。然而不同图书的著作权人分散于世界各地，数量庞大，主体复杂，不仅找寻、联系和与著作权谈判的交易成本十分高昂，而且难以避免很多著作权人将会不顾其作品的实际市场价格而漫天要价。面对数亿著作权人开出的极度不统一的许可条件，谷歌将很难满足所有著作权人的要求，最终的结果很可能是，谷歌将被迫不使用某些人的作品，而这对于构建图书资料齐全、信息完整的数字图书馆十分不利，最终损害的也是社会公众的整体利益。可见，谷歌的行为能够极大地增进公益，但是大量不同的付费请求将会阻止谷歌有效率地使用他人作品，市场会失去有效调节作品资源分配的作用。

另外，谷歌扫描他人作品的行为仅为搜索之便利，没有发行、出版和在网络上传播他人图书，不会与著作权人的原有市场形成竞争，损害著作权人的市场利益。因此，谷歌的行为不会损害著作权人的创作诱因，在正外部性无法有效内部化的市场失灵下，谷歌的扫描行为宜认定为合理使用。这样可以将谷歌扫描行为的正外部性完全释放，使更多的书籍信息纳入数字图书馆之中，便利社会公众进行检索，造福于人类社会。

综上，从法经济学角度分析，谷歌扫描他人图书的行为面临着著作权市场上交易成本过高和正外部性难以有效地内部化的难题。因此，法律上更适宜将谷歌的行为认定为合理使用。从实证角度出发，根据以往的相关典型判例，谷歌扫描他人图书并展示少量片段的行为也应被认定为合理使用。

3. 谷歌图书馆是否构成合理使用的法律适用研究

(1) 谷歌图书馆合理使用问题的判例分析。

从著作权法基本理论来看，某一行为是否符合合理使用的要求，需要遵循四个考量要素：A. 利用行为之目的和性质；B. 被利用作品的性质；C. 所利用的质量及其在整个作品中所占之比例；D. 利用结果对被利用作品的潜在市场或价值之影响。[①] 但是，这些因素较为抽象，实践中并不好把握。美国法院在一系列判例中，对这四项因素进行了阐释，有利于我们归纳出合理使用的判定标准。其中，与分析谷歌的行为密切相关的案例主要有 Campbell 案、Kelly 案、Blak 案和 Perfect10 案。

Campbell 案中，被告等人组成了饶舌组合，将他人的电影曲《Oh, Pretty Woman》改编成具有讽刺意味的饶舌歌曲《Pretty Woman》，借此嘲讽播放该电影曲表达出的拜金主义倾向，电影曲著作权人将饶舌组合诉至法院，告其侵害著作权。[②] 此案一直上诉至美国联邦最高法院。在终审审理中，美国联邦最高法院认为：从利用行为之目的和性质来看，行为具有商业性并非就一定不构成合理使用。在对这一要素的考量中，要考察使用的效果是否仅仅是取代了原市场，还是更进一步地加入了新的东西，改变产生了新的表达方式、新的意义或新的讯息，亦即，“新的作品是否具备了相当程度的转化性”[③]。就本案而言，被告对原告作品的使用不是一种单纯的复制，而是对原作进行讽刺，增加了新的表达方式和意义，是一种转化性使用。从被利用作品的性质来看，本案被利用的作品是歌曲，但是被告的讽刺所针对的对象——电影歌曲——是为公众所知的作品，被告可以为了讽刺的目的利用原告的作品，所以该考量因素对于本案不具有判断上的意义。在考虑所利用的质量及其在整个作品中所占之比例中，法院认为：嘲讽最重要的特点，是要让读者一眼能联想到原作，为达成此目的，大量借用原作的表达并不一定就构成侵权。本案被告对原告作品的大

① See 17 U. S. C. § 107.

② See Campbell v. Acuff-Rose Music, Inc. , 510 U. S. 569 (1989).

③ Ibid. , 579 (1989).

量使用正是为了嘲讽原作。最后，在利用结果对被利用作品的潜在市场或价值之影响方面，法院认为，新著作越是具备转化性，就越不会影响原作的市场，因为嘲讽著作和原作是两个不同的市场。就此而言，被告对原告作品讽刺所形成的作品当然不会取代原告作品的市场。综合上述情况，法院认为被告的行为构成合理使用，不构成著作权侵权。

在 Kelly 案中①，法院同样贯彻了美国联邦最高法院在 Campbell 案中的判决思路。此案中，被告 Arriba 是一家图片搜索引擎公司，利用其搜索技术将网络上的图片以缩图（thumbnail）的形式存储在自己的数据库中，用户下达相关搜索指令时，将会向用户呈现该缩图，并提供原来源的链接。原告是一些摄影图片的著作权人，认为被告的行为构成著作权侵权，诉至法院。法院认为：被告的使用是一种商业性使用，但是被告并不仅因此就构成侵权。被告的使用提供了与原作不同的功能，提供了不同于艺术表达的网络信息接收功能，是一种转换性使用。不仅如此，尽管被告全部复制了原告具有商业价值的摄影作品，但是这种行为是为提供搜索服务所必需的，不能够仅以此说明被告的行为具有不合理性。同时，被告仅仅是提供该图片的缩略图和原来源的链接，其主要的目的是为用户搜寻到原图片提供方便，因此，被告对摄影作品的使用不会影响原作品的市场，不会损坏原告作品潜在的和实际的商业价值。综上，法院认为被告的行为不构成著作权侵权。

Kelly 案的判决结果为那些将他人作品纳入数据库以为用户提供搜索服务的公司提供了信心。随后发生的 Blak 案再一次确定了将作品纳入数据库提供搜索服务的运营模式的合法性。在 Blak 案中②，被告谷歌公司为提高网络搜索的效率，预先使用软件将网页复制，暂存在其数据库中，用户输入搜索指令后，谷歌会在自己的数据库中先行搜索，并提供搜索结果。原告 Blak 认为，网页上的 51 篇小说未经授权即被谷歌存储并展示搜索结果，侵犯其复制权和传播权，故向法院起诉。法院认为：谷歌使用他人作品的主要目的是提供新的功能，这是与原告作品不同而且重要的目的，使人们借由谷歌的搜索引擎和数据库，可以便捷地获取网络资源。因此，谷歌的使用尽管具有商业性质，但却具有转化性，为社会公众提供了不同于原作品的功能体验。在被使用作品的性质和使用的数量方面，尽管

① See Kelly v. Arriba Soft Corp., 336 F. 3d 811 (9th Cir. 2003).

② See Blak A. Field v. Google Inc., 412 F. Supp. 2d 1106 (2006).

被告的行为复制的是原告的小说，并且是全部复制，但是并不能因此而说明被告的行为不具有合法性。重要的是，谷歌的行为只是为了向用户提供搜索信息，无意也不会取代原作品的销售，并不会造成对原告作品销售市场的损害。最终，法院认为谷歌的行为构成合理使用，不构成著作权侵权。

Blak 案的判决，将网络之上搜索引擎合理使用的范围从收集他人图片进行缩略图展示，扩展到了保存他人网页信息提供搜索服务，为社会公众搜寻信息提供了方便。2007 年发生的 Perfect10 案①，再次为搜索引擎产业界指明了方向。该案中，原告谷歌为构建起图片搜索型数据库，将网络上的照片以缩略图的形式复制并存储在其服务器中，供用户搜索时显示。著作权人认为谷歌构成侵权，将其诉至法院。② 一审法院认为谷歌公司构成侵权，但二审法院否认了一审法院的判决，其认为：谷歌提供的搜索引擎比 Campbell 案中的嘲讽作品更加具有转化性，提供了与原作品完全不同的新的使用方式。同时，谷歌全部复制照片是为构建搜索型数据库所必需的，且其仅在搜索结果中显示缩略图，不会对著作权人的市场利益造成影响，因此谷歌的行为构成合理使用。

综观 Campbell 案、Kelly 案、Blak 案和 Perfect10 案，可以发现美国法院一以贯之的判决思路。首先，被告行为具有商业性，并不表明其行为就一定构成侵权。其次，判断合理使用，关键在于被告的行为是否具有转化性，亦即，被告的行为是否为原作品增加了新的意义、新的表达，提供了与原作品不同的社会功能。最后，在被告的行为具备转化性时，由于被告的作品与原告的作品在表达、社会功能上差异明显，被告的行为往往并不会给原作品的销售市场带来负面影响。

谷歌所构建数字图书馆的行为，主要的特征都在于复制他人作品，纳入自身的数据库，以为用户提供搜索信息。这实际上与 Kelly 案、Blak 案和 Perfect10 案中被告的行为颇为类似。下文拟根据美国法院对合理使用分析的四要素检测法，结合 Kelly 案、Blak 案和 Perfect10 案对谷歌的行为进行合理使用方面的分析。

（2）谷歌图书馆是否构成合理使用的法律分析。

综观美国法院在 Campbell 案、Kelly 案、Blak 案和 Perfect10 案中所持的基本态度，谷歌数字图书馆未经许可，扫描他人作品，并进行片段展

---

①② Perfect 10, Inc. v. Amazon. com, Inc., 487 F. 3d 701 (9th Cir. 2007).

示的行为很有可能构成合理使用。

第一，从使用的目的和性质来看，谷歌的数字图书馆与前述 Kelly 案、Blak 案和 Perfect10 案中被告所构建的搜索引擎数据库一样，都是将他人的作品进行复制，存储在服务器上，当用户以关键字的形式使用搜索引擎进行搜索时，提供给公众相关的搜索结果和信息。应当说，谷歌的主要目的并不在于复制他人的图书进行非法销售，而是利用他人的作品构建以数字搜索引擎为核心的数字图书馆，当所收录图书未经过著作权人许可时，仅提供在线搜索和图书的书名、作者、出版社以及与用户输入的关键字相关的若干文字信息。因此，谷歌构建数字图书馆并非是为了与著作权人争夺图书的销售市场，而是提供一个信息的搜索工具和检索平台，使得公众可以借此了解图书的相关信息、图书可以在哪里借阅以及在哪个出版商处购买。谷歌的数字图书馆具备了与著作权人作品迥然有异的使用目的，提供了与原作不同的表达和社会功能。这种使用方式完全符合 Campbell 案中法官所述的转化性使用，是一种具有高度创新性的、为原作增加了新的表达方式和意义的转化性使用。

由于谷歌的使用具备相当程度的转化性，其提供的图书馆数据库将为社会公众获得作品信息提供新的渠道，使人们只要连接上互联网，就可以轻而易举地使用谷歌的搜索引擎找到自己需要的图书。谷歌构建数字图书馆的行为能够产生巨大的公共利益，使先进科技融入作品和文化的保存与传承，为人类社会更好地利用图书资源提供方便。就此而言，谷歌的行为具有高度的转化性，对社会公共利益贡献巨大，符合著作权法之促进科学和实用艺术发展的立法目的。

第二，从被利用的作品的性质来看，谷歌所利用的作品涉及著名大学的图书馆、各国出版的图书，复制的对象既有原创性成分较少的事实性作品，也有原创性成分较多的小说等文学作品。但无论如何，谷歌所复制的图书都或多或少地具备一定的原创性，因此，单从这一点进行合理使用的判断，将稍微不利于谷歌。

第三，从所利用的质量及其在整个作品中所占之比例来看，一般而言，如果全文复制他人作品，自然更可能被判定为侵权。但是，根据 Campbell 案中法官的见解，如果一种使用行为具备高度的转化性，则不能够仅仅关注于所使用的质量以及比例，而应当考察所使用的质量和比例是否是为转化性使用所必需的。在 Campbell 案中，被告大量借用原作的表达，但是该行为是讽刺所必需的，是为了让听众一下就能够看出来被告在嘲讽原告的作品，因此，大量使用原作的这种行为就不构成侵权。同样，在谷歌图书馆事件中，谷歌全文扫描他人图书的目的并不在于出售作品，与著作权人和出版商争夺市场，而是为了构建其功能齐全、收集作品全面的数字图书馆，以便充分发挥搜索引擎的功效。就此而言，大量使用著作权作品实为这种转化性使用所必需，因此从利用的质量及比例来看，这一点并不能够说明谷歌的行为无法构成合理使用。

第四，从利用结果对被利用作品的潜在市场或价值之影响来看，著作权人的市场包括原作品的市场和由原作品衍生出来的潜在市场。对于那些未经过著作权人授权的图书，虽然谷歌进行了全文复制，但是用户只能够搜索到这些图书的作者、出版社等信息，以及与用户输入的关键字有关的少量文字信息，用户无法在线阅读甚至下载图书，因此，谷歌图书馆并不会损害著作权人或出版商对原作品的市场销售，也不会损害他们在网络上的在线销售。从原作品衍生出来的潜在市场来看，谷歌的行为结果仅仅是提供了著作权人图书的相关出版信息和少量与关键字有关的信息，并没有妨碍著作权人以原作品为基础开发新的产品，不影响原作品的潜在市场和价值。由此可见，与 Campbell 案、Kelly 案、Blak 案和 Perfect10 案中的被告的行为一样，谷歌的行为没有损坏著作权人的市场利益，应被视为一种合理使用。

综上所言，谷歌的行为具备高度的转化性，对社会公共利益贡献巨大，不会损害著作权人的市场销售，不影响原作品的市场价值，因此，更适宜被认定为一种合理使用。

4. 谷歌图书馆事件对我国著作权法制度的启示

谷歌图书馆事件对我国著作权法合理使用制度的完善具有重要的启发意义。根据法理和对已有案例的分析，谷歌为搜索便利扫描他人图书的行为更适宜被认定为合理使用。然而，以我国现行著作权法合理使用的相关规定为参照，谷歌的行为却很可能被认定为侵权。这是因为，我国著作权法涉及合理使用的相关规定过于僵化，未明确规定图书馆、搜索引擎公司等为搜索之便利扫描他人图书是否是合理使用，也缺乏判定合理使用的弹性条款，造成立法与社会实践相脱节。

我国著作权法合理使用制度的立法模式是“穷尽式列举”，即在第 22 条集中规定了属于合理使用的 12 种具体类型。除此之外，没有判断某种作品使用的行为是否是合理使用的弹性条款。因此原则上说，凡是第 22 条未列出的作品使用行为，都需要经过著作权人的授权，否则便构成著作权侵权。《著作权法》第 22 条列举了属于合理使用的 12 种情形，其中与图书馆复制相关的规定是："图书馆、档案馆、纪念馆、博物馆、美术馆等为陈列或保存版本的需要，复制本馆收藏的作品"属于合理使用。随后，《信息网络传播权保护条例》第 7 条规定："为陈列或者保存版本需要以数字化形式复制的作品，应当是已经损毁或者濒临损毁、丢失或者失窃，或者其存储格式已经过时，并且在市场上无法购买或者只能以明显高于标定的价格购买的作品。"据此可见，我国著作权法并未明确规定图书馆、搜索引擎公司等为搜索之便利扫描他人图书的行为是合理使用。著作权法针对图书馆复制的合理使用仅仅针对图书馆陈列和保存版本的需要，而且为保护著作权人的市场利益，施加了严格的限制性条件，规定复制的对象只能是市场上无法购买或者明显高价购买的作品。如果严格适用上述规定，则谷歌的扫描行为很可能被判定为违法。未来网络时代，如果有中国图书馆或者搜索引擎公司为了建构作品的搜索数据库而未经许可扫描他人作品，也将属于著作权侵权行为。这显然不利于释放搜索引擎技术的能量，鼓励图书馆和搜索引擎公司致力于建设在线图书搜索数据库，方便社会公众搜索图书信息。

与此相对的是，许多国家的著作权合理使用制度虽然并未明确为搜索便利而扫描他人图书行为的性质，但是均规定了判断合理使用的弹性条款，增强了立法对现实的适应能力。前文已述，美国版权法第 107 条就规定了判断合理使用的四个考量因素，从而使得司法能够更从容面对技术变迁引发的著作权难题。

可见，无论著作权法是否明确规定了某种具体行为是否是合理使用，都有必要规定判断合理使用的弹性条款。它能使法院妥善处理立法所未能预料和规定的新情况、新问题，克服立法滞后于社会实践现实的弊端，使法律的包容性和可预测性更强。我国著作法在进行修订时，实有必要增加合理使用判断的弹性条款。同时，针对谷歌图书馆事件引发的著作权问题，我国著作权法也有必要在合理使用条款中明确规定图书馆、搜索引擎公司等为构建在线搜索的数字图书馆或数据库全文扫描他人作品的行为构成合理使用，为中国的图书馆和搜索引擎公司建立数字图书馆扫清障碍。

在立法建议方面，未来我国《著作权法》修订时可在第 22 条增设第 13 项，规定：为构建搜索型数据库，图书馆、搜索引擎公司等可以扫描他人作品，存放在其服务器上，供用户查询和搜索。但不得向用户提供作品全文，不得用于除查询和搜索之外的其他用途。这样，就明确了以搜索为主要服务内容，为构建在线数字图书馆而复制他人作品并提供查询和搜索结果的行为不构成著作权侵权。同时，《著作权法》可以增设合理使用的弹性条款作为第 23 条，规定如下：作品的利用是否符合合理使用的情形，应参酌一切情况，尤应注意下列事项：(1) 使用行为的目的和性质，包括该种使用行为是否具有营利性的性质或是为非营利性教育的目的；(2) 被使用作品的性质；(3) 使用的质量和其在整个作品中所占的比例；(4) 使用结果对被利用的作品潜在市场或者价值的影响。

第三节　数字网络时代著作权保护模式的价值与著作财产权观

一、数字网络时代著作权保护模式的价值

网络技术的交互性给人们传播和共享信息提供了方便，因而对著作权法提出了更高的要求，需要其能够有效协调各方利益，促进作品的创作和传播。本书研究构建的著作权保护模式，立足于网络环境的技术特点，力求实现网络时代不同主体之间的利益平衡，推动人类社会科技文化的进步。相较于目前网络环境下不同主体之间的矛盾和冲突，以及“法律路径”、“技术路径”、“共享路径”和“补偿路径”存在的弊端，本书研究构建的著作权保护模式具有多元化的价值，将能够降低著作权法的执行成本，帮助公众接触和学习作品，促进表达自由和市民民主自治，提升著作权市场的自由竞争度。

首先，新的著作权保护模式将建立网络环境下著作权人、网络服务提供商、社会公众等主体的利益平衡的机制，使著作权法调控的社会关系维持相对稳定，降低诉讼的发生和著作权制度的执行成本。

有学者就指出，版权，像其他知识产权一样，是成本较高的所有权形式。[①] 在模拟技术时代，信息的产权化并没有带来社会成本的显著增加，但是数字网络时代，信息的产权化使社会成本大幅增加，且作品的传播处于不受控制的状态，使著作权人投资于作品创作的积极性受到很大的影响。由于不受控制的作品使用行为大量增加，著作财产权体系的缺陷被无

① See William M. Landes & Richard A. Posner, “Trademark Law: an Economic Perspective”, 30 *J. L. & Econ.* 265, 268.

限放大，以至受到了人们的质疑，甚至有人主张废除著作权制度。在这种情形下，著作权人不得不投入更多的救济和维权费用，利用诉讼手段起诉上传和下载作品的用户以及网络服务提供商，开发或采取各种技术保护措施以控制其作品。然而，社会公众却保持着免费分享作品的习惯，未经许可在网络上复制和传播著作权人作品的行为依然大量发生，致使著作权人的维权收效甚微。由此，数字网络技术导致著作权制度的运行成本大幅提高，效率显著降低。在 Napster 案之后，有美国学者即一针见血地指出：法律的清晰将会避免数亿美元和大量人力资源投入最终结果是死亡的技术。Napster 获得了超过 1 亿美元的风险投资和其他财务支持，但这些最终都损失掉了。如果版权法是清晰的，诉讼的直接经济损失就可以避免。同样，为了开发 P2P 技术的数亿元风险资金和几百位工程师的努力将不会付之东流，而会投入更可能获利的产业。①

目前著作权制度运行成本之所以较模拟技术时代大幅提高，根源在于数字网络技术冲击之下著作权法所设定的原有利益分配格局被打破，不同主体之间的利益处于失衡的状态。立法机关和司法机关不得不花费较多的资源去弥补著作权法滞后状态所导致的缺陷。而新古典主义学者所青睐的“市场价格会以最优的有效率的方式为现存创造性表达的营销和发展指导资源分配”的观点也遭到了严峻的挑战。由于网络环境下交易成本的上升，市场失灵在网络环境下呈愈演愈烈之势，著作权法的运转成本也越来越高。由各方人士提议并实施的“法律路径”、“技术路径”、“共享路径”和“补偿路径”等制度方案，都无法妥善处理网络环境下的知识生产和知识分配问题。

本书研究建构的著作权保护模式着眼于著作权制度运行成本的降低，力求有效协调各个主体的利益关系：一方面，维持著作权的激励效果，促进作者、著作权人和网络服务提供商投资于作品的创作或传播；另一方面，有效地促进公众接触和传播作品。“法律路径”中间接侵权责任规则的合理化能够为网络环境下的第三方主体提供有效的“避风港”，使技术或设备的提供商、网络服务提供商降低侵权风险，避免陷入间接侵权、引诱侵权和替代责任侵权的诉讼之中，摆脱动辄得咎的尴尬境地，从而使网

① Craig A. Grossman, “From Sony to Grokster, the Failure of the Copyright Doctrines of Contributory Infringement and Vicarious Liability to Resolve the War between Content and Destructive Technologies”, 53 *Buffalo L. Rev.* 141. 225, 226, 227.

络技术的开发、著作权人的风险投资不至于因为著作权法的滞后受到影响，使著作权人、社会公众能够受益于科技发展所带来的作品使用和传播方式的多样化。“技术路径”中技术保护措施及其例外条款的完善、著作权合理使用制度与技术保护措施条款的协调，将使著作权人能够有效利用技术保护措施排除他人对其作品的“搭便车”，开发各种新型在线商业模式，满足消费者多元化需求，同时也使作品的使用者可以在特定条件下对作品进行合理使用，不受特定技术保护措施的限制，从而著作权人和社会公众之间的利益平衡将得到维持，人们将可以以较低的成本接触和传播作品，促进社会创新的发展。“共享路径”中“创作共用”协议等共享著作权模式，由于得到了著作权法的明确承认，将会得到更为广泛的实施。在未来网络时代，更多著作权人将接受共享协议，将作品投入公共领域，并借助于数字网络技术更好地贯彻落实共享协议，促进作品使用者之间的创作协作，使社会公众受益。而在一些交易成本较高和存在著作权垄断的领域，由于发生了严重的市场失灵，将实施著作权补偿金制度以及与此类似的法定许可或强制许可制度。“补偿路径”的实施，将使一部分私人复制和使用作品的行为得到著作权法的认可，个人以特定方式使用著作权人的作品将不必担心受到诉讼的威胁，私人复制行为由“入罪化”“非法化”转为合法化，有助于减少著作权人和社会公众之间的法律纠纷，也使市场在失灵情况下的作品资源配置能够达到最优。

其次，新的著作权保护模式将有助于网络环境下公众的知识共享和传播，促进作品的后续创作，增进言论自由和市民社会民主自治。网络环境提供了先进的信息搜索、使用和传播技术，是社会公众信息共享交流和言论自由表达、批评和评论的重要场所。社会公众借助于新的技术，可以方便地对作品进行下载、在线使用、后续创作，或者同其他人进行共享。由此，互联网的交互式技术拓展了人们对作品进行使用的空间，为社会公众的教育学习和后续创新提供了动力，增进了社会公众言论自由、民主表达等宪法价值。但是，由于数字网络技术超强的复制和传播能力，作品复制和传播成本大幅下降，作品在网络环境下易成为公共产品。为了强化作品的私人产品属性，避免作品沦为公共产品，著作权人采取各种技术保护措施对作品实施控制，在立法上也寻求对技术保护措施的保护。在这种趋势下，未来网络环境由此可能走向“严密的控制”。目前越来越复杂的技术保护措施以及一些针对个人用户和网络服务提供商的著作权侵权诉讼正是这一趋势的反映。这种“严密的控制”会使网络空间蕴含的言论自由、民主表达等宪法价值受到威胁。未来网络环境下的著作权法，不仅需要继续维持著作财产权以保障著作权人的合法权益，更需要保证信息能够以较低的成本传播，保障社会公众能够有效获取信息、进行后续创作、实现言论自由。亦即，著作权法需要承担一定的公共利益职能，防止信息产权的强化对言论自由和民主自治空间形成挤压。

本书研究构建的新的著作权保护模式，将能够保障公众的言论自由权利，使公众私人复制作品的行为合法化，帮助公众更方便地接触、传播作品或进行后续创作，从而使网络成为自由表达和民主言论的平台，使著作权法在网络时代继续扮演言论自由"发动机"的角色。正如有学者所言："我们应当热烈欢迎在线收集、交换、重做、混合音乐、电影、电视节目、艺术和故事。P2P 文件共享不仅仅为了免费而下载音乐和电影，它是获得其他途径无法得到的作品的途径，是发现新类型、作出个性化编辑，以及创造性地混合、结尾和修改流行作品的途径。通过这些活动，以前作为被动的消费者的人们现在可以在欣赏、使用和文化表达的创作中扮演更积极、自我定义的角色。他们也和他人分享着他们的利益、创造性和快乐。"① 新的著作权保护模式的构建，将改变目前网络环境下作品侵权盗版泛滥，著作权人和网络服务提供商、社会公众之间关系紧张的局面，使网络环境成为新的表达和创作的助推器，成为社会公众获取信息、自由表达的有利工具。社会公众可以通过论坛、博客、视频分享网站等各种网络平台自由谈论关于作品的感受、心得，对作品进行评论、剖析乃至进行私人个性化的编辑和后续创新。网络环境将会把世界各个角落的社会公众联系在一起，形成自由表达和评论的场所，它使社会公众自由表达的方式多元化，扩大市民社会的民主自治空间，符合奈特尼尔教授所言的"版权在本质上是用市场制度来增进市民社会民主特质的国家措施"，有利于著作权法之构建民主市民社会价值目标的实现。

最后，新的著作权保护模式将会大幅降低著作权市场的准入门槛，使更多艺人、作者和出版传播机构、网络服务提供商进入著作权市场，使著作权市场竞争更为开放和公平，促进著作权人革新作品传播技术，增进消费者福利。

在未来网络环境下，如果仅仅存在单一的以技术保护措施为基础的著

① Neil Weinstock Netanel, "Impose a Noncommercial Use Levy to Allow Free Peer-to-Peer File Sharing", 17 *Harv. J. Law & Tec.* 1, 3.

作权保护模式，那么著作权人对于从作品生产到作品最终传播到消费者手中的整个过程都有很强的控制力，作品在网络上的生产、定价、传播及消费者对作品的使用活动都将被纳入著作权人的控制范围。目前技术保护措施条款之所以受到质疑，其原因就在于它已经偏离了中立化的轨道，没有处理好与合理使用制度的关系。单一的以著作权人利益为核心的“技术路径”将会形成一个受著作权人和著作权产业界严密控制的文化创作和销售市场，大部分音乐、电影和书籍的创作和流通被纳入了著作权产业界的控制，一部分艺人和作者将被排斥于著作权产业界资金投资和赞助的范围之外，其作品无法得到创作实现，或者无法得到充分的传播而为社会公众知晓。这使作者、表演者受控于著作权产业界的规训，他们独立的创作地位受到影响。

此外，由于著作权产业的发展，作品已然成为一种商品，著作权人一般通过授权许可协议与作品的传播机构合作发行和传播作品。这给著作权人滥用著作权、无合理理由拒绝授权许可、歧视性或垄断性定价等提供了方便。尽管著作权的垄断权是一种合法垄断，但是如果著作权人具有市场支配地位，只与特定作品传播主体合作而限制、排斥和打压其他作品传播主体，则有可能构成权利滥用和垄断，损害市场自由竞争机制，引发技术的“寒蝉效应”，不利于网络环境下作品传播和使用技术的进步，也会阻碍消费者通过多元化渠道和方式获得和使用作品。文化创作和传播领域受到产业资本影响而存在的严重功利主义倾向，会对文化创作、公众获取知识和社会创新构成负面影响，它使作品的诞生和传播、表演者和作者的创作方向、创作的作品内容都受控于著作权产业界，成为著作权产业界的规训对象。

新的著作权保护模式在承认著作权的私权性、确保著作权人可以通过市场运作获取收益的前提下，在交易成本过高、存在垄断等市场严重失灵的特定条件下设立著作权补偿金制度、著作权法定许可或强制许可制度，并合理界定合理使用制度的适用范围，可以使未来网络技术发挥其潜在能量，使网络环境成为各方主体合作互惠的场所，避免著作权产业界控制和规训其他主体的情况发生。它将促使著作权人将注意力放置于作品的创作和传播，满足消费者的需求，开发更加方便消费者使用的作品在线平台，用更优质的作品和服务赢得消费者；使作者和艺人能够以较低的成本通过网络平台发布和传播自己的作品，让更多非专业和职业的原创者加入创作队伍，摆脱作品创作和传播体系受控于著作权产业界的状况，使作者获得创作地位的独立。新的著作权保护模式将会使著作权市场的交易成本显著降低，竞争更加自由和公平，著作权市场交易更为活跃，作品传播和使用的技术创新更为积极，从而增进公共福利。

二、数字网络时代的著作财产权观

网络时代的著作权法需要改革，并非为了将网络环境和模拟技术环境的区别无限放大，特意强调网络环境的特殊性，而是网络环境导致新的不受著作权法控制的作品利用关系大量出现，使主体之间利益失衡的现实所决定的。技术变革导致主体利益关系发生变化，从而呼唤法律的变革。著作权法有必要重新检讨其原有的利益调节机制，确立新的适应网络环境的著作权观念和与之配套的著作权法律制度。其中，有基础和本源意义的是网络时代的著作权观念。

财产权制度古已有之，不同时代或不同区域的社会都需要借助法律塑造符合社会需求的财产权制度，将他们有关财产取得、保护和分配、流转的价值观、伦理道德观和实践方式融入其中，塑造他们所意图实现的财产权形态，达到确定利益所属、定纷止争的目的。正如哈里斯所言，现代社会，财产权通过法律制度体现出来，各种各样的政府组织控制着它，财产权成了控制物的利用、监督指导财富分配的机制的一部分。① 财产权观念是关于财产权利的总的价值观、世界观，它是特定历史时期下人们的伦理道德观念、政治理念和理想追求目标，决定了财产权制度的具体形态和所能发挥的功效。著作权主要是一种财产权，它可以由不同的财产权观念所塑造，形成不同的利益调节机制，或者符合知识资源生产和分配的社会关系的要求，或者与人类所追求的理想状态还有差距。同样，网络时代的著作权保护模式也需要由一定的财产权观念来指引。

网络时代可以有不同的著作权保护模式选择，不同的模式选择之间并没有清晰的“楚河汉界”，即便是技术保护措施为基础的著作权保护模式也要顾及社会公众利益，实施著作权补偿金制度也需要确保著作权人的利益不受损害。但是，不同的著作权保护模式其关注的重点并不一样，所持的价值观立场和相应的制度设计并不相同，这其中彰显着不同的著作财产权观念。“法律路径”“技术路径”坚持在网络环境下以著作财产权保护为基础，不轻易以非自愿许可制度代替自愿许可制度。而“共享路径”和

① See J. W. Harris, *Property and Justice*, Oxford, Clarendon Press, 1996, pp. 3 - 4.

"补偿路径"则更关注著作权保护对社会所可能造成的消极影响，将社会公众合理使用作品和言论自由放置于更为重要的地位。在网络时代，存在着作者、著作权产业者、网络服务提供者、作品的最终使用者等不同主体，主体之间的利益关系错综复杂，协调不同主体利益的著作权保护模式需要客观反映数字网络技术的特点，能够妥善协调不同主体利益关系的著作权观念作为支撑。在网络环境下，每个个体、不同利益主体、社会整体等各种关系交织在一起，在设计著作权制度时都需要加以考虑。对于作为作品最终用户的社会公众和广大消费者来说，其核心利益不局限在通过互联网以较低的成本获得作品上，还体现在后续通过新技术对作品的一系列利用上，包括对作品进行合理的复制、传播、评论、与他人共享、后续创作等；对于作者而言，目前数字网络技术给作者提供了更好的创作和传播工具，使作者的创作更为独立，著作权法需要保证作者能够更充分地利用互联网络，通过其独创性劳动获得合理报酬，并通过著作权保持其独立创作的地位，免受著作权投资人和产业界的资本规训与控制；对著作权产业界而言，数字网络技术无疑创造了更多的商业机会，使作品能够更便捷地传播给消费者，著作权投资人需要将作品的创作和传播与数字网络技术密切结合，从作品的创作、在线发行和销售等一系列资本运作中获得回报和收益，这是著作权法在网络时代所应当解决的作品生产和传播的激励问题；对作品传播者而言，网络环境给予了其更多的作品传播渠道，作品传播者可以开发各种作品传播和分享软件供消费者使用，而这需要有自由和公平的竞争环境，使其免受不正当竞争和著作权滥用或垄断之害，同时，作品的传播者也需要清晰的责任承担规则，使其能够在权责明确的前提下开发各种不同的作品在线传播和分享技术，避免因法律的不清晰而动辄得咎。

虽然不同主体之间有着各自不同的利益取向，但同时也有着利益相互依存的一面。作者是创作的起点，是增量知识产生的源泉，没有作者，便没有由作品衍生而来的一系列后续利用行为和由此产生的利益；著作权投资人和产业界掌握着资本和技术，是宣传、传播作品的主要主体；各种商业性传播作品的主体，犹如无数条作品传送带，将作品传播给终端消费者；终端消费者虽然主要是购买作品进行消费，但也由此增长了知识、拓展了视野，从而带来了社会公众素质的提高，而且会为消费者后续的创作奠定了基础，使社会后续创作不至于成为无源之水。网络环境更加紧密地连接了作者、著作权人和著作权产业界、作品的各种商业传播主体，使他们更加需要彼此密切配合和合作，以达到共赢互惠的目的。由此可见，网络时代的著作权领域已经呈现不同主体利益错综交织、密不可分的局面，他们既有着各自追求的目标，又有着利益相一致的一面。这是数字网络技术变革带来的必然结果，它使单一的著作权观念无法有效地调节网络环境下复杂的利益关系。著作权已经不仅涉及著作权人的利益，同时还涉及其他不同主体的利益，乃至关涉社会整体利益。不同利益主体之间需要相互配合、和谐共存，这样才能够充分地利用数字技术，充分发掘作品的价值，释放互联网的能量，实现他们所追求的不同目标。

综上，数字网络时代的著作权保护模式需要包含以下基本价值元素，以作为指导未来制度建设的著作财产权观念：

第一，和谐共处、共存共赢是网络时代著作权法的最高价值目标。网络环境是和谐共处、共存共赢的环境，它不照顾、偏袒某些主体的利益而妨碍、损害其他主体的利益，而是确保各方主体能够充分地利用网络，照顾彼此核心利益，一定程度上容忍他人权利的合理行使，以达到共存共赢的目的。“自由不再意味着有权从事并不损害他人的事情，而是意味着义务的结果，这种义务为的是使人人尽可能全面地发展它的个性。”[①] 在网络环境下，为了全面发展不同主体的个性，需要改变不同利益主体之间相互敌视和对抗、一方主体打压另一方主体的现状，避免社会成本无谓地耗损；为了全面发展不同主体的个性，需要确立合理的著作权利益冲突解决机制，将一方权利限制在一定范围之内，为他人权利的合理行使创造条件。在著作权法中，作者基于创作而生的权益，著作权投资人和产业界基于资本运作而生的权益，消费者和社会公众接受信息、进行后续创作和言论自由的权益，都需要在网络环境下通过著作权法得到妥善处理和安排，以形成和谐共处的常态秩序。

第二，网络环境下，与著作权相关的各方的核心权益妥善得到维护是和谐共处、共存共赢的前提和保证。和谐共处、共存共赢是中国的古老智慧。然而，和谐共处、共存共赢并不意味着平均分配的“大锅饭”主义，并不表明要取消和严格限制排他性的著作财产权，忽视市场的调节功能，而是充分照顾到著作权法中不同主体的核心权益，尊重各方主体的利益。因此，这种和谐共处、共存共赢不是主体相互对抗的无序状态的利益平

① 〔美〕朱利叶斯·斯通：《法学的范围与作用》。转引自上海社会科学院法学研究所编译：《法学流派与法学家》，北京，知识出版社，1981，第101～102页。

衡，不是通过一方的暴力或强制手段剥夺另一方利益而实现的利益平衡，不是大锅饭平均主义的利益平衡，而是在有效保障各主体核心权益的基础之上的包容对方的利益平衡。在强调和谐共处、共存共赢的同时，需要设计科学合理的著作权制度，有效保障各个主体的核心权益，尊重各方主体的独立性和自主性。对于著作权人来说，其核心权益显然是通过其作品的投资和在市场上的授权许可获得收益。对于网络服务提供商来说，其核心权益在于从技术开发和对作品的传播中获得收益，避免因开发或提供技术而动辄得咎。而对于社会公众来说，其核心权益在于合理接触作品信息，对作品进行合理使用以及言论自由表达。其一，尽管网络环境使全民都成为潜在的作品复制者和传播者，但著作权的私权属性不应当改变，市场自发的调节机制不应当被摒弃，著作权的授权许可制度应当作为未来作品生产和传播的主要激励动力。只要市场不存在失灵，就应当让市场发挥作品资源配置的决定性作用。其二，网络环境使网络服务提供商大量涌现，法律制度应当划定较为清晰的权利、义务边界，对网络服务提供商施加合理的注意义务，使网络服务提供商明确其行为性质，避免动辄得咎，从而促进网络服务技术的发展。其三，社会公众有利用互联网获得和分享各种信息的权益。著作权保护不能过于强化，损害社会公众合理使用作品、进行后续创作、表达言论等基本权利，而应当通过技术保护措施制度、合理使用制度等的完善，确保公众能够合理使用作品。

综上，在著作权法的未来改革中，需要树立包容性的财产权观，将和谐共处、共存共赢、维护各方核心权益作为指导著作权法改革的基本思想。我们相信，在新的财产权观的指导下所构建出的著作权保护模式，能够充分尊重各方主体的合理需求，确保各方利益的顺利实现，使著作权法继续成为促进作品创作和传播，增进社会福利的重要制度。

结　语

关于网络环境下著作权保护模式的建构，学界还会继续探讨下去，本书所建构的著作权保护模式，只是提出一种建设性的方案，以起抛砖引玉之作用。不同的著作权保护模式，均立足于不同的价值观，有其自身特点和局限性，因而如何加以运用并形成有效的著作权保护制度，还有赖于立法根据实际情况妥善调试。未来网络时代著作权保护模式的设计，需要参考不同著作权保护模式的特点，构建一种兼顾多种价值观元素的、体现不同主体利益诉求的著作权保护模式。未来网络环境是一种互联互通的交互式环境，在这种交互式环境之下，社会公众的利益、著作权人的利益以及各种作品传播主体的利益、相关设备和技术提供商的利益都需要考虑。在改革、发展和完善著作权法的道路上，不可盲目冒进，也不可故步自封，所能做的，就是结合著作权法的立法目标和价值体系，以市场调节为基础，在充分考量各相关主体利益的基础上确定公平、合理的知识资源配置模式。从著作权法变迁和发展的历史来看，著作权制度正是在各种新出现的技术的冲击之下完成了自身的蜕变和完善。“版权制度自诞生之日起，就在不断接受并适应着新技术带来的挑战。这种对新技术很强的变通性与适应性，正是版权制度在以往面对摄影技术、录音技术和卫星技术时所屡次表现出来的气概，也正是版权制度几百年来长盛不衰并稳步发展的生命力所在。”① 从印刷时代迈入而今的网络时代，著作权法制度又一次迎来了新的挑战，著作权制度应如何发展完善，才能真正地维护和实现其价值目标？我们将为之不懈努力，并拭目以待。

---

① 郑成思：《知识产权——应用法学与基本理论》，北京，人民出版社，2005，第 355 页。

参考文献

一、中文著作

[1] 曹新明：《知识产权法》，北京，中国人民大学出版社，2007。

[2] 曹新明：《知识产权法学》，大连，东北财经大学出版社，2006。

[3] 陈华彬：《物权法原理》，北京，国家行政学院出版社，1998。

[4] 陈美章：《知识产权的魅力》，北京，知识产权出版社，2010。

[5] 单晓光、江青云：《欧洲知识产权典型案例》（汉英双语），北京，知识产权出版社，2011。

[6] 单晓光、许春明：《知识产权制度与经济增长：机制·实证·优化》，北京，经济科学出版社，2009。

[7] 费安玲：《著作权权利体系之研究：以原始性利益人为主线的理论探讨》，武汉，华中科技大学出版社，2011。

[8] 冯晓青：《知识产权法利益平衡理论》，北京，中国政法大学出版社，2006。

[9] 冯晓青：《知识产权法哲学》，北京，中国人民公安大学出版社，2003。

[10] 高富平：《物权法原论》，北京，中国法制出版社，2001。

[11] 郭禾：《知识产权法》，4版，北京，中国人民大学出版社，2010。

[12] 郭禾主编：《知识产权法教学参考书》，北京，中国人民大学出版社，2003。

[13] 郭寿康、赵秀文：《国际经济法》，3版，北京，中国人民大学出版社，2009。

[14] 韩赤风、李树建、张德双等：《中外知识产权经典案例评析》，北京，法律出版社，2011。

[15] 韩赤风：《知识产权法》，北京，清华大学出版社，2005。

[16] 胡开忠：《知识产权法比较研究》，北京，中国人民公安大学出版社，2004。

[17] 黄海峰：《知识产权的话语与现实——版权、专利与商标史论》，武汉，华中科技大学出版社，2011。

[18] 黄茂荣：《法学方法与现代民法》，北京，中国政法大学出版社，2001。

[19] 黄勤南：《知识产权法教程》，北京，中国政法大学出版社，2003。

[20] 黄勤南：《知识产权法学》，北京，中国政法大学出版社，2003。

[21] 金海军：《知识产权私权论》，北京，中国人民大学出版社，2004。

[22] 金岳霖：《形式逻辑》，北京，人民出版社，1980。

[23] 来小鹏、陈健：《知识产权法学理论与实务研究》，北京，中国政法大学出版社，2012。

[24] 来小鹏：《知识产权法学》，2 版，北京，中国政法大学出版社，2011。

[25] 李琛：《论知识产权法的体系化》，北京，北京大学出版社，2005。

[26] 李德顺：《价值论》，北京，中国人民大学出版社，1987。

[27] 李明德、闫文军、黄晖、郃中林：《欧盟知识产权法》，北京，法律出版社，2010。

[28] 李明德：《美国知识产权法》，北京，法律出版社，2003。

[29] 李顺德：《WTO 的 TRIPS 协议解析》，北京，知识产权出版社，2006。

[30] 李顺德：《知识产权概论》，北京，知识产权出版社，2006。

[31] 李扬：《知识产权法总论》，北京，中国人民大学出版社，2008。

[32] 李永军：《合同法》，北京，法律出版社，2005。

[33] 李雨峰、张玉敏：《西南知识产权评论》，第 1 辑，北京，知识产权出版社，2010。

[34] 李雨峰：《枪口下的法律：中国版权史研究》，北京，知识产权出版社，2006。

[35] 李雨峰：《权利是如何实现的》，北京，法律出版社，2009。

[36] 李雨峰：《中国著作权法：原理与材料》，武汉，华中科技大学出版社，2014。

[37] 梁彗星主编：《中国物权法研究》（上），北京，法律出版社，1998。

[38] 梁慧星、陈华彬：《物权法》，北京，法律出版社，1997。

[39] 林秀芹、刘铁光：《自主知识产权的创造、运用与法律机制》，厦门，厦门大学出版社，2012。

[40] 林秀芹等：《促进技术创新的法律机制研究》，北京，高等教育出版社，2010。

[41] 凌斌：《法治的代价——法律经济学原理批判》，北京，法律出版社，2012。

[42] 刘春茂：《刘春茂法学文集》，北京，中国法制出版社，2012。

[43] 刘春茂：《知识产权原理》，北京，知识产权出版社，2002。

[44] 刘春田主编：《知识产权法学》，北京，高等教育出版社，北京大学出版社，2003。

[45] 刘春田主编：《中国知识产权评论》，第3卷，北京，商务印书馆，2008。

[46] 刘华：《知识产权案例精选2006》，北京，知识产权出版社，2008。

[47] 刘华：《知识产权制度的理性与绩效分析》，北京，中国社会科学出版社，2004。

[48] 刘筠筠、熊英：《知识产权热点难点问题研究》，北京，法律出版社，2008。

[49] 刘晓海、单晓光：《中小企业知识产权经营手册》，2版，北京，知识产权出版社，2012。

[50] 刘星：《法理学导论》，北京，法律出版社，2005。

[51] 宁立志主编：《知识产权法》，2版，武汉，武汉大学出版社，2011。

[52] 齐爱民：《知识产权法总论》，北京，北京大学出版社，2010。

[53] 钱弘道：《经济分析法学》，北京，法律出版社，2005。

[54] 乔克裕、黎晓平：《法的价值论》，北京，中国政法大学出版社，1991。

[55] 曲三强：《知识产权法原理》，北京，中国检察出版社，2004。

[56] 饶明辉：《当代西方知识产权理论的哲学反思》，北京，科学出版社，2008。

[57] 邵建东：《德国反不正当竞争法研究》，北京，中国人民大学出版社，2001。

[58] 孙国华：《法理学教程》，北京，中国人民大学出版社，1994。

[59] 孙国瑞：《知识产权法学》，北京，知识产权出版社，2012。

[60] 唐广良、董炳和：《知识产权的国际保护》，修订版，北京，知

识产权出版社，2006。

[61] 陶鑫良、单晓光：《知识产权法纵论》，北京，知识产权出版社，2004。

[62] 陶鑫良、袁真富：《知识产权法总论》，北京，知识产权出版社，2005。

[63] 陶鑫良主编：《中国知识产权人才培养研究》，上海，上海大学出版社，2006。

[64] 王兵等：《知识产权基础教程》，2 版，北京，清华大学出版社，2010。

[65] 王利明：《物权法论》，北京，中国政法大学出版社，1998。

[66] 王迁：《网络环境中的著作权保护研究》，北京，法律出版社，2011。

[67] 王迁：《知识产权法教程》，北京，中国人民大学出版社，2007。

[68] 王太平：《知识产权法法律原则理论基础与具体构造》，北京，法律出版社，2004。

[69] 王太平：《知识产权客体的理论范畴》，北京，知识产权出版社，2008。

[70] 王卫国：《过错责任原则：第三次勃兴》，北京，中国法制出版社，2000。

[71] 王泽鉴：《民法总则》，北京，北京大学出版社，2009。

[72] 魏振瀛：《民法》，北京，北京大学出版社，高等教育出版社，2000。

[73] 吴汉东、胡开忠、董炳和、张今：《知识产权基本问题研究》，北京，中国人民大学出版社，2005。

[74] 吴汉东、胡开忠：《无形财产权制度研究》，修订版，北京，法律出版社，2005。

[75] 吴汉东：《知识产权法》，北京，法律出版社，2007。

[76] 吴汉东：《知识产权法》，北京，中国政法大学出版社，2007。

[77] 吴伟光：《数字技术环境下的版权法危机与对策》，北京，知识产权出版社，2008。

[78] 熊琦：《著作权激励机制的法律构造》，北京，中国人民大学出版社，2011。

[79] 徐家力：《知识产权在网络及电子商务中的保护》，北京，人民法院出版社，2006。

[80] 薛虹:《十字路口的国际知识产权法》，北京，法律出版社，2012。

[81] 薛虹:《网络时代的知识产权法》，北京，法律出版社，2000。

[82] 杨立新:《侵权责任法》，北京，法律出版社，2010。

[83] 易健雄:《技术发展与版权扩张》，北京，法律出版社，2009。

[84] 张楚:《知识产权法》，2版，北京，高等教育出版社，2010。

[85] 张广良:《知识产权侵权民事救济》，北京，法律出版社，2003。

[86] 张今:《知识产权法》，北京，中国人民大学出版社，2011。

[87] 张今:《知识产权新视野》，北京，中国政法大学出版社，2000。

[88] 张民安:《侵权法上的作为义务》，北京，北京大学出版社，2010。

[89] 张民安:《现代法国侵权责任制度研究》，北京，法律出版社，2007。

[90] 张乃根:《美国专利法判例选析》，北京，中国政法大学出版社，1995。

[91] 张平、黄贤涛:《产业利益的博弈：美国337调查》，北京，法律出版社，2010。

[92] 张平:《技术创新中的知识产权保护评价：实证分析与理论研讨》，北京，知识产权出版社，2004。

[93] 张新宝:《侵权责任法原理》，北京，中国人民大学出版社，2005。

[94] 张新宝:《侵权责任构成要件研究》，北京，法律出版社，2007。

[95] 张玉敏:《知识产权法学教程》，重庆，西南政法大学出版社，2001。

[96] 张玉敏主编:《知识产权法》，北京，法律出版社，2005。

[97] 郑成思:《计算机、软件与数据的法律保护》，北京，法律出版社，1987。

[98] 郑成思:《知识产权法：新世纪初的若干研究重点》，北京，法律出版社，2004。

[99] 郑成思:《知识产权法》，北京，法律出版社，1997。

[100] 郑成思主编:《知识产权法教程》，北京，法律出版社，1993。

[101] 郑胜利:《北大知识产权评论》，第1卷，北京，法律出版社，2002。

[102] 周俊强:《知识产权的基本理念与前沿问题》，合肥，安徽人民出版社，2006。

[103] 周林:《知识产权研究》，第20卷，北京，知识产权出版社，2011。

[104] 周林：《知识产权研究》，第21卷，北京，知识产权出版社，2012。

[105] 周翼：《挑战知识产权——自由软件运动的经济学研究》，上海，格致出版社、上海人民出版社，2010。

[106] 朱理：《著作权的边界——信息社会著作权的限制与例外研究》，北京，北京大学出版社，2011。

[107] 朱启超等：《民法概要》，北京，北京大学出版社，2004。

[108] 朱谢群：《创造性智力成果与知识产权》，北京，法律出版社，2004。

[109] 朱雪忠：《知识产权协调保护战略》，北京，知识产权出版社，2005。

[110]〔美〕威廉·W. 费舍尔：《说话算数：技术、法律以及娱乐的未来》，李旭译，上海，上海三联出版社，2008。

[111]〔美〕约翰·冈茨、杰克·罗切斯特：《数字时代盗版无罪?》，周晓琪译，北京，法律出版社，2008。

[112]〔美〕保罗·戈斯汀：《著作权之道：从古登堡到数字点播机》，金海军译，北京，北京大学出版社，2008。

[113]〔美〕劳伦斯·莱斯格：《代码》，李旭译，北京，中信出版社，2004。

[114]〔美〕劳伦斯·莱斯格：《免费文化》，王师译，北京，中信出版社，2009。

[115]〔日〕中山信弘：《多媒体与著作权》，张玉瑞译，北京，专利文献出版社，1997。

[116]〔美〕罗伯特·考特、托马斯·尤伦：《法和经济学》，史晋川、董雪兵等译，上海，格致出版社、上海三联书店、上海人民出版社，2010。

[117]〔美〕曼昆：《经济学原理》，梁小民、梁砾译，北京，北京大学出版社，2009。

二、中文论文

[1] 吴汉东：《现代传播技术中的合理使用制度》，《法学评论（南京大学）》，1996年秋季号。

[2] 张今：《数字环境下的版权补偿金制度》，《政法论坛》，2010年第1期。

[3] 曹世华：《论数字时代的版权补偿金制度及其导入》，《法律科

学》，2006 年第 6 期。

［4］熊琦：《论“接触权”——著作财产权类型化的不足与克服》，《法律科学》，2008 年第 5 期。

［5］程文婷：《Creative Commons 在中国的本土化：彼岸花还是乌托邦?》，《网络法律评论》，2009 年第 1 期。

［6］宋学超：《CC 应当缓行——参见“简体中文版知识共享协议发布会”后的思考》，《法律适用》，2006 年第 10 期。

［7］宗诚：《创作共用模式在我国数字图书馆建设中的适用性探析》，《图书馆建设》，2011 年第 7 期。

［8］王迁：《“索尼案”二十年祭——回顾、反思与启示》，《科技与法律》，2004 年第 4 期。

［9］徐昕：《私力救济的性质》，《河北法学》，2007 年第 7 期。

［10］徐昕：《通过法律实现私力救济的社会控制》，《法学》，2003 年第 11 期。

［11］王太平、杨峰：《知识产权法中的公共领域》，《法学研究》，2008 年第 1 期。

［12］彭学龙：《公共产品与版权保护》，《中南财经政法大学学报》，2006 年第 5 期。

［13］秦珂：《开放存取的版权政策及其构建》，《图书馆工作与研究》，2008 年第 1 期

［14］蒋永福：《国际社会关于公共信息开放获取的认识与行动》，《国外社会科学》，2007 年第 2 期。

［15］郑胜利：《论知识产权法定主义》，载郑胜利主编：《北大知识产权评论》，第 2 卷，北京，法律出版社，2004。

［16］曹世华：《论数字时代的版权补偿金制度及其导入》，《法律科学》，2006 年第 6 期。

三、外文著作

［1］William Cornish，*Intellectual Property*：*Patents*，*Copyright*，*Trade Marks and Allied Rights*，Sweet and Maxwell，1999.

［2］Charles K. Rowley，“Public Choice and the Economic Analysis of Law”，in Nicholas Mercuro（ed.）：*Law and Economics*，Kluwer Academic Publishers，1989.

[3] Lawrence Lessig, *Gode and other Laws of Cyberspace*, 1999.

[4] Paul Goldstein, *Copyright's Highway*: *From Gutenberg to the Celestial Jukebox* (revised edition), Stanford University Press, 2003.

[5] Paul Goldstein, *Copyright*, *Patent*, *Trademark and Related State Doctrines* (5th edition), Foundation Press, 2002.

[6] Lawrence Lessig, *Free Culture*: *How Big Media Uses Technology and the Law to Lock down Culture and Control Creativity*, the Penguin Press, 2004.

[7] B. Zorina Khan, *"The Fuel of Interest"*: *Patents and Copyrights in American Economic Development*, Cambridge University Press, 2003.

四、外文论文

[1] Jeff Sharp, "Coming soon to Pay-Per-View: How the Digital Millennium Copyright Act Enables Digital Content Owners to Circumvent Educational Fair Use", 40 *Am. Bus. L. J.* 1.

[2] Craig A. Grossman, "From Sony to Grokster, The Failure of the Copyright Doctrines of Contributory Infringement and Vicarious Liability to Resolve the War between Content and Destructive Technologies", 53 *Buffalo L. Rev.* 141.

[3] Kelly Leong, "I-tunes: Have They Created a System for International Copyright Enforcement?", 13 *New Eng. J. Int'l & Comp. L.* 365.

[4] Deana Sobel, "A Bite out of Apple? iTunes, Interoperability, and France's Dadvsi Law", 22 *Berkeley Tech. L. J.* 267.

[5] Nicola Lucchi, "Intellectual Property Rights in Digital Media: A Comparative Analysis of Legal Protection, Technological Measures, and New Business Models under EU and U. S. Law", 53 *Buffalo L. Rev.* 1111.

[6] Niva Elkin-Koren, "What Contracts Cannot Do: The Limits of Private Ordering in Faciliating a Creative Commons", 74 *Fordham L. Rev.* 375.

[7] Adrienne K. Goss, "Codifying a Commons: Copyright, Copyleft, and the Creative Commons Project", 82 *Chi. -Kent L. Rev.* 963.

[8] Neil Weinstock Netanel, "Impose a Noncommercial Use Levy to Allow Free Peer-to-Peer File Sharing", 17 *Harv. J. Law & Tec* 1.

[9] Pamela Samuelson, "Intellectual Property and the Digital Econo-

my：Why the Anti-Circumvention Regulations Need to be Revised"，14 *Berkeley Tech. L. J*. 519.

[10] Joseph Scott Miller，"Open Access Publishing and the Future of Legal Scholarship：Foreword：Why Open Access to Scholarship Matters"，10 *Lewis & Clark L. Rev*. 733.

[11] Séverine Dusollier，"The Master's Tools v. The Master's House：Creative Commons v. Copyright"，29 *Colum. J. L. & Arts*. 271.

[12] Natali Helberger & P. Bernt Hugenholtz，"Copyright，Digital Rights Management Technology，and Consumer Protection：Article：No Place Like Home for Making a Copy：Private Copying in European Copyright Law and Consumer Law"，22 *Berkeley Tech. L. J*. 1061.

[13] James Boyle，"The Opposite of Property?"，66 *Law & Contemp. Prob*. 2.

后 记

本书的写作源于我的硕士毕业论文选题。当时网络技术蓬勃发展，各种视频、音乐分享网站不断涌现，给作品的著作权保护带来了很大的困难。这使我对网络时代著作权保护模式这一问题产生了浓厚的兴趣，于是我将之作为硕士毕业论文选题进行研究。硕士毕业后我继续攻读并获得博士学位，后来到湖南师范大学法学院教书。在这期间，我一直没有放弃这一选题，一直在思考网络环境下著作权人、社会公众、网络服务提供商等主体之间的利益平衡之道，持续对论文进行修改。2014 年，本书幸运地获批“国家社科基金后期资助项目”。此后的几年，国内外发生了一些具有代表意义的案件，也出现了一些新的学术观点，于是我又对书稿进行了补充。终于本书在今年付梓出版。虽然现在看来，当年硕士毕业论文中的很多观点都是不成熟的，然而，那是我学术之旅的起点，是我的梦开始的地方。

这本书的写作，首先要感谢我的两位授业恩师彭学龙老师和王太平老师，感谢两位老师对我的教诲和宽容。学生愚钝不才，总是需要两位老师耳提面命。师恩如山，永生不忘！而来到湖南师范大学法学院教书后，学院宽松的工作环境使我可以全身心地投入教学科研。本书的出版，离不开肖北庚老师、于烽老师、李爱年老师、欧福永老师、陈胜国老师、李晓玲老师、蒋先福老师、黄捷老师、郑远民老师、夏新华老师等前辈同仁的关怀，也得到了湖南师范大学湖南省重点学科建设项目和湖南师范大学一流学科建设项目的大力支持，对此我心怀感激。

这么多年，我的家人一直默默地爱着我，支持着我，包容着我，使我可以追求“奢侈”的学术理想，做着学问的“春秋大梦”。感谢他们的爱，纵使我倾尽此生，也无以回报。愿家人健康平安！

姚鹤徽

2018 年 3 月 16 日

于岳麓山

图书在版编目（CIP）数据

数字网络时代著作权保护模式研究/姚鹤徽著．—北京：中国人民大学出版社，2018.5
ISBN 978-7-300-25467-8

Ⅰ.①数… Ⅱ.①姚… Ⅲ.①互联网络-关系-著作权法-研究-中国 Ⅳ.①D923.414

中国版本图书馆 CIP 数据核字（2018）第 026997 号

国家社科基金后期资助项目
数字网络时代著作权保护模式研究
姚鹤徽　著
Shuzi Wangluo Shidai Zhuzuoquan Baohu Moshi Yanjiu

出版发行	中国人民大学出版社		
社　　址	北京中关村大街 31 号	**邮政编码**	100080
电　　话	010－62511242（总编室）		010－62511770（质管部）
	010－82501766（邮购部）		010－62514148（门市部）
	010－62515195（发行公司）		010－62515275（盗版举报）
网　　址	http://www.crup.com.cn		
经　　销	新华书店		
印　　刷	唐山玺诚印务有限公司		
开　　本	720 mm×1000 mm　1/16	**版　　次**	2018 年 5 月第 1 版
印　　张	17.75　插页 2	**印　　次**	2024 年 6 月第 2 次印刷
字　　数	300 000	**定　　价**	88.00 元